室岡健志
Murooka Takeshi
=著

行動経済学

Behavioral Economics

日本評論社

はしがき

■ 本書のねらい

本書は，行動経済理論およびそれを政策に応用した筆者自身の研究成果を随所に盛り込んだうえで，現代の行動経済学の全体像を体系的にまとめ上げたものである．とくに行動経済学の代表的な理論を紹介したうえで，それがどのように応用・実証・実験されているかについて最新研究も含めて解説した．行動経済学自体に興味がある学生や研究者にはもちろん，他の分野を専攻している学生や研究者にとっても，行動経済学を組み入れた応用・実証・実験を理解する際の橋渡しになればと願っている．なお本書は，筆者のミュンヘン大学と大阪大学での講義ノート，筆者自身の研究，そして研究を進めるうえで学修してきたことに基づいて執筆した．

対象とする読者と本書のねらいは，主に以下の3つである．

1つ目のねらいは，行動経済学に興味がある学生・研究者に対し，現代の行動経済学研究を体系立てて説明することである．行動経済学には，近年ますます注目が集まっており，多数の書籍も出版されている．他方で，伝統的な（ミクロ）経済理論の拡張・発展としての行動経済学の理論を包括的に解説した書籍は多くはない．そこで本書では，伝統的な経済理論の拡張・発展としての行動経済理論について，伝統的な経済理論とのつながりや各理論の仮定，およびその背後にあるエビデンスを可能な限り明確にしたうえで解説した．行動経済学の学修にはもちろん，経済学の基礎を学んだ学生が行動経済学に関連する卒業論文，修士論文，博士論文などを執筆する際にも，参考になれば幸いである．

2つ目のねらいは，経済学の他分野 (および隣接学問) を専攻している学生・研究者が，各々の分野において行動経済学を組み入れた研究を理解する際の橋渡しとなることである．本書では，行動経済学の各理論を説明し，それが経済学の各分野でどのように具体的に応用されているかを紹介することに重点を置いている．たとえば，第I部で扱うセルフコントロール問題を伝統的な経済理

論に組み入れた分析は，貯蓄行動，購買行動，求職活動，労働契約，教育，財政，健康・医療など経済学の各分野で応用および実証されており，それぞれ本書で紹介している．

　3つ目のねらいは，行動経済学に関連する政策，データ収集，実験などを行う際に，それがどのような理論に基づいて考えられるかという基盤を提供することである．たとえば，上記のセルフコントロール問題を組み入れることが有益となりうる政策として，消費者保護政策，競争政策，課税政策，年金政策などについて，それぞれ本書で議論している．

■ 本書の構成と読み方

　本書は導入である第1章を除き，4つの部から成り立っている．どの部からでも独立して読み始めることができるように構成しているが，それぞれの部は前の章から順番に読むことを前提として執筆した (章ごとにやや別のトピックを扱っている第IV部を除く)．なお，とくに議論が複雑でやや難解な内容の節には，タイトルの前に♣の印を付けている．これらの節は飛ばして先に進んでも支障が生じないように構成した．

　また本書では，通常の参考文献一覧と事項索引に加えて，本書で引用した英語文献を主な分野別に一覧できるようにまとめた「分野別文献一覧」を巻末に付加した．さらに，この文献一覧を利用しやすいようにスプレッドシート形式で公開した (本書のサポートサイト参照：https://sites.google.com/view/murooka-be-book/)．経済学の各分野でどのように行動経済学が応用されているかを確認する際などに，ぜひ活用してほしい．

　なお，本書では学部レベルのミクロ経済学 (価格理論，ゲーム理論，情報の経済学) を既知として扱う．既知となるミクロ経済学の内容については，たとえば神取 (2014) や神戸 (2004) を参照されたい．

■ 謝辞

　筆者は，筑波大学社会学類での学びを通じて経済学および行動経済学に興味を持ちました．あの4年間がなければ，経済学の研究を志すことはなかったと思います．とくに篠塚友一先生，仲重人先生，福住多一先生，穂刈享先生に感謝申し上げます．東京大学大学院経済学研究科修士課程では，経済学の研究を

行ううえでの基盤を築きました．とくに神谷和也先生，神取道宏先生，松井彰彦先生，松島斉先生，松村敏弘先生に感謝申し上げます．カリフォルニア大学バークレー校経済学部博士課程では，当時の最先端の行動経済学研究を学び，本書で紹介した研究のうちいくつかに取り組み始めました．とくにメインアドバイザーの Botond Kőszegi と Matthew Rabin に感謝申し上げます．

　博士号取得後に就職したミュンヘン大学経済学部，および現職の大阪大学大学院国際公共政策研究科では，同僚に大変恵まれました．また，大学院生時代から現在まで，随所で素晴らしい共著者と研究を始めることができました．研究報告やその前後の交流，講義への参加と活発な議論，そして日々の雑談などでコメントや励ましの言葉をくださった皆様へ，あらためてお礼申し上げます．とくに今井泰佑さん，大洞公平さん，中島大輔さん，松田絢子さんからは，初期から本書の全般にわたり詳細なフィードバックをいただきました．他にも多くの方々に大変お世話になりました．心から感謝しております．

　日本評論社の尾崎大輔さんには，本書の原案となる『経済セミナー』連載 (2019年 10・11 月号 〜 2022 年 2・3 月号) の企画の立ち上げから本書の完成まで，多大なご尽力をいただきました．尾崎さんのご尽力なしでは，本書の発刊は 10年遅れていたと思います (そもそも世に出ていない可能性もあります)．全体の構成や文章，1 つひとつの内容，ときには数式の導出過程までコメントいただくという手厚いサポートと熱意に，本書の出版でようやく応えることができたと思います．

　最後に，母，妻，そして長女と次女へ，感謝とともに本書を捧げます．

2022 年 11 月

室岡　健志

目　次

第 **4** 章　**投影バイアスと異時点間の選択に関するその他の理論**　　65

第 **II** 部　　**不確実性下の選択**

第 **5** 章　**期待効用理論**　　78

第 **6** 章　**プロスペクト理論**　　92

第 **7** 章　**参照点依存の理論の発展と応用**　　104

第 **8** 章　**確率加重の発展と不確実性下の選択に関するその他の理論**　133

第 III 部　感情と意思決定

第 **9** 章　**信念から得られる効用**　146

第 **10** 章　**社会的選好** (1)　利得の結果のみに基づく感情　163

第 **11** 章　**社会的選好** (2)　利得の結果以外に基づく感情　176

第 IV 部　　意思決定における歪み

第 12 章　　行動ゲーム理論　　　　　　　　　　190

第 13 章　　不注意の理論とその応用　　　　　　　201

第 14 章　　その他の理論　確率計算・フレーミング効果・自信過剰　214

第 **1** 章

行動経済学への招待

1.1 市場分析と政策への応用：契約の自動更新

　伝統的な経済理論では消費者の問題を分析する際，各消費者は「合理的に将来を予想し，先延ばししたり忘れたりしない」存在として扱われることが多い．厚生分析の際にも，このような仮定のもとで経済厚生が計算され，その計算に基づき最適な政策が議論される．しかし，そもそも私たち (少なくとも筆者とその周辺の人々) は，商品や契約書の内容をよく見ないで購入したり，サービスの変更や解約を先延ばししたりして，本来選ぶべきではない商品やサービスを選んでしまうことがある．消費者の一部がこのような間違いをする場合，企業はどのように価格や契約を設定するだろうか．また，その結果が経済厚生にどのように影響し，望ましい政策はどう変わるだろうか．

　本節では，行動経済学の理論分析が厚生評価や政策に含意をもたらす具体例として，契約の自動更新を簡潔に紹介する．かつて，インターネットや携帯電話などの契約の多くは，所定の解約期間内に解約手続きをしないと「自動更新」され，次の解約期間までに解約すると違約金 (契約解除料) が発生していた．たとえば 2014 年の某大手携帯会社の契約は，契約期間は 2 年間であり，違約金なしで解約する場合は契約時から数えて 25 カ月目から 26 カ月目の 1 カ月の間に自分から解約を申し出なければならない．伝統的な経済理論に基づく消費者であれば「契約時に内容をすべて正しく理解し，かつそれを 25 カ月間しっかり

覚えており，さらに解約を希望する場合は先延ばしせず解約できる」が，実際にはそうではない消費者もいる（少なくとも，筆者は意図せずに契約が自動更新され，契約期間中に違約金を支払って解約した経験がある）。

　一般に，商品や契約の選択や使用などから導かれる帰結について，消費者が合理的期待からシステマティックに乖離した予想をもつ場合，その消費者をナイーブ (naive) であるという[1]。このような「ナイーブな消費者」が存在する場合，企業はそのナイーブさを利用し，消費者から追加的な利益を得る機会が生じうる。Murooka and Schwarz (2018) は，このような機会から消費者の利益を保護するための「消費者の積極的な選択を促す政策」を理論的に分析した。合理的な消費者のみを前提とした場合，従来から広く行われている「企業が最初の契約時に丁寧に説明すること（インフォームド・コンセント）を促す政策」により消費者を保護することができる。しかし，契約の更新時期に先延ばししたり不注意になったりするようなナイーブな消費者が市場に存在する場合，契約時に丁寧な説明を促す政策だけでは不十分であること，また消費者や社会の厚生を下げるという逆の効果が生じる可能性もあることを示した。他方で「契約期間の終了時（契約の自動更新時）にお知らせ（リマインダー）を出すことを促す政策」は，そのような逆の効果は生じず，さまざまなタイプの消費者がどのような割合で混在していたとしても消費者や社会の厚生を高めることを一定の仮定のもとで示した。現実に，日本の携帯電話市場でも 2016 年から「契約期間の終了時にリマインダーを送らなければならない」という規制が導入されている[2]。

　この例のように，本書では行動経済学の代表的な理論とともに，こうしたナイーブな消費者を想定した市場分析への応用例なども紹介する。合理的な消費者を仮定した場合と比べて，市場均衡はどう変わるのか，経済厚生にどんな影響を及ぼすのか，その際に各政策の効果はどう評価されるのかまで詳しく解説する。

---

1) なお，「合理性」という用語は，意思決定理論やゲーム理論など分野ごとにそれぞれ別の定義があることに注意されたい。本書では一貫して，**合理性**とは「合理的期待形成 (rational expectation)」，**合理的な行動**とは「合理的期待形成に基づき自身の利得を最大化する行動」という意味で用いる。

2) 詳しくは 3.6 節を参照されたい。

1.2 行動経済学とは何か

行動経済学 (behavioral economics) という用語は，キャッチーではあるがつかみどころがない．そもそも，ほぼすべての経済学分野は何らかの経済主体の「行動」を分析したものであるため，文字通り解釈すると経済学の大部分は「行動経済学」に分類されることになってしまう[3]．そのためか，現時点で「行動経済学」という学問分野について，経済学者の間で (もっと言うと行動経済学者の間でも) 複数の定義があるように見受けられる．とはいえ，「行動経済学」という用語の意味をまったく定義しないのもはなはだ不便である．そこで，Rabin (1998, 2002a) に基づき，本書で扱う行動経済学は

> 頑健かつ予測可能な形で確認されている心理学的な要素の一部を，伝統的な経済理論を拡張・発展させる形で組み入れた経済学の一分野

であるとする[4]．この意味では，「行動経済学 (behavioral economics)」というよりも，「心理と経済学 (psychology and economics)」とよぶ方がより適切かもしれない．もちろん，これは本書における用語の意味であり，他を認めないと言っているわけではないことに注意してほしい．たとえば，神経科学や人間工学など (心理学に限らない) 行動科学 (behavioral science) 全般の知見を組み入れた経済分析一般を「行動経済学」と定義することも可能であろう．

さて，以下では Rabin (1998, 2002a, 2013a) と DellaVigna (2009) に基づき，本書で扱う内容をより具体的に説明する．まず，**伝統的な経済理論**における典型的な個人は，しばしば次のように仮定される．

---

3) ちなみに behavioral economics という用語は，完全合理的な主体との対比として用いられた "behavioral model" (Simon, 1955) や "behavioral theory" (Katona, 1968) などの用語から派生し，Richard Thaler が 1980 年代後半に *Journal of Economic Perspectives* 誌上で行った "Anomalies" という連載などにより広く普及したようである (なお，この連載は後にセイラー (2007) として書籍化された)．詳細は Thaler (2016)，また日本語の一般向け解説書としては依田 (2016) などを参照されたい．

4) より一般向けの「行動経済学」という用語の解説としては，森 (2022) を参照されたい．

(1) 定常な時間選好 (指数割引) に基づいて割り引かれた総効用を最大化すべく各期において行動する.

(2) ものごとを決める際, 自身の効用の期待値のみに基づいて選択する.

(3) 自身の金銭的・物質的な利得に関連することのみを気にする.

(4) 常に正しく確率計算を行う.

(5) 他の人がどう行動するかを合理的に推論する.

他方で, 本書の各章でそれぞれ具体的なエビデンスを紹介していくように, 現実にはしばしば以下のような状況が観察される.

(1) その時点の誘惑・衝動に引きずられてしまう.

(2) ものごとを決める際, 自身の効用の期待値だけでなく, 何らかの参照点からの相対的な大小なども気にしてしまう.

(3) 過去に自分がどう思っていたか, 他の人の利得, また自分が他の人にどう思われているか, なども気にしてしまう.

(4) 特定の状況下では, システマティックに間違った確率計算を行ってしまう.

(5) 他の人がどう行動するかについて, システマティックに間違って推論してしまう.

このような行動経済学的な**バイアス** (bias, 伝統的な経済理論からの頑健かつ予測可能な乖離) や選好を組み入れたものとして, 本書ではそれぞれ以下のように理論モデルの拡張を行うことで, 新たに得られる知見を紹介していく.

(1) 時間選好を指数割引から近視眼性 (present bias) を許容する形に拡張することで, セルフコントロール問題をはじめとした諸問題を分析する.

(2) 各期の効用が参照点にも依存する形 (reference-dependent preferences) に拡張することで, 不確実性下の状況をはじめとした諸問題を分析する.

(3) 各期の効用が自身の信念や他者の効用などに依存する形 (belief-based utility, social preferences) に拡張することで, 自尊心が行動に与える影響や複数人の間の分配をはじめとした諸問題を分析する.

(4) 客観確率の代わりに主観確率, 確率加重, 限定合理的な確率計算 (subjective probability, probability weighting, non-Bayesian updating) など

を許容することで，確率に関する諸問題を分析する．

(5) 限定合理的な戦略的思考 (limited strategic thinking) を許容することで，戦略的状況における諸問題を分析する．

このような分析の例として，ここでは第 I 部で詳しく説明する「セルフコントロール問題」を簡単に紹介する．たとえば，ケーキを目の前にしてダイエットする場合を想像してほしい．伝統的な経済理論では，「明日からは絶対にケーキを食べずにダイエットする」と思っている人は，実際に明日になったらダイエットを始めることができるという前提で理論が組み立てられている．なお，これは時間選好の分析における指数割引がもつ，「時間的整合性」という性質による．しかし現実には，ダイエットしたいと思っていても，実際に明日になったら誘惑に駆られケーキを食べてしまう人もいる．さらに，そういった人のうち，当初は「自分は明日からはケーキを食べず確実にダイエットできる」と誤って予想している，自身の将来についてナイーブな人もいるであろう．時間選好の分析に近視眼性を組み入れることにより，これらのタイプの人がどのように各市場で行動するかが分析可能になる．結果として，市場均衡はどう変わってくるのか，また厚生評価や政策にどう影響を与えるのかについては，第 2 章以降で詳しく紹介する[5]．

ここで最も重要な点として，Rabin (2002a) などが強調しているように，本書で紹介する行動経済学は，伝統的な経済理論を代替・一新・排斥するものでは決してないことに注意してほしい．行動経済学は伝統的な経済理論を土台としたうえで，それを拡張・発展させており，本書ではそうした行動経済学の各理論を紹介する．

[5) なお本書では，Richard Thaler や Cass Sunstein たちが広め，近年の政策に影響を与えた**ナッジ** (nudge，選択の制限や金銭的なインセンティブを用いることなく，人々の行動を予測可能な形で変える仕組み) の基盤となる行動経済理論および実証例の一部を取り上げてはいるが，ナッジ自体は扱っていない．ナッジに関する彼ら自身の解説はセイラー・サンスティーン (2022) を，ナッジの留意点や日本の政策などをふまえた解説はたとえば室岡 (2018) や大竹 (2019) を参照されたい．

1.3 なぜ経済学に行動経済学が必要か

　経済学における行動経済学の立場について，神取 (2010, p.251) はまず伝統的な経済理論を木の葉が真下に落ちていくニュートンの法則にたとえ，対して行動経済学の代表的な理論の 1 つであるプロスペクト理論を木の葉が落下していく際の空気抵抗とたとえた．そのうえで，行動経済学の理論は「木の葉が揺らぎながら落ちてゆく軌跡をトレースする簡単な関数型を当てはめていることに対応しているようにも見える」と述べている[6]．また，「本当に深く理解するために必要なのは，……(簡単な関数型を当てはめるような) 修正ではなく，空気抵抗を考慮した理論的考察である」と結論付けている[7]．

　きわめて深い洞察である．しかし，行動経済理論において，筆者が考える非常に重要な点としては，「軌跡をトレースする簡単な関数型を当てはめ」たうえで，「異なる状況下」でも同じバイアスが生じるかを確認することが挙げられる[8]．たとえば，(セルフコントロール問題における) 近視眼性を伝統的な経済理論に組み入れた行動経済理論は，貯蓄行動，購買行動，求職活動，労働契約，教育，財政，健康・医療などのそれぞれ異なる分野において検証され，また応用分析が行われている．このように，行動経済学の代表的な理論では，「異なる

---

6) 細かい印象の違いではあるが，筆者がイメージする行動経済学の「バイアス」とは，まさに「ある特定の方向に，規則性のあるずれかたをする」(神取, 2010, p.247) ものである．これに基づくと，木の葉の落下地点の予測のみを問題とするならば，行動経済学的な要素とは木の葉が落下する際に「空気抵抗による揺らぎ」を加味したものというよりは，「常に一定の方向から吹いている風」を加味したものであるとたとえた方が，筆者の感覚により近い．

7) なお神取 (2010, p.253) は，「人間の認知のメカニズム」が解明されることにより人間行動の本質的な解明がもたらされるのではないか，と述べている．認知メカニズムの解明自体は，きわめて有益である可能性があると筆者も考える．ただし，筆者が知る限りでは，伝統的な経済理論もしくは行動経済理論を一新するような，経済活動に関わる認知メカニズムの発見はまだまだ途上である．また，認知メカニズムは行動経済学の中でも分析されている．たとえば，(近視眼性など) 行動経済学で用いられているパラメータが本質的に何を表しているのか (また，そのパラメータを 1 つ追加することで人間行動一般をどこまで捉えることが可能なのか) は，現在精力的に研究されている．

8) これは "situational comparative statics" などとよばれる．

状況下」で同一の規則性に基づくバイアスが生じるかを検証し，その厚生・政策的含意を分析している[9]．

　たとえば，1.1 節で紹介した違約金などの追加料金は，伝統的な経済理論に基づく消費者とバイアスがある消費者とで，消費者厚生への含意が逆になりうる．伝統的な消費者厚生の分析では，追加料金が上昇した際に需要がほとんど減らない (その追加料金に対する需要の価格弾力性が低い) 場合，ほとんどの消費者にとってその財の価値は (追加料金を考慮に入れた期待総支払額よりも) 高いとみなされる．他方で，需要がほとんど減らない理由が先延ばしや不注意などのバイアスである場合，消費者は (追加料金を事前に正しく考慮に入れていれば) そもそも財を購入すべきではなかった可能性がある[10]．実際，アメリカの消費者金融市場では，金銭についてより慎重であるべき低所得者層の方が，高所得者層よりも (ある特定の) 追加料金を支払う頻度が高く，またその追加料金に対してより不注意になってしまっていることが報告されている (Stango and Zinman, 2014)．この例のように，特定のバイアスが厚生や政策的含意に無視できない影響を及ぼしていることから，経済分析において行動経済学的な要素を組み入れることが重要だと考えられる．

　(本書で扱う) 行動経済学とは，かつて情報の経済学がそうしたように，伝統的な経済理論を拡張することにより経済学に新たな知見と含意をもたらすものである．情報の経済学が「情報の非対称性」という要素がどのように経済活動へ頑健かつ予測可能な形で影響するかを分析しているように，行動経済学は「人の心理」という要素がどのように経済活動へ影響するかを分析する．

　本書では，行動経済学的な要素がどのように経済活動に影響を与えるか，また各要素がどのように各市場の均衡に影響を与えるか (あるいは与えないか) の分析に重点を置く．これにより，各要素を検証すると同時に，各市場 (財市場，金融市場，労働市場など) における厚生評価および政策への含意を説明する．こ

---

9) この意味において，本書で扱う行動経済学の分析は Chetty (2009) で紹介されているような "sufficient statistics approach" の一種と考えることもできるかもしれない．ただし，本書で扱う行動経済学は，神取 (2010, p.255) が論じているように，「天動説に対する地動説」ではなく「修正された天動説」である可能性はある．しかしこの際にも，1 つの理論が「異なる状況下」でも有用かを分析することにより，理論の頑健性の確認は部分的には可能であると考えられる．

10) 詳しくは 13.3 節を参照されたい．

の意味において，「行動経済学的な要素をまったく考慮せずに経済現象を分析する」ことは「情報の非対称性をまったく考慮せずに経済現象を分析する」ことに近いかもしれない．どちらの分析も経済学研究において広範に行われており，実際にまったく考慮せずに分析してもほぼ問題ない状況・市場も多くあるだろう．ここで，どういった状況では考慮せずとも問題ないのか，逆にどういった状況では重要になりうるのかを理解することが，応用研究の際にきわめて重要となる．この意味でも，理論モデルがさまざまな状況下で検証可能な含意をもつことが肝要だと筆者は考える．

1.4 行動経済学と実験経済学

「行動経済学」としばしば混同される分野として，**実験経済学** (experimental economics) がある．私見では，この2つの分野は非常に補完性が強いが，行動経済学は (たとえば情報の経済学のような) 経済分析の際のモデル選択であるのに対して，実験経済学は (たとえば労働統計などを作成するためのアンケート調査や，マクロ経済学などでよく用いられるシミュレーションのような) データ生成の手法だといえる．本節では，行動経済学と実験経済学の違いを説明したい．

上記のように，(本書で扱う) 行動経済学は，心理学的な要素を伝統的な経済分析に組み入れた分野である．この点において，先述の情報の経済学や，戦略的関係を伝統的な経済分析に組み入れた (非協力) ゲーム理論のように，経済分析を行う際のモデル・仮説選択の一種であると考えることができる[11]．

他方で，(実験室実験，オンライン実験，フィールド実験など) 実験経済学の研究では，既存論文のメタ分析などの場合を除き，必ず実験を行い新たなデータを生成している．この意味において，実験経済学は (主に何らかのモデル・仮

---

[11] ただし，ゲーム理論や情報の経済学が「完全競争市場以外の「すべての社会経済問題」という広大な応用範囲に門戸が開かれて，爆発的な研究の発展がもたらされた」(神取，2010, p.245) のに対し，行動経済学はファイナンス，マーケティング，健康・医療などの分野へ新たな進展をもたらしてはいるが，おそらく上記2つと同じレベルでの爆発的な研究の発展は (少なくとも現時点において) もたらしてはいないことに留意されたい．

説を実証するための) データを生成することが第 1 の目的であり，広くアンケート調査やシミュレーションなどデータの生成手法の中に含まれると考えられる．また，これはしばしば見過ごされがちなのだが，実験によりデータを生成する際には，一定の確立された方法で行う必要がある[12]．実験の作法に関する習熟が必要になるかどうかも，実験経済学とそれ以外の分野との大きな違いとなる．

　もちろん，そもそも心理学実験から得られた知見を組み入れることで行動経済学が発展してきたように，この 2 つの分野は補完性が強い[13]．現代でも「行動経済学」と「実験経済学」の両方を専門としている研究者も多い．ただし，前者は経済分析の際のモデル・仮説選択，後者はデータ生成の手法であるという意味において，習熟すべき内容が異なる点には留意されたい．

1.5 行動経済学の潮流

　(本書で扱う) 行動経済学は，どのように発展してきたのだろうか．本節では，Mattew Rabin が 2010 年にアメリカ経済学会年次大会 (American Economic Association Annual Meeting) の研究者向け教育プログラム，および実験経済学会 (Economic Science Association) の基調講演において報告した分類に基づき，手短に紹介する[14]．

　上記の講演において，Rabin は行動経済学を 3 つの潮流に分類している．第 1 の潮流は，経済学的に重要なバイアスを発見することである．これは，伝統的な経済理論からの頑健かつ予測可能な乖離を (主にアンケート調査や実験室実験を通じて) 発見し，それがいかに経済学の分析にとって重要でありうるか，またその乖離がどのような心理学的な概念に基づくかを同定することを指す．主要

---

12) 実験経済学の方法論については，フリードマン・サンダー (1999)，川越 (2007) などを参照されたい．

13) この点における行動経済学の歴史については，セイラー (2016) を参照されたい．

14) なお，Rabin および他講演者の報告スライドなどは「2010 AEA Annual Meeting Sessions & Continuing Education Webcasts」(https://www.aeaweb.org/webcasts/assa2010.php)，および「Conference Details」(https://www.economicscience.org/page/conference/2010-north-american-esa-conference-tucson)のサイトから，それぞれダウンロード可能である (2022 年 11 月 12 日アクセス)．

な貢献を行った研究者としては Daniel Kahneman, Amos Tversky, Richard Thaler, George Loewenstein, Colin Camerer などが挙げられるだろう.

第2の潮流は, 上記で発見されたバイアスを, 伝統的な経済理論を拡張・発展させる形で精確に定式化し, また定式化した行動経済理論モデルがいかに実証可能かを分析することである. この段階において, 行動経済理論は伝統的な経済理論と同程度に精緻化され, かつ経済学の各分野においてアドホックではない形で応用可能になったと考えられる. 主要な貢献を行った研究者としては Matthew Rabin, David Laibson などが挙げられるだろう.

第3の潮流は, 上記で定式化された行動経済理論を, 伝統的な経済理論を包含する形で経済学の各分野に応用することである. 応用の際, 組み入れた行動経済理論がそれまでの分析に対してどのような理論的含意や実証可能な性質をもつかを精緻に分析し, またそれらが厚生や政策にどのような含意をもつかを精確に議論する. 行動経済学 (および伝統的な経済学の各応用分野) で現在活躍している研究者の大半は, ここに分類されるであろう[15].

それでは, 講演後の 2010 年以降はどうなっているだろうか. 実際に, 行動経済学を経済学の各分野に応用した研究は, 理論・実証ともに年を経るごとに活発になっている. 顕著な例としては, 2018 年と 2019 年に計 2 冊刊行された *Handbook of Behavioral Economics* のうち, 過半数の章がファイナンス, 公共経済学, 産業組織論, 開発経済学, 健康・医療経済学などの各分野に行動経済学の知見を組み入れた研究をまとめたものであることが挙げられる[16]. それでもなお, 行動経済学の各要素が重要となりうる現実の経済問題は, まだまだ多くあるように筆者には感じられる. 本書が, 行動経済学と伝統的な経済学の各分野との, 日本における交流・統合に少しでも寄与できることを心から願う.

本書の導入は以上であり, 次章からは具体的な内容に入る. 次章では, 異時点間の選択およびセルフコントロール問題について扱う.

---

15) これら 3 つの潮流はもちろん排他的なものではない. たとえば, プロスペクト理論を最初に導入した Kahneman and Tversky (1979) は, 第 1 と第 2 の潮流にまたがった論文といえる.

16) 行動経済学の各分野への応用を解説した和書としては, 健康・医療経済学では依田他 (2009) および大竹・平井 (2018, 2022), 神経経済学・規範経済学では大垣・田中 (2018) がある.

第 **I** 部

異時点間の選択

第 **2** 章

セルフコントロール問題と
コミットメント

2.1 はじめに

　本章では，異時点間の選択についての導入として，時間選好の分析に近視眼性を組み入れることにより，「わかっちゃいるけど，やめられない」というセルフコントロール問題について分析する．とくに，コミットメントがもたらす効果が，どのようにして経済学の各分野へ応用され，厚生や政策に影響を与えるかを紹介する[1]．

　以下，2.2 節では，簡単な例を通じてセルフコントロール問題の概要をつかむ．2.3 節では，異時点間の選択についての基礎的なモデルをセットアップする．2.4 節では，行動経済学的な要素として近視眼性を組み入れたモデルを導入する．2.5 節では，コミットメントの効果について例示し，また近視眼的な個人のパレート効率性に基づく厚生評価を紹介する．以降の節ではセルフコントロール問題の応用を紹介する．2.6 節では貯蓄行動への応用，2.7 節では求職活動および労働契約への応用，2.8 節では (たばこ税や砂糖入りの炭酸飲料に課されるソーダ税など) 課税政策への応用，2.9 節では (個人で積立を行う確定拠出

---

1) 行動経済学を組み入れた異時点間の選択の展望論文としては Frederick et al. (2002) および Ericson and Laibson (2019) を，コミットメントに特化した展望論文としては Bryan et al. (2010) を参照されたい．また，行動経済学の公共政策への応用一般については Chetty (2015) を参照されたい．

年金など) 年金政策への応用を，それぞれ解説する．

2.2 セルフコントロール問題：
わかっちゃいるけど，やめられない

　本節では，ダイエットしたい個人がケーキを食べるかどうかという例を考え
る．伝統的な経済理論では，「明日はケーキを食べずにダイエットしたい」と
思っている人は，翌日になったら実際にダイエットできるという前提で理論が
組み立てられている．しかし現実には，ダイエットしたいと思っていても，誘
惑に駆られてケーキを食べてしまう人もいる．簡単な 3 期間のモデルで，この
ような人の意思決定を描写してみよう．具体的には，第 2 期に「ケーキを食べ
る」か「食べずにダイエットする」かのどちらかの選択のみを行う個人を考え
る．ケーキを食べた期は 2 の利得を得るが，次の期 (第 3 期) には前の期にダ
イエットしなかったことから -3 の利得を得るとしよう．他方で，食べずにダ
イエットした場合は，いずれの期も利得は 0 であるとする．なお，ここでは第
1 期には何も選択を行わず，第 2 期に何をしたいかを考えるだけとする．

　まずは，伝統的な経済理論で用いられる，1 期ごとの時間割引が一定の (指数
割引をもつ) 個人を考える．1 期ごとの時間割引因子を $\delta \in (0, 1]$ で表すと，こ
の個人が第 1 期において「明日 (第 2 期に) ケーキを食べずにダイエットした
い」と思う条件は $\delta \times 2 + \delta^2 \times (-3) < 0$，つまり $\delta > \frac{2}{3}$ となる．また，実際に
第 2 期になったときにケーキを食べない条件は $2 + \delta \times (-3) < 0$ のため，同じ
く $\delta > \frac{2}{3}$ となる．つまり，ある特定の行動をとることが好ましいと事前に思っ
ている場合は実際にその行動をとれるし，逆にその行動をとりたくないと事前
に思っている場合は実際にその行動をとらない．これは一般には**時間的整合性**
(time consistency) と呼ばれ，指数割引がもつ性質の 1 つである．

　次に，実際には誘惑に駆られ第 2 期にケーキを食べてしまう近視眼的な個人
を考える．上記で導入した 1 期ごとの時間割引因子 $\delta > \frac{2}{3}$ に加えて，この個人
は現在の利得をとくに重視しており，将来の利得をすべて一律に $\beta \in (0, 1]$ だ
け割り引くものとする．この個人が第 1 期において「明日 (第 2 期に) ケーキ
を食べる」場合の利得は $\beta[\delta \times 2 + \delta^2 \times (-3)] = \beta\delta(2 - 3\delta) < 0$ であるため，
事前 (第 1 期) にはケーキを食べずにダイエットしたいと思っている．しかし，

実際に第 2 期になってケーキを食べたときの割引利得は $2 + \beta \times \delta \times (-3)$ のため，この式が正の場合つまり $\beta < \frac{2}{3\delta}$ の場合，事前にはダイエットしたいと思っていても実際にはケーキを食べてしまう．これは一般に**時間的非整合性** (time inconsistency) と呼ばれる性質である．

ここで，上記の個人は，第 1 期において「第 2 期にケーキを食べずにダイエットしたいけれども，実際に第 2 期が来たらケーキを食べてしまうだろう」と正しく予測していることに注目してほしい．いわばこの状態は，ケーキを将来食べることを「わかっちゃいるけど，やめられない」例になっているのだ．一般に，時間的整合性を満たさない時間割引因子をもつ個人には，自身の将来の行動を統制するインセンティブが生じるという問題，すなわち**セルフコントロール問題** (self-control problem) がある．

2.3 異時点間の選択の設定

以下では，離散期間 $t = 1, 2, \ldots$ における，異時点間の選択問題を考える．t 期に生じる効用を $u_t \in \mathbb{R}$ と表す．個人は t 期において，効用ベクトル $u = (u_1, u_2, \ldots)$ 上に，完備性と推移性を満たす選好 $\succsim_t$ をもつとする[2]．ここで個人の効用ベクトル上の選好は，時期を通じて異なる可能性を許容している (選好 $\succsim_t$ は t に依存する) ことに注意してほしい．この個人のすべての時期に関する選好を $\{\succsim_t\}_{t=1}^{\infty}$ と表す．

まずは，この選好についての性質を定義していく．時間的整合性とは，ざっくりいうと「選択を行う時期が異なっても，好みがひっくり返ることはない」ことを意味する．精確には，任意の t 期までの効用の流列が同一である $(u_1 = u'_1, \ldots, u_t = u'_t)$ 2 つの効用ベクトル $(u_1, u_2, \ldots)$, $(u'_1, u'_2, \ldots)$ および任意の t 期において以下が成立するとき，その個人は時間的整合性を満たすと定義する．

------

2) ここでの**完備性** (completeness) とは，任意の 2 つの効用ベクトル u, u' において $u \succsim_t u'$ もしくは $u' \succsim_t u$ またはその両方が成立する性質のことである．**推移性** (transitivity) とは，任意の 3 つの効用ベクトル u, u', u'' において $u \succsim_t u'$ かつ $u' \succsim_t u''$ である場合に $u \succsim_t u''$ が成立する性質のことである．

$$(u_1, u_2, \dots) \succsim_t (u'_1, u'_2, \dots) \quad \Longleftrightarrow \quad (u_1, u_2, \dots) \succsim_{t+1} (u'_1, u'_2, \dots).$$

以下に詳述する関連した性質として，**定常性** (stationarity) がある．これはざっくりいうと「効用の差が生じるのが (現在からではなく) 将来からであっても，好みがひっくり返ることはない」ことを意味する．精確には，任意の効用 $\bar{u} \in \mathbb{R}$，任意の 2 つの効用ベクトル $(u_1, u_2, \dots)$, $(u'_1, u'_2, \dots)$ および任意の t 期において以下が成立するとき，その個人は定常性を満たすと定義する．

$$(u_1, u_2, \dots) \succsim_t (u'_1, u'_2, \dots) \quad \Longleftrightarrow \quad (\bar{u}, u_1, u_2, \dots) \succsim_t (\bar{u}, u'_1, u'_2, \dots).$$

たとえば，一番右側の効用ベクトルは (第 1 期に $\bar{u}$ の効用，第 2 期に u'_1 の効用，$\dots$) を得る場合を表している．つまり定常性は，効用の差が生じるのが第 1 期からでもそれ以降からでも好みは同じであることを課している．ここで，時間的整合性は異なる期間で同じ効用ベクトルの組合せを評価することについての性質，定常性は同じ期間において異なる効用ベクトルの組合せを評価することについての性質であることに注意されたい．

次に，選好と効用関数の関係について分析する．個人は各 t 期において，上で定義された効用ベクトル u 上の総効用関数

$$\mathbb{U}_t(u) := \sum_{\tau=1}^{\infty} D(\tau - t) u_\tau \tag{2.1}$$

をもつものとする[3]．ただし，$D(\tau - t)$ は $\tau - t$ 期離れた効用を割り引く時間割引関数であり，以下では $D(0) = 1$ と基準化する[4]．この総効用関数の仮定のもとでは，(1)「時間割引関数が指数割引 $D(\tau - t) = \delta^{\tau - t}$ である」こと，(2)「選好が時間的整合性を満たす」こと，(3)「選好が定常性を満たすこと」の 3 つがそれぞれ同値になることが知られている (Halevy, 2015)．

----

[3] 厳密にはここで，各期の効用は時間に関して加法分離的 (time separable) かつ評価する暦に依存しないこと (time invariant，たとえばアイス 1 袋を食べることの効用は夏か冬かといった時期に依存しないこと) を仮定している．詳しくは Halevy (2015) および Echenique et al. (2020) を参照されたい．

[4] なお，2.5 節で「第 2 期の個人は，第 1 期の効用についてどう評価するか」といった異時点間の個人の間における厚生の評価を行うため，ここでは過去の効用の流列に対する割引も組み入れたモデルを提示している．そのため $\tau - t$ は負の値もとることに注意されたい．たとえば $t = 2, \tau = 1$ の場合における指数割引は $D(-1) = \frac{1}{\delta}$ となる．

　それでは，時間選好に関するこれらの性質は，これまでどのように検証されて
きたのだろうか．定常性に関連する検証として先駆的なものに，Thaler (1981)
が行ったアンケート調査がある．抜粋して紹介すると，Thaler (1981) は「3 カ
月後 (または 1 年後) に X ドルもらえる場合」と「今すぐもらえる 15 ドル」が
無差別になる X の値をそれぞれ尋ねた．まず，3 カ月後についての回答の中央
値は 30 ドルであった．ここで，もし定常性が満たされかつ効用が金銭について
線形であったとすると，「今すぐもらえる 15 ドル」と無差別になる額は 3 カ月
後で倍の 30 ドルという回答であるため，6 カ月後で 4 倍の 60 ドル，9 カ月後
で 8 倍の 120 ドル，1 年後で 16 倍の 240 ドルと答えるはずである．しかし実
際には，1 年後についての回答の中央値は 60 ドルであった．Thaler (1981) は
この結果から，1 期ごとの割引は指数割引のように一定ではなく，より遠い将
来になるほど 1 期ごとの割引が小さくなっていくのではないかと論じた．

　ただし，これは当時としてはきわめて先駆的かつ革新的な調査であるものの，
現代の研究水準から評価すると「効用が金銭について線形である」などの仮定を
要する調査方法になってしまっている．定常性を直接検証するのであれば，た
とえば「今すぐもらえる 15 ドルと，1 日後にもらえる 16 ドルのどちらがよい
か」と「32 日後にもらえる 15 ドルと，33 日後にもらえる 16 ドルのどちらが
よいか」をあわせて尋ねる方がより適切な調査方法である．定常性の実験につ
いては，現代ではこのようなより精確な調査方法で研究が積み重ねられており，
日本人研究者の業績としてはたとえば Kinari et al. (2009) や Takeuchi (2011)
などがある[5]．

　次に，時間的整合性を検証した調査として，Read and Van Leeuwen (1998)
を紹介したい．この論文では現実の企業を対象として，オフィスワーカーにお
やつを提供するフィールド実験を行った．Read and Van Leeuwen (1998) で
は，まず多種のおやつのうち，どれが健康そうでどれが不健康そうなものかを
人々に評価させた．そして，各オフィスワーカーは，りんごやバナナなどの健
康的と評価されたおやつや，スニッカーズのチョコレートバーなどの不健康と
評価されたおやつが混在した，計 6 種類のおやつの中から 1 つを選ぶ．重要な

---

　5) 注意として，金銭的なインセンティブを用いて時間選好を測定する実験一般には，選
　　好の同定に影響してしまう他の多くの潜在的な要因があることが知られている．詳細は
　　Chabris et al. (2008) や Cohen et al. (2020) を参照されたい．

点として，「1 週間後の同じ時間帯にもらえるおやつを事前に選ぶ場合」と，「1週間後の同じ時間帯に今すぐ（そのときにすぐ）もらえるおやつを選ぶ場合」の2 つのタイミングで調査を行った．1 週間後の同じ時間帯にもらえるおやつを事前に選ぶグループでは約 5 割の人が不健康なおやつを選んだのに対し，今すぐもらえるおやつを選んだグループでは約 8 割の人が不健康なおやつを選んだ[6]．Read and Van Leeuwen (1998) では，この結果をもたらした要因として，セルフコントロール問題が指摘されている．関連して，Sadoff et al. (2020) はアメリカの低所得者層に対して食品の無料配布を行うフィールド実験を行った．その結果，被験者のうち約 5 割が，事前に自身が選択した食品から，当日になって実際に受け取る食品を変更した．主な変更のパターンは，当日になって果物や野菜を減らしてカロリー（とくに脂肪分）の高い食品を増やすというものであった．

2.4 近視眼性を組み入れたモデル

　セルフコントロール問題を簡便な形で経済理論に組み入れたものとして，Phelps and Pollak (1968) により導入され，Laibson (1997) によりその有用性が再認識された，**近視眼性** (present bias) のモデル，**準双曲割引モデル** (quasi-hyperbolic discounting model)，あるいは β-δ モデルとよばれる理論モデルを紹介する[7]．このモデルでは，$\tau - t$ 期離れた効用を割り引く時間割引関数 $D(\tau - t)$ は $D(\tau - t) = \beta\delta^{\tau-t}$ と定義される．ここで，$\beta \in (0, 1]$ は近視眼性の度合，$\delta \in (0, 1]$ は伝統的な経済理論で用いられる指数割引因子を表す[8]．効用ベクトル u 上の t 期における総効用関数は次の (2.2) 式のように表される．

---

6) Read and Van Leeuwen (1998) の関連した異なる実験デザインおよび結果については，4.2 節を参照されたい．

7) このモデルを準双曲割引モデルとよぶ由来は，Strotz (1955) により導入された**双曲割引モデル** (hyperbolic discounting model) をより扱いやすい形に修正したモデルであることによる．

8) なお，2.5 節で異時点間の個人における厚生の評価を行うため，ここでは過去の効用の流列に対する割引も組み入れたモデルを提示している．たとえば，第 3 期の個人は，第 1 期の効用を $\beta\delta^{-2}$ で割り引いて評価している．

表 2.1 指数割引と準双曲割引

	現在	1期後	2期後	3期後	$\cdots$
$D(\tau-t)=\delta^t$	1	δ	δ^2	δ^3	$\cdots$
$D(\tau-t)=\beta\delta^t$	1	$\beta\delta$	$\beta\delta^2$	$\beta\delta^3$	$\cdots$

$$\mathbb{U}_t(u) := u_t + \beta \sum_{\tau=1, \tau\neq t}^{\infty} \delta^{\tau-t} u_\tau. \tag{2.2}$$

ここで，$\beta = 1$ の場合は，伝統的な指数割引に帰着されることに注意されたい（表 2.1 も参照）．つまり，準双曲割引モデルは，伝統的な指数割引モデルを包含した拡張になっている．

ただし，t 期における個人の行動（および将来の予想）を分析する場合は，過去は変えられないため，t 期より前の効用は省略して，次の (2.3) 式のように t 期からの総効用を考えることも多い．

$$U_t(u) := u_t + \beta \sum_{\tau=t+1}^{\infty} \delta^{\tau-t} u_\tau. \tag{2.3}$$

ここで，t 期やそれ以降の期において個人が実際に選択する行動や将来の予想は，(2.2) 式と (2.3) 式のどちらを用いて分析しても，結果は同一になることに注意されたい[9]．

2.5 コミットメントと厚生評価

近視眼性を組み入れたモデルの含意として，自身の将来の行動に対する**コミッ**

---

9) 他方で，2.5 節のように（t 期より前の期を含む）異時点間の個人の間で厚生評価を行う場合は，自身の過去の期の効用も考慮する必要があるため，(2.2) 式を用いて評価する．そのため，t 期より前の期を含む総効用は $\mathbb{U}_t$，t 期からの総効用は U_t とそれぞれ表記している．

トメント (commitment) がある．ここで，2.2 節のケーキの例を思い出してほしい．上の記法に従い第 1 期からの効用をベクトルとして表記すると，第 2 期にケーキを食べた際の効用ベクトルは

$$(0, 2, -3, 0, 0, \dots),$$

他方で，ケーキを食べなかったときの効用ベクトルは，すべての期において 0 である．ここで，$\beta < \frac{2}{3}$ かつ $\delta > \frac{2}{3}$ の個人を考えよう．「明日 (第 2 期に) ケーキを食べた」場合の第 1 期の総効用関数は $\beta\delta \times 2 + \beta\delta^2 \times (-3) = -3\beta\delta(\delta - \frac{2}{3}) < 0$ のため，この個人は第 1 期には将来ケーキを食べない方を好む．しかし，第 2 期の総用関数は $2 + \beta\delta \times (-3) = 2(1 - \frac{3}{2}\beta\delta) > 2(1 - \delta) \geq 0$ のため，この個人は第 2 期が来たら実際にはケーキを食べてしまう．そのため，第 1 期の個人は最大で $3\beta\delta(\delta - \frac{2}{3})$ だけのコストを払ってでも「次の期に自分がケーキを食べられないようにする」というコミットメントを行うインセンティブがある．つまり，「わかっちゃいるけど，(実際にその期になったら) やめられない」というセルフコントロール問題に対処するため，事前に自分で将来の自身の手を縛っておくのである．

　この場合におけるコミットメントとしては，明日 (第 2 期に) ケーキを食べられないよう，今日 (第 1 期) のうちにケーキをすべて他の人にあげてしまうのが 1 つの手である．あるいは，今日のうちに明日の用事を一杯に入れて，明日ケーキを買いに行ったり食べたりする時間の余裕をなくしてもよい．ケーキを食べたことが発覚したら，皆に好きなものを奢らないといけないという約束を周囲の人と交わしておいてもよい．このようなコミットメントは，個人の意思決定において，指数割引のもとでは決して得にならないことが知られている．他方で，時間的非整合的な時間割引をもつ個人には，コストをかけてでもこのようなコミットメントを行うインセンティブがある[10]．

　次に，時間選好の分析に近視眼性を組み入れることにより，コミットメント

---

10) なお，コミットメントの手段は多岐にわたる．たとえば Carrillo and Mariotti (2000) は，「自分はたばこを吸ったことがないので，たばこがどのくらい好きか吸ってみないとわからない」といった財の価値が不確実な状況において，意図的に財の価値を学ばないように行動することが，セルフコントロール問題に対するコミットメントとして有用でありうることを理論的に示した．

の有用性が厚生評価を行ううえでどのような意味をもつのかを議論する．時間的整合性を満たす選好をもつ場合，「選択を行う時期が異なっても，好みがひっくり返ることはない」ため，異なる時期の同じ個人について単一の基準で厚生を評価することが可能である．逆に，時間的整合性が満たされない（指数割引ではない）時間選好をもつ個人は，どの時期の選好をもとに厚生を評価するかによって，結論が変わりうる．たとえば，2.2 節のケーキの例では，第 1 期の選好をもとにすると「ケーキは食べない方がよい」となるが，第 2 期の選好をもとにすると「ケーキは食べた方がよい」となってしまう．このような個人の厚生は，どのように評価すればよいのだろうか．

代表的な厚生評価の基準としては，**パレート効率性** (Pareto efficiency) を同一個人の異なる時期に適用したものがある．「t 期の個人」と「$t+1$ 期の個人」をそれぞれ別のプレイヤーとみなし，効用ベクトル u が u' よりもすべての期の個人にとって望ましければ，u は u' より望ましい（パレート改善されている），という基準だ．この基準を用いることについては，研究者の間で広く合意が得られているといえるだろう．他方で，多くの異時点間の問題において，パレート改善を行うことは容易ではない．上記のケーキの例でも，第 2 期にケーキを食べるべきか否かについて，第 1 期の個人と第 2 期の個人の望ましさが異なってしまっているため，そのままではパレート効率性の基準を用いてもどちらが望ましいか結論付けることができない．

この問題に対して，Laibson (1994) および Laibson (1997) では，適切なコミットメントを導入することにより，パレート改善が可能な場合があることを示した[11]．例として，ケーキを第 2 期と第 3 期にそれぞれ 1 個ずつ食べるかどうか選択する個人を考える．ケーキ 1 個を食べるごとの利得は 2.2 節とまったく同じであるとし，また $\beta < \frac{2}{3}$ かつ $\delta = 1$ であるとしよう．このとき，2.2 節で分析したように，コミットメントがまったくなされていない場合は，第 2 期の個人も第 3 期の個人もそれぞれケーキを食べてしまう．この場合の効用ベクトルは

$$\bar{u} = (0, 2, -1, -3, 0, \dots)$$

であり，各期の個人の総効用はそれぞれ

---

11) なお，Laibson (1994) は David Laibson の博士論文である．

$$\mathbb{U}_1(\bar{u}) = \beta \times (2 - 1 - 3) = -2\beta,$$

$$\mathbb{U}_2(\bar{u}) = 2 + \beta \times (-1 - 3) = 2 - 4\beta,$$

$$\mathbb{U}_3(\bar{u}) = \beta \times 2 - 1 + \beta \times (-3) = -1 - \beta,$$

$$\mathbb{U}_4(\bar{u}) = \beta \times (2 - 1) - 3 = -3 + \beta$$

であるため，$\beta \in (\frac{1}{2}, \frac{2}{3})$ の場合はすべての期の個人の効用が負になる[12]．他方で，「どの期にもケーキを食べない」場合，すべての期の個人の総効用は 0 である．つまり，「ケーキを第 2 期と第 3 期にそれぞれ 1 個ずつ食べる」状態から，「どの期にもケーキを食べない」という状態に移行することは，パレート改善となる．言い換えると，第 1 期に「どの将来の期にもケーキを食べることができない」というコミットメントを導入することは，第 1 期の個人のみではなく，すべての期の個人にとって望ましいものとなっている．このようなコミットメントの含意は，行動経済学のみならず経済学全般に影響を与え，2.6 節以降で紹介するように政策分析に応用されるようになる大きなきっかけとなった[13]．

2.6 貯蓄行動への応用

　近視眼性を組み入れた応用の金字塔として，Laibson (1997) による貯蓄行動の分析が挙げられる．マクロ経済学の標準的な消費・貯蓄モデルに近視眼性を組み入れることにより，Laibson (1997) は，

(1) 恒常所得仮説が成立しないこと（具体的には，消費がその期の一時的な所得と大きく相関すること）

(2) 資産ごとに限界消費性向が大きく異なりうること

(3) 流動性を高めるような金融市場や金融商品のイノベーションは貯蓄率を低

---

12) ここで，2.2 節のようにケーキを第 2 期に 1 個食べるかどうかのみを選択する場合を考えると，第 2 期の個人の効用が正になり，コミットメントを行うことがパレート改善にはならない．このため，本節では「第 2 期と第 3 期にそれぞれ 1 個ずつ食べるかどうか選択する」場合を考えている．

13) パレート改善が可能ではない場合における厚生評価については，3.5 節を参照されたい．

下させうること

(4) そのようなイノベーションは人々の厚生も低下させうること

(5) 非流動的な金融資産とクレジットカード借入などの金融負債を同時に保持する可能性があること

などを示した．本節では，以上の含意のうち (1) と (2) について，3 期間のモデルに基づいて解説し，その他の含意については言葉のみで簡単に紹介する．

　個人は第 1 期と第 2 期にそれぞれ $y_1, y_2 > 0$ の外生的な所得を受け取り，第 2 期と第 3 期 (引退後) に消費 $c_2, c_3 \geq 0$ を行う．各期の効用を $u(c_t)$ とし，$u(\cdot)$ は単調増加かつ厳密に凹とする．また，第 1 期の効用は単純化のため常に 0 とする．加えて，以下では常に内点解を仮定する．

　まずベンチマークとして，この個人は第 1 期と第 2 期に流動的な金融サービス (たとえば普通預金) のみにアクセス可能だとする．このサービスの 1 期ごとの利子率を $r > 0$ とし，各期のこのサービスに預けた資産額を x_1, x_2 と表す．この問題をバックワードで (最終期から順に遡って) 解いていく．まず，第 3 期の消費は引退後で消費のみを行うため，$c_3 = (1+r)x_2$ である．また，第 2 期の予算制約式は $c_2 + x_2 = y_2 + (1+r)x_1$，かつ $x_1 = y_1$ である．これらの式を組み合わせると，以下の条件が得られる．

$$c_3 = -(1+r)c_2 + (1+r)y_2 + (1+r)^2 y_1. \tag{2.4}$$

第 2 期の個人の総効用は $u(c_2) + \beta\delta u(c_3)$ であるため，c_3 に (2.4) 式を代入し

$$u(c_2) + \beta\delta u\left(-(1+r)c_2 + (1+r)y_2 + (1+r)^2 y_1\right)$$

を得る．そして，この式の c_2 についての 1 階条件をとることにより，均衡では第 2 期に以下の消費量 $(\tilde{c}_2, \tilde{c}_3)$ が選択されることが導かれる．

$$\frac{u'(\tilde{c}_2)}{u'(\tilde{c}_3)} = \beta\delta(1+r). \tag{2.5}$$

　それでは，$(\tilde{c}_2, \tilde{c}_3)$ は第 1 期の個人にとって望ましい消費量といえるだろうか．第 1 期の個人の総効用は $\beta\delta[u(c_2) + \delta u(c_3)]$ であるため，第 2 期と同様に 1 階条件をとることで，第 1 期の個人にとって最も望ましい消費量 (c_2^*, c_3^*) は以下となることがわかる．

$$\frac{u'(c_2^*)}{u'(c_3^*)} = \delta(1+r). \tag{2.6}$$

ここで, $u(\cdot)$ は単調増加かつ厳密に凹という仮定より, $\beta < 1$ の場合, $\tilde{c}_2 > c_2^*$ かつ $\tilde{c}_3 < c_3^*$ であることが示される. つまり, 近視眼的な個人は, 第 1 期の個人からみて, 第 2 期に浪費してしまい第 3 期の消費が過小になってしまっている.

次に, 第 1 期に預金すると第 3 期までその預金を引き落とせない, 非流動的な金融サービス (たとえば, 定期預金や個人年金) を導入する. このサービスに預けた資産額を $z_1 \geq 0$ と表す. 単純化のため, 1 期ごとの利子率は流動的なサービスと同じ $r > 0$ とする. このとき, 第 2 期の予算制約式は $c_2 + x_2 = y_2 + (1+r)x_1$ かつ $x_1 = y_1 - z_1$ となるため, 第 2 期の個人は多くとも

$$c_2 \leq y_2 + (1+r)(y_1 - z_1)$$

までしか消費できなくなる. つまり, 非流動的な金融サービス z_1 をコミットメントとして用いることにより, 第 1 期の個人は第 2 期の個人の浪費を防ぐことが可能になる. 実際に, 第 2 期の消費に第 1 期の所得が用いられる場合 ($c_2^* > y_2$ の場合) は, 第 1 期の個人は $z_1 = y_1 - \frac{c_2^* - y_2}{1+r}$ だけ非流動的な金融サービスに貯蓄することにより, 第 1 期の個人にとって最も望ましい消費量 (c_2^*, c_3^*) を達成することが可能になっている. これを現実の例でいえば, 定期預金や個人年金といった, 短期で引き落とすことにコストがかかるサービスにお金を預けておくことにより, 自身の将来の浪費を防ぐのである.

ここで (2.5) 式および (2.6) 式から, $\beta = 1$ の場合 (つまり指数割引の場合), 非流動的な金融サービスを用いるインセンティブはないことに注目されたい. また, 第 1 期の所得 y_1 が上昇した場合, その追加的な所得が流動的な金融サービスと非流動的な金融サービスのそれぞれにどの割合で預金されるかは, 非流動的な金融サービスをコミットメントとして使用しているかどうかで異なることに注意されたい. さらに, 第 1 期の貯蓄行動が終わったあとに何らかのショックで所得 y_2 が上昇した場合, 第 2 期の個人は (2.5) 式が満たされるまで, その所得上昇分をすべて第 2 期の消費に費やすことがわかる.

以上の結果から, (1) 消費がその期の所得と大きく相関しうること, (2) 資産

ごとに限界消費性向が大きく異なりうること，が確認できる[14]．

　また，(3)〜(5) の含意については，モデルをさらに拡張し，クレジットカードによる借入のような流動的な金融サービスが新たに市場に導入された場合を考える．簡単化のため，以下では個人は第 2 期に (外生的に) クレジットカードをもつ場合を考えよう．この場合，クレジットカードの利息が r より高い場合であっても，第 2 期の個人はクレジットカードを使用しその期の消費を増大させるインセンティブがある．結果として，クレジットカードの市場への導入は (3) 貯蓄率を低下させうる．また，(4) クレジットカード借入のオプションは人々の厚生も低下させうること，さらには (5) 非流動的な金融資産とクレジットカード借入などの金融負債を同時に保持する可能性があることも示される．

　なお，セルフコントロール問題を実証的に同定する方法として，上記のように「伝統的な経済理論の仮定のもとでは，使用するインセンティブがまったくない」オプションを用いることがよく行われている．つまり，**それ自体には価値のないコミットメント** (dominated commitment) の手段を使用していることから，バイアスが存在する証拠を得るという方法だ．貯蓄におけるコミットメントの影響を実証した論文としては，Ashraf et al. (2006) がある．この論文では「金利や手数料などの条件は普通の貯蓄口座と同じだが，一定の条件を満たさないとお金が引き出せない」というコミットメント口座を開く機会をランダムに提供するというフィールド実験を行った．勧誘を受けた人のうち 28% がこのコミットメント口座を開いた．その結果，勧誘を受けなかった人々と比べ，勧誘を受けたグループは 1 年後に 82% ほど平均預金残高が上昇していた．さらに「勧誘を受け，かつコミットメント口座を実際に開いた人」のみに絞って勧誘を受けなかった人々と比較すると，1 年後に 4 倍以上も平均預金残高が上昇していた．この結果は，コミットメントの手段を適切に提供することにより，現

---

14) 上記 (1) に関連して，Shapiro (2005) はアメリカの低所得者層に対する食料無料配布プログラムのデータを分析し，手元に食料が多くあるときほどカロリー摂取量が増えている (つまり，恒常所得仮説が成立していない) ことを示した．また，Mastrobuoni and Weinberg (2009) はアメリカの食料摂取および社会保障給付のデータを分析し，貯蓄のある個人は社会保障給付のタイミングとカロリー摂取量が相関しない一方，貯蓄のない個人は社会保障給付の直後にカロリー摂取量が大きく増加していることを実証した．

実に人々の行動に大きな影響を与えうることを示唆している[15]. 他にコミットメントを用いたセルフコントロール問題の実証としては, 禁煙支援[16], 農家における肥料購入の促進[17], 運動習慣の形成[18], 収入を日払いではなくまとまった金額として受け取る[19], 勤労時の飲酒を抑制[20], および次節で紹介する労働契約[21] などを分析した論文がある.

2.7 求職活動・労働契約への応用

　近視眼性がきわめて重要になりうる別の応用として, 求職活動がある. 一般に, 性急な個人 (将来を大きく割り引く個人, つまり $\tau - t$ 期離れた効用を割り引く時間割引関数 $D(\tau - t)$ が相対的に小さい個人) ほど, 求職のための努力をあまり行わない. 他方で, 性急な個人ほど, より待遇の悪い職でもオファーがあればすぐに就職する (つまり, そこそこの職でもすぐに妥協する) インセンティブがあることが知られている. そのため, 時間選好がどのように 1 期ごとの就職率に影響を与えるかは自明ではない.

　DellaVigna and Paserman (2005) は, 短期的な近視眼性 β と長期的な指数割引因子 δ のどちらが 1 期ごとの就職率に大きな影響を及ぼしているかを分析した. 構造推定のための理論モデルを構築し, その理論においては, δ がある程度以上大きい場合, δ がより大きな個人ほど, 結果として 1 期ごとの就職率が低くなることを示した. これは, δ の上昇が, 待遇のよい職がみつかるまで就職を待とうとする効果の方により強く働くためである. 求職活動は日々の努力によって行われるため, δ がある程度以上大きいという仮定はもっともらし

---

15) ただし, コミットメントの手段が現実に用いられるためには, その個人が自分の将来のセルフコントロール問題についてある程度正しく予測していることなどの条件が必要である. 詳しくは Laibson (2015, 2018) を参照されたい.

16) Gine et al. (2010).

17) Duflo et al. (2011).

18) Royer et al. (2015), Acland and Levy (2015).

19) Casaburi and Macchiavello (2019), Brune et al. (2021).

20) Schilbach (2019).

21) Kaur et al. (2015).

いと考えられる．他方で，β がより大きな個人 (つまり，より近視眼性が弱い
個人) ほど，1 期ごとの就職率が高いことを理論的に示した．これは，β の上昇
が，就職のための努力を高める効果の方により強く働くためである．

　次に実証のため，インタビューによる他者の評価や喫煙行動などから，各個人
の性急さの代理となる指標を作成した．上記より δ と β が就職率に対して逆の
方向に影響を与えるため，性急さの指標が主に長期的な割引を捉えているので
あれば，就職率と正の相関があり，他方で性急さの指標が主に近視眼性を捉え
ているのであれば就職率と負の相関があると考えられる．実証結果として，性
急さの指標は 1 期ごとの就職率と負に相関していること，また性急さの指標に
関する他の実証結果も準双曲割引モデルをもとにした予測と整合的であったこ
とを報告している．この結果は，求職活動について近視眼性が重要である可能
性，また近視眼的な個人ほど就職率が低くなってしまうという点において，政
策的にも重要な含意をもたらしているといえるだろう[22]．

　求職時だけでなく，実際の就労にも近視眼性は影響を及ぼす．Kaur et al.
(2015) はデータ入力の仕事において，「ある一定以上の数を終わらせると通常
の契約と同じ水準の給与が得られるが，それ未満の数だと通常の契約よりも給
与が下げられてしまう」というコミットメント契約を選択肢の 1 つとしてランダ
ムに提供するフィールド実験を行った．36% の労働者がこのコミットメント
契約を自発的に選択した．また，コミットメント契約を選択した労働者たちに
ついて，平均で 18% の給与の増加に相当する労働生産性の上昇が確認された．
この結果は，売上目標や技能向上などについての自発的なコミットメントの設
定，およびコミットメント制度の適切なデザインが，現実の労働者の努力を引
き出すために有用である可能性を示唆している．

　ただし，前段落の議論は，自身の将来の行動を正しく予想しているという意
味において，思慮深い (sophisticated な) 個人が前提となっている．自身の将
来の行動についてナイーブな個人を前提とした場合，企業は一見してその個人
にとって魅力的な契約を提示することにより，結果的にその個人を「搾取」す
ることが可能になる．とくに，企業がどのような意図で契約をデザインするか

---

22) 関連して，Diamond and Kőszegi (2003) は近視眼性が高齢者の退職のタイミングに
　　対しどのように影響するかを理論的に分析した．

により，各個人の厚生についての含意が大きく異なってくる．この問題については，第 3 章で詳しく扱う．

第 1 章で，行動経済学はゲーム理論や情報の経済学と「同じレベルでの爆発的な研究の発展は (少なくとも現時点において) もたらしてはいない」と述べたが，あえて例外を 1 つ挙げるとすれば，それはセルフコントロール問題に対する分析であろう．指数割引は，借入や貸出を考慮した企業の意思決定，または年単位など長期的な個人の意思決定を描写するのにとくに適している．他方で，ダイエットをいつ始めるか，宿題にいつ取り掛かるか，あるいは日々の散財といった，個人が日常的に直面する意思決定については，指数割引 ($\beta \simeq 1, \delta < 1$) よりも近視眼性に焦点を当てた割引 ($\beta < 1, \delta \simeq 1$) の方が一般に説明力が高く，かつ有用な厚生的含意があると筆者は考える．この意味で，準双曲割引モデルは，「人々が日常的に直面する異時点間の選択」一般という広大な応用範囲に門戸が開かれ，爆発的な研究の発展がもたらされたといえるかもしれない．

2.8 課税政策への応用：愚行税

たばこ税や砂糖入りの炭酸飲料に課されるソーダ税など，大量に消費すること自体がその人自身にとって望ましくないと考えられる財へ課税し，消費を減らすことの有用性が注目されている．このような税は，**愚行税** (sin tax) と呼ばれる．以下では，近視眼性を組み入れたモデルの課税政策への応用として，O'Donoghue and Rabin (2003, 2006) による分析を簡単化した 0, 1, 2 期の 3 期間のモデルを解説する．

個人は第 1 期に，不健康な財 $x \geq 0$ をどれだけ消費するかを選択する．ここでは砂糖が大量に入った炭酸飲料やジャンクフードをイメージするとよいだろう．不健康な財の消費からは $\rho \ln x$ の効用を第 1 期に得るが，将来の健康に影響を与え，第 2 期に $\ln x$ だけの不効用が生じるとする (ただし $\ln$ は自然対数である)．財の価格は 1 とし，t_x を不健康な財への愚行税の税率とする．また，集めた愚行税はただちに (第 1 期に)，かつ一括して消費者に還元されるとし，その額を T と表記する．ここでは第 0 期は何も選択を行わず，次の期 (第 1 期) に何をしたいかを考えるだけとする．また，以下では常に内点解を仮定

する.

　準線形の効用関数を仮定すると，第 1 期の個人の総効用は以下のように表される[23].

$$U_1 = \rho \ln x - (1 + t_x)x - \beta\delta \ln x + T. \tag{2.7}$$

財の選好パラメータは $\rho > 1$ であるとする．ここで，不健康な財の消費から生じる将来的な不効用のみを，近視眼性を表すパラメータ $\beta \in (0, 1]$ と長期的な時間割引因子 $\delta \in (0, 1]$ で割り引いていることに注意されたい.

2.8.1　消費者の行動

　まずは，この個人の第 1 期における実際の消費量を導出する．(2.7) 式の x について効用最大化の 1 階条件をとると，均衡における消費量 x^* は

$$\frac{\rho}{x^*} - (1 + t_x) - \frac{\beta\delta}{x^*} = 0$$

となるため，第 1 期における実際の消費量は以下のように求められる.

$$x^* = \frac{\rho - \beta\delta}{1 + t_x}. \tag{2.8}$$

ここで，β が小さいほど不健康な財の消費量 x^* は増加すること，また税率 t_x が上がるほど財 x の消費量が減少することに注意されたい.

　さらに，(2.8) 式の結果は，個人の選好 ρ および近視眼性 β を観察された行動のみから同定することの難しさを示唆している．具体例として，以下の 3 つのケースでは，それぞれ ρ と β が異なるものの，(2.8) 式で導かれた第 1 期の消費量はいずれも $x^* = \frac{1}{1+t_x}$ となる.

- $(\rho, \beta, \delta) = (2, 1, 1)$,
- $(\rho, \beta, \delta) = (1.95, 0.95, 1)$,
- $(\rho, \beta, \delta) = (1.7, 0.7, 1)$.

このように，観察される行動のみから各パラメータを同定することは容易では

----

23) 精確には，ここで価値基準財 (numeraire) の存在を考え，不健康な財への支出以外はすべて第 1 期の価値基準財の消費に支出を回すこと，また価値基準財から得られる効用は線形かつ将来的な不効用は生じないこと，を仮定している.

ない．しかし，次に分析するように，観察される行動が同一であるとしても，そこから得られる厚生への含意は大きく異なる．

2.8.2　課税政策：同質的な個人の場合

次に，同質的な個人への課税を考える．以下では個人が $\beta = 1$ であった場合の総効用

$$\sum_{\tau=1}^{\infty} \delta^{\tau} u_{\tau}$$

を最大化する政策を考える．これを長期的な効用とよぶ[24]．ここで，個人の長期的な効用は以下のように表される[25]．

$$U_0 = \rho \ln x - (1 + t_x)x - \delta \ln x + T. \tag{2.9}$$

以下では，$-t_x x + T = 0$ という予算制約のもとで，政策担当者が第 0 期に，この個人の長期的な効用 U_0 を最大化するよう，税率 t_x を決定することを考える．(2.9) 式に予算制約を代入すると，

$$U_0 = \rho \ln x - x - \delta \ln x \tag{2.10}$$

となるため，2.8.1 項と同様に (2.10) 式の x についての 1 階条件をとると，個人の長期的な効用を最大化する消費量 $\bar{x}$ は以下のように求められる．

$$\bar{x} = \rho - \delta. \tag{2.11}$$

個人の長期的な効用は (2.8) 式が (2.11) 式と一致する点で最大化されるため，個人の長期的な効用を最大化する最適な税率 t_x^* は以下のように求められる．

$$\frac{\rho - \beta\delta}{1 + t_x^*} = \rho - \delta \quad \Longleftrightarrow \quad t_x^* = \frac{\delta(1 - \beta)}{\rho - \delta}. \tag{2.12}$$

ここで，$\beta = 1$ のときは最適税率が 0 であり，β が小さいほど最適税率が上昇

---

24) 長期的な効用を厚生評価に用いることについては，3.5 節で議論する．

25) ここで，第 0 期の個人の総効用は (2.9) 式に $\beta\delta$ をかけた $\beta\delta U_0$ である．そのため，U_0 のみに注目しても，分析にはまったく影響を及ぼさないことに注意されたい．

することに注意されたい.

　近視眼性が存在する場合, 愚行税の最適税率は高くなりうる. 具体例として, 先ほど挙げた 3 つの異なる状況において, 最適税率 t_x^* および付随する所得移転 $T^* = t_x^* x^*$ はそれぞれ以下の通りになる.

- $(\rho, \beta, \delta) = (2, 1, 1)$　$\implies$　$(t_x^*, T^*) = (0, 0)$,
- $(\rho, \beta, \delta) = (1.95, 0.95, 1)$　$\implies$　$(t_x^*, T^*) \approx (0.05, 0.05)$,
- $(\rho, \beta, \delta) = (1.7, 0.7, 1)$　$\implies$　$(t_x^*, T^*) \approx (0.43, 0.3)$.

このように, 観察される行動のみから各パラメータを同定できない状況でも, そこから得られる厚生への含意 (この場合は愚行税への含意) は大きく異なる. なお, 追加的なデータにより各パラメータを同定する方法の例としては, 事前の予想や理想的な将来の消費量をあわせて聞くことが挙げられる.

　また, 「観察される行動のみから各パラメータを同定できない」からといって, 行動経済学の要素を組み入れたモデルの使用を抑止しているわけではないことに注意されたい. むしろ, 上記の結果は, 伝統的な経済学のモデルに基づき推定した結果が, 現実と大きく異なる可能性を示唆している. 行動経済学の要素が入っているか否かにかかわらず, 厚生分析の際は, 結果に強く影響する仮定およびメカニズムを明示的に議論することが肝要である. この意味において, たばこのような将来的に大きな不健康をもたらしうる財において, 合理的かつ時間的整合な個人を仮定することは, 厚生分析を行う際に明示的に議論するべきである. 近視眼性が存在することによる厚生への含意の違いは, たばこ税のケースにおいて Gruber and Kőszegi (2001) により指摘され, 現在まで広く研究が進められている[26].

2.8.3　課税政策：異質的な個人の場合

　続いて, 選好 ρ および近視眼性 β が異なる個人が混在する環境における課税政策を分析する. 簡単化のため, 以下の 2 タイプの個人が混在する状況を分析する.

---

26) なお, 愚行税を課すことにより, 所得が低い人ほどより税負担が大きくなることがありうる. このような愚行税の逆進性に関する分析としては, Gruber and Kőszegi (2004) および Allcott et al. (2019a) を参照されたい.

- $q \in (0,1)$ の割合でセルフコントロール問題のない個人 A：$(\rho,\ \beta,\ \delta) =$ $(2,\ 1,\ 1)$ が存在し，消費量 x_A を選択する．
- $1-q$ の割合でセルフコントロール問題のある個人 B：$(\rho,\ \beta,\ \delta) = (2,\ \beta,\ 1)$ が存在し，消費量 x_B を選択する．ただし $\beta < 1$ とする．

ここで，各タイプとも $\rho = 2$ および $\delta = 1$，政府の予算制約は $-t_x[qx_A^* + (1-q)x_B^*] + T = 0$，かつ各タイプの第 1 期における実際の消費量は，(2.8) 式より $x_A^* = \frac{1}{1+t_x}$，$x_B^* = \frac{2-\beta}{1+t_x}$ のため，均衡における各タイプの長期的な効用はそれぞれ

- セルフコントロール問題のない個人 A の長期的な効用は

$$
\begin{aligned}
U_{0,A} &= 2\ln x_A^* - (1+t_x)x_A^* - \ln x_A^* + T \\
&= \ln x_A^* - x_A^* + t_x(1-q)(x_B^* - x_A^*) \\
&= \ln \frac{1}{1+t_x} - \frac{1}{1+t_x} + \frac{(1-q)(1-\beta)t_x}{1+t_x},
\end{aligned}
$$

- セルフコントロール問題のある個人 B の長期的な効用は

$$
\begin{aligned}
U_{0,B} &= 2\ln x_B^* - (1+t_x)x_B^* - \ln x_B^* + T \\
&= \ln x_B^* - x_B^* - t_x q(x_B^* - x_A^*) \\
&= \ln \frac{2-\beta}{1+t_x} - \frac{2-\beta}{1+t_x} - \frac{q(1-\beta)t_x}{1+t_x},
\end{aligned}
$$

となる．これより，各タイプの長期的な効用の税率上昇に対する変化はそれぞれ

- セルフコントロール問題のない個人 A は

$$
\begin{aligned}
\frac{dU_{0,A}}{dt_x} &= -\frac{1}{1+t_x} + \frac{1}{(1+t_x)^2} + \frac{(1-q)(1-\beta)}{(1+t_x)^2} \\
&= \frac{(1-q)(1-\beta) - t_x}{(1+t_x)^2},
\end{aligned} \tag{2.13}
$$

- セルフコントロール問題のある個人 B は

$$
\frac{dU_{0,B}}{dt_x} = -\frac{1}{1+t_x} + \frac{2-\beta}{(1+t_x)^2} - \frac{q(1-\beta)}{(1+t_x)^2}
$$

$$= \frac{(1-q)(1-\beta) - t_x}{(1+t_x)^2}, \tag{2.14}$$

と求まる．ここで，$t_x = 0$ のときは (2.13), (2.14) 式の右辺はそれぞれ正になることに注意されたい．つまり，税率 t_x を 0 から正に上昇させた方が，どちらのタイプの個人の長期的な効用も高まる (上記の例では偶然ではあるが，どちらのタイプも $t_x = (1-q)(1-\beta)$ が最も望ましい税率となっている)．つまりこの場合，適切な愚行税を課すことは (長期的な効用を基準として) すべてのタイプの個人の効用を改善し，かつすべてのタイプの個人に支持されることになる．ここで，税収の上昇は最終的に消費者全体の利益に還元されている[27]．

O'Donoghue and Rabin (2006) では，上記の分析を一般化し，どのような選好および近視眼性が異なる個人が混在する環境でも，正の愚行税を課すことによってすべてのタイプの個人の効用が改善される条件を理論的に導出した．この結果は，たばこ税，酒税，砂糖入りの炭酸飲料に課されるソーダ税など健康に影響を与える消費財に関する税制への含意をもたらすとともに，(ワクチン接種など予防医療への補助金を出すことにより健康的な行動を促すといった) 健康保険など他分野への議論にも影響を与えた．

近年とくに注目されている愚行税として，砂糖入りの炭酸飲料に課されるソーダ税が挙げられる．たとえば，アメリカのサンフランシスコ市では，2016 年 11

---

27) さらに，第 3 章で紹介する自身の将来のセルフコントロール問題についてナイーブである ($\hat\beta > \beta$) 個人の場合でも，同様にして，税率を 0 から正に上昇させた方が長期的な効用が高まることが確認できる．直観的に説明すると，各タイプはそれぞれ以下のような考えをもとにするため，愚行税を課すことを支持する．

- 「セルフコントロール問題のない個人」は，セルフコントロール問題のある個人よりも x の消費量が少ないことにより，税移転 T を通じて受け取る額が愚行税による税支出を上回る．これにより，愚行税を課された方が効用が高まる．
- 「セルフコントロール問題のある思慮深い個人」は，不健康な財の消費を減らすよう，正の愚行税をコミットメントの手段として用いるため，長期的な効用が高まる．
- 「セルフコントロール問題のあるナイーブな個人」は，第 0 期にはセルフコントロール問題のない個人と同様の考えにより，自身の効用が高まると予想し賛成する．第 1 期には不健康な財を予想よりも多く消費してしまうが，それでも愚行税の存在により実際の消費量が減少するため，思慮深い個人のケースと同様に実際の長期的な効用も高まる．

月より砂糖入りの炭酸飲料 1 オンス (約 28 グラム) 当たり 1 セントのソーダ税
が課せられた．肥満や糖尿病を防ぐため，このようなソーダ税は世界中で導入
されつつある[28]．

2.9　年金政策への応用：デフォルト効果

　日本では，国民年金など加入が原則として義務付けられている公的年金だけ
ではなく，個人型確定拠出年金 (iDeCo) や長期向けの個人型積立投資 (つみた
て NISA) が普及しつつある．確定拠出年金では各個人が年金の積立額 (または
給与からの積立率) を選択する必要がある．

　アメリカをはじめとするいくつかの国では，入社時に確定拠出年金に自動加入
する制度を敷いている企業もあるため，その際の年金積立率の**デフォルト** (de-
fault，初期設定) をどう設定するかが重要になる．Madrian and Shea (2001)
では，アメリカの確定拠出年金において，多くの人々がデフォルトの年金積立
率をそのまま用いていることを実証した．このように，(たとえ初期設定から変
更した方が明らかによい場合でも) 人々が初期設定のままでいることは**デフォ
ルト効果** (default effect) と呼ばれ，現在では臓器移植の提供率増加を目的とし
た施策をはじめとする，数多くの公共政策に用いられている．先駆的な研究と
して，Thaler and Benartzi (2004) では，デフォルト効果をはじめとする各種
の行動経済学的な要因を考慮した年金制度設計を行い，その制度を現実に実践
した結果を報告している．

　デフォルト効果を生じさせる要因は複数あるが (詳しくは本節の最後の段落
で触れる)，本章で解説してきた近視眼性もその 1 つである．そこで，以下では
近視眼性の年金政策への応用として，Carroll et al. (2009) による分析を簡単化
した 0, 1, 2 期の 3 期間のモデルをもとに解説する．各個人はそれぞれ異なる最
適な積立率 $s \in [0, \bar{s}]$ をもち (ただし $\bar{s} > 0$)，第 1 期にコスト $c > 0$ をかけて努
力することでデフォルトの年金積立率を d' に変更するか，あるいはコストをか

---

28) ソーダ税の最近の動向およびその経済分析の詳細については，Allcott et al. (2019b)
　　を参照されたい．

けずにデフォルトの積立率 d のままにするかを選択する．第 2 期に年金の引き落としがあり，第 1 期に選択した積立率が自身にとって最適でなかった個人は $-(s-d)^2$ の利得が生じるとする．これをもとに，政策担当者は第 0 期に，各個人の年金積立率のデフォルト $d \in [0, \bar{s}] \cup \{a\}$ を一律に設定する．ここで，$d = 0$ は自発的に積立率を変更した人だけが積立を開始できる**オプトイン方式** (opt-in policy)，$d \in (0, \bar{s}]$ は何もしないと積立率 d で給与が天引きされる**オプトアウト方式** (opt-out policy)，$d = a$ は第 1 期に全員に強制的に努力させる（全員が自発的に積立率を選択する）**選択強制方式** (active-choice policy) に対応する．

各個人は第 1 期にコスト $c > 0$ をかけて努力した場合，$d' = s$ となるようデフォルトの年金積立率を変更するため，第 2 期には不効用は生じない．よって，第 1 期における個人の総効用は以下のように表される．

$$U_1^s = \max\{-c, \, -\beta\delta(s-d)^2\}. \tag{2.15}$$

2.9.1 消費者の行動

まずは各個人の最適な積立率 s ごとに，個人の第 1 期における実際の行動を導出する．(2.15) 式より，均衡においてデフォルトから変更しない条件は，次のように求められる．

$$-\beta\delta(s-d)^2 \geq -c$$
$$\iff \quad s \in \left[d - \sqrt{c/\beta\delta}, \, d + \sqrt{c/\beta\delta}\right].$$

ここで，c が大きいほどデフォルトを変更しない範囲は増加する．また β および δ が小さいほどデフォルトを変更しない範囲は増加する．なお，上記の選択強制方式はデフォルトの積立率を $a > \bar{s} + \sqrt{c/\beta\delta}$ に設定することに対応している．

均衡における各個人の長期的な効用 U_0^s（ここでは個人が $\beta = 1$ であった場合の第 0 期における総効用．詳しくは 3.5 節で議論する）は，デフォルトを変更しない際は $-\delta(s-d)^2$，デフォルトを変更する際は $-c$ のため，以下のようにまとめられる．

$$U_0^s = \begin{cases} -\delta(s-d)^2 & \text{if} \quad c \geq \beta\delta(s-d)^2, \\ -c & \text{if} \quad c < \beta\delta(s-d)^2. \end{cases}$$

ここで $\beta = 1$ の場合，デフォルトを変更しないのは $-\delta(s-d)^2 \geq -c$ のときのみである．よって，長期的な効用は必ず $-c$ 以上になる．他方で，$\beta < 1$ かつ $-\beta\delta(s-d)^2 \geq -c > -\delta(s-d)^2$ の場合，この個人は第 0 期にはデフォルトの変更を望んではいるものの，実際に第 1 期になるとデフォルトを変更しないことを選択するため，長期的な効用は $-c$ 未満になる．

2.9.2　最適なデフォルトの設定

以下では単純化のため，各個人の最適な積立率 s は，$\frac{1}{2}$ の割合で $s_1 = 0$ のタイプ，$\frac{1}{2}$ の割合で $s_2 = \bar{s} = 2$ のタイプであるとする．上記の仮定のもとでは，どちらのタイプもデフォルトを変更しないケースでは $d = 1$ が社会厚生を最大化することが導出できる．また，どちらか片方のタイプのみデフォルトを変更するケースでは，$d = 0$ または $d = 2$ と設定することが社会厚生を最大化する（なお，対称性から $d = 0$ と $d = 2$ は常に同じ社会厚生をもたらす）．

まず，端（以下では $d = 0$ の場合を考える）にデフォルトを選択するケースの社会厚生は以下となる．

$$-\frac{1}{2}\delta(0-0)^2 - \frac{1}{2}\delta(2-0)^2 = -2\delta \quad \text{if} \quad c \geq 4\beta\delta,$$
$$-\frac{1}{2}\delta(0-0)^2 - \frac{1}{2}c = -\frac{1}{2}c \quad \text{if} \quad c < 4\beta\delta.$$

次に，中央（$d = 1$）にデフォルトを設定するケースの社会厚生は以下となる．

$$-\frac{1}{2}\delta(0-1)^2 - \frac{1}{2}\delta(2-1)^2 = -\delta \quad \text{if} \quad c \geq \beta\delta,$$
$$-\frac{1}{2}c - \frac{1}{2}c = -c \quad \text{if} \quad c < \beta\delta.$$

最後に，選択強制方式の場合（$d = a$）の社会厚生は，すべての個人が自らにとって最適な積立率を選択する一方で，すべての個人が努力コストをかけることを強制されているため，$-c$ となる．

これらを比較してまとめると，社会厚生を最大化する最適なデフォルトは以下のように求められる．

⑴ $c < \beta\delta$ である場合，端（$d = 0$，または $d = 2$）にデフォルトを選択し，片方のタイプのみデフォルトを変更させることが最適となる．

(2) $c \in [\beta\delta,\ 4\beta\delta)$ である場合，$c < 2\delta$ であれば端 ($d = 0$，または $d = 2$) に
   デフォルトを選択し，片方のタイプのみデフォルトを変更させることが最
   適となる．$c \geq 2\delta$ であれば中央 ($d = 1$) にデフォルトを設定し，誰もデ
   フォルトを変更させないことが最適となる．

(3) $c \geq 4\beta\delta$ である場合，$c < \delta$ であれば選択強制方式 ($d = a$) が最適となる．
   $c \geq \delta$ であれば中央 ($d = 1$) にデフォルトを設定し誰もデフォルトを変更
   させないことが最適となる．

　この結果の含意を以下の 2 つのケースに焦点を当てて説明する．第 1 に，選
択強制方式が最適となるのは $4\beta\delta \leq c < \delta$ の場合のみである．よって，各個人
にセルフコントロール問題がないケース ($\beta = 1$) では，全員に努力コストをか
けさせることは最適ではない．努力コストが大きくない場合は片方のタイプの
みがコストをかけて全員が最適な積立率を選択するようにし，努力コストが大
きい場合は社会厚生の損失を最小化すべくデフォルトを中央に寄せることが最
適となる．第 2 に，各個人のセルフコントロール問題が大きいケース ($\beta \leq \frac{c}{4\delta}$)
では，努力コストが大きい場合には第 1 のケースと同様にしてデフォルトを中
央に寄せることが最適となるが，努力コストが大きくない場合は全員に強制的
に積立率を選択させることが最適となる．直観的には，全員が最適な積立率を
選ぶことが望ましいにもかかわらず，セルフコントロール問題が大きい個人は
第 1 期にデフォルトを変更しようとしないため，選択強制方式が社会厚生を向
上させることになる．

　Carroll et al. (2009) は，より一般的な分析を行い，近視眼性の仮定のもと
で中央のデフォルトおよび選択強制方式が最適となる条件を理論的に導出した．
また，アメリカの一部の企業において選択強制方式が導入されたことを用いた
実証分析を行った．ただし，デフォルト効果が起こる要因は，近視眼性以外に
も，金融リテラシーの欠如 (financial illiteracy)，不注意 (inattention)，アンカ
リング効果 (psychological anchoring) など数多く指摘されている．Bernheim
et al. (2015) は，より一般的な理論モデルのもとで分析を行った．彼らの実証
結果では，多くの場合において $s = 0$ または $s = \bar{s}$，すなわち端のどちらかに
デフォルトを設定することが最適であると報告している．具体的には，多くの
個人が確定拠出年金に対し価値を見出していない場合は，確定拠出年金の積立

率が正であると雇用者や政府にも追加的なコストがかかるため，$s = 0$ が最適となる．他方で，多くの個人が確定拠出年金に対し価値を見出している場合は，最大の拠出率 (多くの場合は 6%) にデフォルトを設定することが最適となる．本節の最初に述べたように，日本でも iDeCo やつみたて NISA など個人で運用する積立が普及してきているが，これらの制度を設計する際には適切な理論構築，および制度の評価と改善のための実証分析が望まれる．

_第 **3** _章

セルフコントロール問題に対する
ナイーブさと先延ばし

3.1 はじめに

　本章では，セルフコントロール問題をもつ個人が，自身の将来について正しく予想できていない (ナイーブである) 場合，つまり「わかっちゃいないし，やめられない」個人を扱った理論モデルを導入する[1]．

　以下，3.2 節では簡単な例を通じて概要をつかむ．3.3 節では，セルフコントロール問題をもつ個人が自身の将来の行動の予想についてナイーブである場合のモデルを導入する．3.4 節では，「先延ばし」が起きる具体例を詳細に分析する．3.5 節では，厚生評価の基準を議論する．3.6 節では，長期契約の解約に関する，近視眼的な消費者がいる場合の市場競争および消費者保護政策への応用を紹介する．3.7 節では，近視眼的な消費者とそうでない消費者が市場に混在している場合の価格差別について分析する．3.8 節では，ナイーブな個人の均衡概念を精確に定義する．

---

1) 市場競争への応用については Heidhues and Kőszegi (2018)，契約理論への応用については Kőszegi (2014)，他の分野への応用については Ericson and Laibson (2019) をそれぞれ参照されたい．

3.2 セルフコントロール問題に対するナイーブさ： わかっちゃいないし，やめられない

　本節では，簡単な 3 期間のモデルで，宿題や確定申告に代表される 1 回限りの作業を行う例を紹介する．第 2 期に「宿題を行う」か「宿題を行わない」かのどちらかの選択のみを行う個人を考える．宿題をしっかり行った期には疲れてしまい -2 の利得を得るが，次の第 3 期には 3 の利得を得る．宿題を行わない場合の利得は常に 0 である．なお簡単化のために，第 2 期において宿題を行うか行わないかが無差別な場合は宿題を行うものとする．ここでは第 1 期は何も選択を行わず，次の期 (第 2 期) に何をしたいかを考えるだけとする．また，第 3 期は締切後のため宿題を行うことはできず，第 2 期に宿題を行った際の利得を得るためだけに存在する期とする．

　この個人は近視眼的なため，1 期ごとの時間割引因子 $\delta > \frac{2}{3}$ に加え，将来の利得をすべて一律に $\beta \in (0, 1)$ だけ割り引くものとする．この個人が第 1 期において「明日 (第 2 期に) 宿題を行う」場合の利得は $\beta[\delta \times (-2) + \delta^2 \times 3] = \beta\delta(-2 + 3\delta) > 0$ であるため，事前には宿題を行いたいと思っている．しかし，実際に第 2 期になった際に宿題を行ったときの割引利得は $-2 + \beta\delta \times 3$ であるため，$\beta < \frac{2}{3\delta}$ の場合，第 1 期に宿題を行いたいと思っていても，第 2 期になると実際には行わない．

　ここで新たに，この個人が自身の将来の近視眼性に対してナイーブである可能性を導入する．具体的には「第 1 期に次の期 (第 2 期) の行動を考える際，自身の次の期の近視眼性が本当は β であるにもかかわらず，$\hat{\beta} \in (\beta, 1]$ だと (誤って) 信じている」とする．すると，第 1 期の個人からみて，実際に第 2 期になった際に宿題を行ったときの割引利得は $-2 + \hat{\beta}\delta \times 3$ であると予想してしまう．このとき，$\beta < \frac{2}{3\delta}$ かつ $\hat{\beta} \geq \frac{2}{3\delta}$ であると，「実際に第 2 期になった際には宿題を行わない」にもかかわらず「事前 (第 1 期) には宿題を行うと誤って予想している」ことになる．つまり，自分のことにもかかわらず，そのままでは宿題を行わないことを「わかっちゃいないし，やめられない」のである．

　第 2 章の分析とは異なり，上記の場合における第 1 期の個人には，コミット

メントを行うインセンティブがまったくないことに注意してほしい．つまり，この個人は将来宿題をしないことを「わかっちゃいない」ため，どんなに有用なコミットメントの手段があってもそれを使おうとしないのである．以下では，このようなセルフコントロール問題におけるナイーブさを精確に定義したうえで議論していく．

3.3 近視眼性に対するナイーブさを組み入れたモデル

離散期間 $t = 1, 2, \ldots,$ における，異時点間の選択問題を考える．前節で述べたような近視眼性に対するナイーブさについての分析は，Akerlof (1991) により議論され，O'Donoghue and Rabin (1999, 2001) により大きく発展した．近視眼性に対するナイーブさを簡便な形で経済理論に組み入れたものとして，ここでは O'Donoghue and Rabin (2001) により導入された partially-naive present-bias model，または O'Donoghue-Rabin model (以下，**OR モデル**) と呼ばれる理論モデルを紹介する．

OR モデルでは，$\tau - t$ 期先の効用を割り引く時間割引関数 $D(\tau - t)$ は $D(\tau - t) = \beta \delta^{\tau - t}$ と定義される．ここで $\beta \in (0, 1]$ は近視眼性の度合，$\delta \in (0, 1]$ は伝統的な経済理論で用いられる指数割引因子を表す．この個人は，t 期において以下の総効用を最大化するよう行動する．

$$U_t := u_t + \beta \sum_{\tau = t+1}^{\infty} \delta^{\tau - t} u_\tau. \tag{3.1}$$

なお，(3.1) 式は t 期以降の総効用を表し，2.4 節の (2.3) 式の再掲である．

次に，この個人が自身の将来をどう予想するかについて定義する．この個人は自身の将来における近視眼性の度合を $\hat{\beta} \in [\beta, 1]$ だと信じていると仮定する．この仮定のもとでは，個人は t 期において，w 期 (ただし $w > t$) の総効用は以下であると想定することになる．

$$\hat{U}_w := u_w + \hat{\beta} \sum_{\tau = w+1}^{\infty} \delta^{\tau - w} u_\tau. \tag{3.2}$$

ここで (3.2) 式において $\beta < \hat{\beta}$ である場合は，自身の将来に対する予想が誤っ

ていることに注意されたい．この場合，この個人は毎期セルフコントロール問題に直面しているにもかかわらず，将来の自身のセルフコントロール問題については (誤って) 楽観的になっている．言い換えると，$\beta < \hat{\beta}$ である個人は，合理的な期待形成を行っていない．

　直観的な説明のため，(3.1) 式および (3.2) 式の右辺をそれぞれ $\frac{1}{\beta}$ および $\frac{1}{\hat{\beta}}$ で括るという操作を行うと，それぞれの式の括った内側は以下のようになる[2]．

$$\frac{1}{\beta}u_t + \sum_{\tau=t+1}^{\infty} \delta^{\tau-t}u_\tau,$$

$$\frac{1}{\hat{\beta}}u_w + \sum_{\tau=w+1}^{\infty} \delta^{\tau-w}u_\tau.$$

ここで $\beta < \hat{\beta}$ である t 期の個人は，現在は近視眼性により $\frac{1}{\beta}(>1)$ だけその期の効用 u_t に重みを付けているのに対し，将来である w 期には $\frac{1}{\hat{\beta}}(<\frac{1}{\beta})$ だけその期の効用 u_w に重み付けをすると（誤って）予想していることになる．つまり，$\beta < \hat{\beta}$ の個人は「現在直面している $\frac{1}{\beta}$ という近視眼性は今期限りの特別なものであり，来期からは $\frac{1}{\hat{\beta}}$ しか近視眼的にならない」と毎期誤って思い込んでいることになる．

　より精確な定義は 3.8 節で改めて紹介するが，t 期における個人は，(3.2) 式を用いて自身の将来の行動を予想し，その予想のもとで (3.1) 式を最大化すべく t 期の行動を選択する．ここで $\beta = \hat{\beta} = 1$ の場合は，伝統的な指数割引をもとにした合理的個人のモデルに帰着され，また $\beta = \hat{\beta} < 1$ の場合は第 2 章のモデルと同一になる．とくに，$\beta = \hat{\beta}$ の個人を，自身の将来を正しく予想できているという意味において，**思慮深い** (sophisticated な) **個人**とよぶ．逆に，$\beta < \hat{\beta} = 1$ の個人を，自身の近視眼性をまったく予想できていないという意味において，**完全にナイーブな** (fully naive な) **個人**とよぶ．

---

2) なお，各式の内側のみに注目しても，個人が実際に選択する行動および予想の分析にはまったく影響を及ぼさないことに注意されたい．

3.4 ナイーブな個人の分析例：宿題と先延ばし

3.3 節で定義した，O'Donoghue and Rabin (2001) により導入された OR モデルに基づく個人を考える．この個人は t 期において，次の期 ($t+1$ 期) 以降の自身は $\hat{\beta}$ に基づいて行動すると予想したうえで，t 期における総効用を最大化する行動を選択する．精確には，異なる期の同一個人を別のプレイヤーだとみなしたうえで，**個人内のゲーム** (intrapersonal game) を解くことになる．ここで，$\beta < \hat{\beta}$ である個人は，自身が $s < t$ 期に予想した t 期の行動と，実際に t 期にとる行動が，一般には一致しないことに注意されたい．そのため，自身の将来の行動をどう予想しているかが，実際の行動を分析する際の肝となる．

3.4.1 設定

まずは，3.2 節の宿題の例を思い出してほしい．3.2 節では第 2 期のみに宿題を行えたが，ここでは第 1 期と (第 1 期に宿題を行ってない場合) 第 2 期のそれぞれに「宿題を行う」か「宿題を行わない」かのどちらかを選択する個人を考える．この宿題は全期間を通じて 1 回限りしかできず，もしすでに宿題を行った場合は，その期以降は何もしない．宿題をした期には -2 の利得を得るが，その次の期に 3 の利得を得る．宿題を行わないときの利得は常に 0 である．また，第 3 期は締切後のため宿題を行うことはできず，第 2 期に宿題を行った際の利得を得るためだけに存在する期である．なお，3.2 節と同様に，1 期ごとの時間割引因子は $\delta > \frac{2}{3}$，かつ宿題を行うか行わないかが無差別な場合は宿題を行うものとする．

ここで，宿題を行うことを y，宿題を行わないことを n と表記し，$t \in \{1, 2\}$ 期の行動を $a_t \in \{y, n\}$ で表す．また，第 1 期の個人が予想する，(宿題を第 1 期に行ってない場合の) 第 2 期の個人の行動を，$\hat{a}_2^1$ で表記する．

3.4.2 分析

まずは，第 2 期の個人の行動 a_2 からバックワードに解く．第 1 期に宿題を行った場合は第 2 期は何もしないため，第 1 期に宿題を行っていない場合を考える．

第 2 期において宿題を行った際の総効用は $U_2(a_1 = n, a_2 = y) = -2 + \beta\delta \times 3$ であるため，第 2 期の個人が $a_2 = y$ を選択する条件は $\beta \geq \frac{2}{3\delta}$ である．

　次に，第 1 期の個人の予想 $\hat{a}_2^1$ を分析する．第 1 期の個人は，β ではなく $\hat{\beta}$ に基づき第 2 期の行動を予想するため，実際に選択される行動 a_2 と同じ予想をするとは限らない．具体的には，第 1 期の個人は，第 2 期の個人が宿題を行った際の総効用が $\hat{U}_2(a_1 = n, a_2 = y) = -2 + \hat{\beta}\delta \times 3$ であると予想する．そのため，$\hat{\beta} \geq \frac{2}{3\delta}$ であれば，「第 2 期の個人は $a_2 = y$ を選択する」と予想する．

　最後に，第 1 期の個人の行動 a_1 を分析する．$\beta \leq \hat{\beta} \leq 1$ より，分析は以下の 3 つのケースに分類できる[3]：

(1) $\hat{\beta} < \frac{2}{3\delta}$ のとき，第 2 期の個人は宿題を行わず，また第 1 期の個人も「第 2 期の個人は宿題を行わない」と（正しく）予想している．つまり，$(a_2 = n, \hat{a}_2^1 = n)$ である．

(2) $\beta < \frac{2}{3\delta} \leq \hat{\beta}$ のとき，第 2 期の個人は宿題を行わないが，第 1 期の個人は「第 2 期の個人は宿題を行う」と（誤って）予想している．つまり，$(a_2 = n, \hat{a}_2^1 = y)$ である．

(3) $\frac{2}{3\delta} \leq \beta$ のとき，第 2 期の個人は宿題を行い，また第 1 期の個人は「第 2 期の個人は宿題を行う」と（正しく）予想している．つまり，$(a_2 = y, \hat{a}_2^1 = y)$ である．

それぞれのケースについて，第 1 期の個人の行動は以下の通りになる．

(1) $\hat{\beta} < \frac{2}{3\delta}$ のとき，$\hat{a}_2^1 = n$ より，第 1 期に宿題を行わなかった際，第 1 期の個人が予想している第 1 期の個人の総効用は $U_1(a_1 = n, \hat{a}_2^1 = n) = 0$ である．この個人が第 1 期に宿題を行った際の第 1 期の個人の総効用は $U_1(a_1 = y, \hat{a}_2^1 = n) = -2 + \beta\delta \times 3$ であり，かつ $\beta \leq \hat{\beta}$ より $-2 + \beta\delta \times 3 \leq -2 + \hat{\beta}\delta \times 3 < 0$ が成立するため，この個人は第 1 期に宿題を行わない $(a_1 = n)$．

(2) $\beta < \frac{2}{3\delta} \leq \hat{\beta}$ のとき，$\hat{a}_2^1 = y$ より，第 1 期に宿題を行わなかった際，第 1 期の個人が予想している第 1 期の個人の総効用は $U_1(a_1 = n, \hat{a}_2^1 = y) =$

---

3) ここでは，$\hat{\beta}$ は自身の「将来」の効用および選択を予想する際に用いており，自身の「現在」の効用や選択を求める際には β を用いることに注意されたい．

$\beta[\delta \times (-2) + \delta^2 \times 3]$ である.この個人が第 1 期に宿題を行った際の第 1 期の個人の総効用は $U_1(a_1 = y, \hat{a}_2^1 = y) = -2 + \beta\delta \times 3$ であるため,この個人が第 1 期に宿題を行わない条件は

$$-2 + \beta\delta \times 3 < \beta\delta \times (-2) + \beta\delta^2 \times 3$$

$$\iff (1 - \beta\delta)(-2) + (1 - \delta)3\beta\delta < 0$$

$$\iff \beta < \frac{2}{(5 - 3\delta)\delta}. \tag{3.3}$$

ここで $\delta > \frac{2}{3}$ の仮定より $\frac{2}{3\delta} < \frac{2}{(5-3\delta)\delta}$ のため,$\beta < \frac{2}{3\delta}$ の個人は第 1 期に宿題を行わない ($a_1 = n$).

(3) $\frac{2}{3\delta} \leq \beta$ のとき,第 1 期の個人は (2) のケースと同じ予想をもつため,同様の分析を行い,(3.3) 式および $\frac{2}{3\delta} \leq \beta$ から,この個人は $\beta < \frac{2}{(5-3\delta)\delta}$ のときに第 1 期に宿題を行わず ($a_1 = n$),$\beta \geq \frac{2}{(5-3\delta)\delta}$ のときに第 1 期に宿題を行う ($a_1 = y$) ことが示される.

3.4.3 分析のまとめ

まとめると,それぞれのケースにおける第 1 期の個人の予想と行動の組合せ,および結果として起こることは以下の通りになる (表 3.1 も参照).

(1) $\hat{\beta} < \frac{2}{3\delta}$ のとき,$(a_1 = n, a_2 = n, \hat{a}_2^1 = n)$ である.結果として,この個人は宿題をずっと行わない.

(2) $\beta < \frac{2}{3\delta} \leq \hat{\beta}$ のとき,$(a_1 = n, a_2 = n, \hat{a}_2^1 = y)$ である.結果として,この個人は宿題をずっと行わないが,第 1 期では「第 2 期に宿題を行う」と誤って予想している.

(3) $\frac{2}{3\delta} \leq \beta < \frac{2}{(5-3\delta)\delta}$ のとき,$(a_1 = n, a_2 = y, \hat{a}_2^1 = y)$ である.結果として,この個人は第 2 期に宿題を行う.

(4) $\frac{2}{(5-3\delta)\delta} \leq \beta$ のとき,$(a_1 = y, a_2 = y, \hat{a}_2^1 = y)$ である.結果として,この個人は第 1 期に宿題を行う.

ケース (1) のような,ある行動を特定の期 (この場合は第 2 期) に行わず,かつ事前にそれを正しく予期していた場合を**遅延** (delay) とよぶ.他方で,ケース (2) では,事前の予想 $\hat{a}_2^1$ と実際の行動 a_2 が異なることに注意されたい.一

表 3.1　先延ばしの分析結果

	a_1	a_2	$\hat{a}_2^1$	宿題を
$\hat{\beta} < \dfrac{2}{3\delta}$	n	n	n	行わない
$\beta < \dfrac{2}{3\delta} \leq \hat{\beta}$	n	n	y	行わないが，第1期では第2期に宿題を行うと誤って予想
$\dfrac{2}{3\delta} \leq \beta < \dfrac{2}{(5-3\delta)\delta}$	n	y	y	第2期に行う
$\dfrac{2}{(5-3\delta)\delta} \leq \beta$	y	y	y	第1期に行う

般に，事前に予期していなかった行動の遅延を**先延ばし** (procrastination) とよぶ (つまり，procrastination = unanticipated delay である)．この意味で，先延ばしとは「やろうと思っていたけれども実際にはやらない」ことを指す[4]．

3.4.4　拡張例：「宿題を適当に終わらせる」という選択肢の追加

上の宿題の例では，ケース (1) とケース (2) のどちらも結果として宿題を行わないため，$\hat{\beta}$ の値が異なる個人であっても総効用は常に同じになっている (もちろん，総効用は β には依存している)．しかし一般には，先延ばしが起こる場合，実現する総効用が合理的な期待形成を行う場合とは異なることが知られている．

これを例示するため，ここまでの宿題の例を少しだけ拡張し，「宿題を適当に終わらせる」という新たな選択肢 $a_t = x$ を増やす．宿題を適当に終わらせた場合は，その期は疲れないため利得は 0 であり，次の期に $\varepsilon > 0$ の利得を得るとする．この個人は $t \in \{1,2\}$ 期において $a_t \in \{y, n, x\}$ を選択する．ただし，$a_1 = y$ または $a_1 = x$ が選択された場合，第 2 期の行動はどの期の利得にも一切影響しない．ここで $\delta \in (\frac{2}{3}, 1)$，かつ宿題を適当に終わらせた際の利得 $\varepsilon > 0$ を十分小さくとると，それぞれのケースにおける第 1 期の個人の予想と行動の組合せ，および結果として起こることは以下の通りになることが導出できる (表

---

4) これらの用語の区別や用法について，詳しくは DellaVigna (2009) を参照されたい．

3.2 も参照)[5].

(1) $\hat{\beta} < \frac{2}{(3-\varepsilon)\delta}$ のとき，$(a_1 = x,\, a_2 = x,\, \hat{a}_2^1 = x)$ である．結果として，この個人は第 1 期に宿題を適当に終わらせる．

(2) $\beta < \frac{2}{(3-\varepsilon)\delta} \le \hat{\beta}$ のとき，$(a_1 = n,\, a_2 = x,\, \hat{a}_2^1 = y)$ である．結果として，この個人は第 2 期に宿題を適当に終わらせる．

(3) $\frac{2}{(3-\varepsilon)\delta} \le \beta < \frac{2}{(5-3\delta)\delta}$ のとき，$(a_1 = n,\, a_2 = y,\, \hat{a}_2^1 = y)$ である．結果として，この個人は第 2 期に宿題を行う．

(4) $\frac{2}{(5-3\delta)\delta} \le \beta$ のとき，$(a_1 = y,\, a_2 = y,\, \hat{a}_2^1 = y)$ である．結果として，この個人は第 1 期に宿題を行う．

　ケース (1) とケース (2) は次のように説明できる．まず，$\beta = \hat{\beta} < \frac{2}{(3-\varepsilon)\delta}$ である個人は，「次の期 (第 2 期) の自分が真面目に宿題をやるわけないな．しかし，いま (第 1 期) 真面目にやるのも面倒だ．それなら，いま適当に終わらせてしまおう」と第 1 期に考え行動する．しかし，$\beta < \frac{2}{(3-\varepsilon)\delta} \le \hat{\beta}$ である個人は，「次の期 (第 2 期) の自分は，真面目に宿題をやってくれるに違いない．だから，いま (第 1 期) は真面目にやる必要も，適当に終わらせる必要もない」と，第 1 期に (誤った予想のもとで) 意思決定を行ってしまう．そして，実際に第 2 期になると「やはり面倒だ．宿題は適当に終わらせよう」と行動することになる．

　ここで，合理的な期待形成を行っている場合，つまり $\hat{\beta} = \beta$ の場合には，「第 1 期は何も選択を行わず，第 2 期に宿題を適当に終わらせる」という結果は決して生じないことに注意されたい．ケース (2) では，ナイーブであることにより，第 1 期の個人の総効用は ε が δ で割り引かれる分だけ減少している．どちらにせよ適当に終わらせるならば，第 1 期に行った方がよいところを，誤った予想をもっているため，ナイーブさによる厚生損失が結果的に生じてしまっているのだ．この例での厚生の損失は小さいように見えるかもしれないが，一般には先延ばしによる厚生の損失は非常に大きくなりうる．

---

5) 具体的には，$\varepsilon \in (0, 3\delta - 2)$ の範囲において以下の通りになる．練習として，各自で以下の結果をぜひ導出してみてほしい．

表 3.2　先延ばしの分析結果：拡張

	a_1	a_2	$\hat{a}_2^1$	宿題を
$\hat{\beta} < \dfrac{2}{(3-\varepsilon)\delta}$	x	x	x	第1期に適当に終わらせる
$\beta < \dfrac{2}{(3-\varepsilon)\delta} \leq \hat{\beta}$	n	x	y	第2期に適当に終わらせるが，第1期では第2期に宿題を行うと誤って予想
$\dfrac{2}{(3-\varepsilon)\delta} \leq \beta < \dfrac{2}{(5-3\delta)\delta}$	n	y	y	第2期に行う
$\dfrac{2}{(5-3\delta)\delta} \leq \beta$	y	y	y	第1期に行う

3.4.5　実証研究

　このような宿題における先延ばしの実証例として先駆的なものに，Ariely and Wertenbroch (2002) がある．マサチューセッツ工科大学 (MIT) のビジネススクールにおいて，著者たちは全12週の学期中に計3本のレポートを課した．学期の終わりまでに3本とも提出しないといけないという最終締切がある以外は，それぞれのレポートの締切の設定の仕方がクラスごとに異なるようにした．具体的には，(1) 最終締切以外は何も締切を設定しないクラス，(2) それぞれのレポートの締切を学期初めに自身で設定するクラス，(3) 4週ごとにレポート1本の締切が来るように教員が締切を設定したクラス，の3つを導入した．なお，(2) では3本とも自身で設定する締切を最終締切日にすることも可能であり，この意味で (1) に比べ，早期の締切を自身で設定することが可能なコミットメントを提供する実験デザインになっている．

　レポートの成績をクラスごとに比較したところ，(1) の何も締切を設定しないクラスよりも，(2) の締切を自身で設定するクラスの方が成績が高かった．これは，より自由度が大きい締切がないクラスの方が悪い結果であったという意味において，宿題に関しセルフコントロール問題が存在する可能性を示唆している．さらに，自身で設定した締切が効果があったという意味において，第2章で詳しく紹介したコミットメントの提供が有用であることを示している．

　しかし，(2) の締切を自身で設定するクラスよりも，(3) の4週ごとにレポート1本の締切が来るクラスの方がさらに成績が高かった．これは，よりよい結

果をもたらす締切があるにもかかわらず，自身ではそれを設定できていなかっ
たという点において，ナイーブさが存在する可能性を示唆している[6]．

3.5 厚生評価と長期的な効用

第 2 章で例示した通り，近視眼性をもつ個人は，どの期の選好をもとに厚生
を評価するかにより，その結論が変わりうる．異なる期の間でのパレート効率
性を適用できればよいのだが，多くの場合においてパレート効率的な結果は無
数に存在してしまう．ただし，ほぼすべての応用例において，近視眼性をもつ
個人が t 期に直面する問題は，t 期の個人のみの総効用と t 期以外のすべての期
の個人の総効用とのトレードオフである．たとえば，t 期に不健康な行動をと
る場合，t 期の個人の総効用はそれで上がったとしても，その行動は t 期以外の
すべての期に悪影響を及ぼす．とくに長期にわたる問題を考えた場合，ある特
定の期の個人の選好を絶対視する必要はないかもしれない．

O'Donoghue and Rabin (1999) は，近視眼性から離れた長期的な見地から，
個人の厚生を考えることについて議論している．具体的には，$\beta = 1$ であった
場合の総効用

$$\sum_{\tau=1}^{\infty} \delta^{\tau} u_{\tau}$$

に基づき，厚生評価を行うことを提案した．この**長期的な効用** (long-run utility)
をもとにすると，完備な厚生評価 (任意の 2 つの効用ベクトル間の望ましさを
評価すること) が可能になる．これは厚生評価のうえでは強い仮定ではあるが，
O'Donoghue and Rabin (1999) では長期的な効用を厚生評価に用いることの

---

6) Heidhues and Strack (2021) は，（コミットメントの機会や各被験者の事前の予想な
   どを使わず）「いつ宿題を終わらせたか」という情報のみからでは，近視眼性を同定する
   ことが不可能なことを理論的に示し，また同定にはどのような追加的なデータが必要かを
   議論した．なお，各被験者の事前の予想を明示的に答えさせたうえで，セルフコントロー
   ル問題に対するナイーブさをより厳密に実験した論文としては，たとえば Acland and
   Levy (2015)，Augenblick and Rabin (2019)，Le Yaouanq and Schwardmann
   (2022) を参照されたい．また，セルフコントロール問題やナイーブさに関する実証は，
   たとえば DellaVigna and Malmendier (2006)，Sadoff et al. (2020) を参照された
   い．

妥当性を，近視眼性が認知的な誤り (cognitive illusion) から生じている場合について議論している．本書でもこの立場をとり，長期的な効用を用いて厚生評価を行う[7]．

3.6 ナイーブな消費者の搾取と消費者保護政策への応用

本節では，契約体系を企業が内生的に選択する例として，第 1 章の冒頭で紹介した長期契約のキャンセルに関し，消費者保護政策への応用を議論する．

3.6.1 設定

以下では，Murooka and Schwarz (2018) による分析を簡単化した 3 期間のモデルを紹介する．2 社の合理的な企業がベルトラン型の価格競争を行う状況を考える．各企業は，各消費者に十分大きな価値 $v > 0$ をもたらす財 (例：携帯電話やインターネットの契約) を提供する．各消費者は 1 単位のみ財を必要としており，財の質は企業間で同質であるとする．各企業は，第 2 期に支払われる基本料金 $p_2 \in \mathbb{R}$，および第 3 期に支払われる追加料金 $p_3 \geq 0$ を設定できる (ここでは，入会特典やポイントバックなどにより，基本料金が負になるケースを許容している)．各消費者は，いずれかの企業と契約した場合は p_2 を必ず支払わなければならないが，第 2 期にコスト $k_2 > 0$ をかけて努力することで，p_3 を支払わずに済む (例：契約期間満了後に格安 SIM へ移行する)．また，各消費者は第 1 期にコスト $k_1 > 0$ をかけて努力することで，どの企業とも契約しないまま v を得ることができる (例：SIM フリーの携帯および格安 SIM の利用)．各企業の費用は 0 と仮定する．単純化のため，各主体の長期的な時間割引因子は $\delta = 1$ とする．また，消費者はそれぞれの行動において無差別の場合，その企業にとってより都合のよい行動をとるとする．以下，α の割合の消費者はセルフコントロール問題に対し完全にナイーブであり ($\beta < \hat{\beta} = 1$)，$1 - \alpha$ の割合の消費者はセルフコントロール問題がなく，かつ合理的に期待形成を行

う ($\hat{\beta} = \beta = 1$) とする. また, 議論の簡略化のため $\alpha \geq \beta$ を仮定する.

タイミングは以下の通りである. 第1期に, 各企業は基本料金と追加料金の組 (p_2, p_3) を契約として提示する. 各消費者はすべての企業のオファーを見たうえで, 契約を1つ選択するか, あるいはコスト $k_1 > 0$ をかけて努力することを選択する. 第2期に, 各消費者は価値 v を得る. 第1期に努力コスト $k_1 > 0$ をかけなかった消費者は p_2 を支払うと同時に, コスト $k_2 > 0$ をかけて努力する ($a_2 = 1$) か努力しない ($a_2 = 0$) かを選択する. 第3期に, どちらの努力コストもかけなかった消費者は p_3 を支払う. 以下, 次項で分析される消費者の行動を前提としたうえで, 各企業が対称な戦略をとり需要を均等に集める, 企業間の純粋戦略ナッシュ均衡を求める[8].

3.6.2 消費者の行動

まずは, 第1期にいずれかの企業と契約を結んだ場合における, 消費者の行動を特徴付ける. 第2期に努力する場合 ($a_2 = 1$), 消費者は第2期に $v - p_2 - k_2$ の利得を得て, 第3期に0の利得を得る. 第2期に努力しない場合 ($a_2 = 0$), 消費者は第2期に $v - p_2$ の利得を得て, 第3期に $-p_3$ の利得を得る. ここで, 第1期の消費者が予想した第2期の行動を $\hat{a}_2^1 \in \{0, 1\}$ と表記すると, 長期的な時間割引因子は $\delta = 1$ のため, 第1期の消費者が予想する第1期の総効用は

$$U_1(\hat{a}_2^1) = \beta[v - p_2 - \hat{a}_2^1 k_2 - (1 - \hat{a}_2^1)p_3]$$

と表される.

次に, 消費者の各期における予想と実際の行動を導出する. 第1期の消費者が予想する, 第2期の消費者の総効用を $\hat{U}_2(\hat{a}_2^1)$ と表記する. ここで (合理的な消費者は正しく, ナイーブな消費者は誤って) どちらのタイプの消費者も自身の将来の近視眼性を $\hat{\beta} = 1$ であると想定しているため, 各タイプにおける第1期の消費者が第2期に努力しない ($\hat{a}_2^1 = 0$) と予想する条件は

---

8) なお, ここでは消費者をプレイヤーに含めていないことに注意されたい. 消費者をプレイヤーに含めてサブゲーム完全均衡を定義する場合は, 各消費者は (実際の戦略ではなく) 自身の予想に基づいた各期の総効用を最大化するという形で, 均衡の定義を適切に拡張する必要がある.

表 3.3　ナイーブな消費者の予想と行動

	$p_3 \leq k_2$	$k_2 < p_3 \leq \dfrac{k_2}{\beta}$	$\dfrac{k_2}{\beta} < p_3$
第1期における予想	第2期に努力しない	第2期に努力する	第2期に努力する
実際の第2期の行動	第2期に努力しない	第2期に努力しない	第2期に努力する
実際の結果	契約を結び，第2期に努力しない	契約を結び，第2期に努力しないが，第1期では第2期に努力すると誤って予想	契約を結び，第2期に努力する

$$\hat{U}_2(\hat{a}_2^1 = 1) = v - p_2 - k_2 \leq v - p_2 - p_3 = \hat{U}_2(\hat{a}_2^1 = 0)$$

$$\iff \quad p_3 \leq k_2$$

である．他方，第 2 期の消費者の総効用は実際には $U_2(a_2)$ のため，第 2 期に実際に努力しない $(a_2 = 0)$ 条件は

$$U_2(a_2 = 1) = v - p_2 - k_2 \leq v - p_2 - \beta p_3 = U_2(a_2 = 0)$$

$$\iff \quad p_3 \leq \frac{k_2}{\beta}$$

である．

最後に，各消費者が第 1 期にいずれかの企業と契約を結ぶ条件を特徴付ける．$p_3 \leq k_2$ のとき，第 1 期の消費者は第 2 期に努力しないと予想しているため，

$$\hat{U}_2(\hat{a}_2^1 = 0) = v - p_2 - p_3 \geq v - k_1$$

$$\iff \quad p_2 + p_3 \leq k_1$$

を満たすとき第 1 期に企業と契約を結ぶ．他方，$p_3 > k_2$ のとき，第 1 期の消費者は第 2 期に努力すると予想しているため，

$$\hat{U}_2(\hat{a}_2^1 = 1) = v - p_2 - k_2 \geq v - k_1$$

$$\iff \quad p_2 + k_2 \leq k_1$$

を満たすとき第 1 期に企業と契約を結ぶ．表 3.3 は，消費者の予想と行動をま

とめたものである.

3.6.3 企業の価格設定

　以下では，各企業がすべての消費者に対して単一の契約をオファーする状況を考え，追加料金 $p_3 = \frac{k_2}{\beta}$ が均衡になる条件を求める．このもとでは，合理的な消費者は努力し p_3 の支払いを避けるため，各企業の平均利潤は $p_2 + \alpha p_3 = p_2 + \alpha\frac{k_2}{\beta}$ となる．通常の同質財ベルトラン競争のモデルと同様，各企業は平均利潤が 0 になるまで p_2 を下げるため，$(p_2 = -\alpha\frac{k_2}{\beta},\ p_3 = \frac{k_2}{\beta})$ が均衡の候補となる．このとき，各企業の平均利潤は 0，合理的な消費者の長期的な効用は

$$v - p_2 - k_2 = v + \frac{\alpha - \beta}{\beta}k_2, \tag{3.4}$$

ナイーブな消費者の長期的な効用は

$$v - p_2 - p_3 = v - \frac{1 - \alpha}{\beta}k_2 \tag{3.5}$$

となる．ここで $\alpha \geq \beta$ の仮定のもとでは，各企業がこの価格付けから逸脱するインセンティブがないことが確認できる[9]．

　第 1 期に各消費者が企業と契約を結ぶ条件は $p_2 + k_2 \leq k_1$ であるが，ここで $p_2 + k_2 = -\alpha\frac{k_2}{\beta} + k_2 = -\frac{\alpha - \beta}{\beta}k_2 < 0$ のため，第 1 期の条件は常に満たされることがわかる．直観的には，合理的な消費者は正しく「第 2 期になったら努力するに違いない」と予想することから短期的な料金還元 $(p_2 < 0)$ がある企業との契約を魅力的に感じ，またナイーブな消費者は誤って合理的な消費者と同じ予想を立ててしまうため，同じく短期的な料金還元 $(p_2 < 0)$ がある企業との契約を魅力的に感じてしまうからである．

　ここで，ナイーブな消費者が第 1 期に予想する長期的な効用は $v + \frac{\alpha - \beta}{\beta}k_2$ である一方，実際の長期的な効用は $v - \frac{1 - \alpha}{\beta}k_2$ であることに注意されたい．以下では，「消費者の実際の効用が事前の予想よりもシステマティックに低くなる契約」を企業が結んでいる場合を**搾取** (exploitation) とよぶ．また，上記の均衡 $(p_2 = -\alpha\frac{k_2}{\beta},\ p_3 = \frac{k_2}{\beta})$ では，ナイーブな消費者から合理的な消費者への利得

---

9) なお $\alpha < \beta$ の場合，各企業は $(p_2 = -k_2 + \epsilon,\ p_3 = k_2)$ と逸脱することにより（ただし ϵ は十分に小さい正の値），両方のタイプの消費者を集め，かつ正の利潤を得ることができる.

の移転 (cross-subsidization) が生じている[10].

3.6.4 消費者保護政策

上記の均衡 ($p_2 = -\alpha \frac{k_2}{\beta}$, $p_3 = \frac{k_2}{\beta}$) では，ナイーブな消費者が企業に搾取されている．このような搾取を防ぐため，また消費者の厚生や社会厚生を高めるため，消費者に積極的な選択を促す政策が近年注目されている．そのような政策の具体例として，以下では努力コスト k_1 または k_2 を引き下げる政策を考える．

まず，上記の均衡において，最初の契約選択時の努力コスト k_1 をいくら下げても（たとえ 0 にできたとしても），(3.4) 式および (3.5) 式で表されている各消費者の長期的な効用には影響を与えないことに注意されたい．直観的には，この均衡では基本料金 p_2 が十分に低い負の値になっているため，契約選択時により長期的に得となる選択肢を提示されても誰も契約しようとしないからである．

他方で，追加料金 p_3 を避けるための努力コスト k_2 を下げることにより，ナイーブな消費者の長期的な効用は上昇する．直観的には，各消費者が初期契約満了時に他の契約に簡単に移行できる場合，企業は初期契約満了後の料金を下げざるをえない．ナイーブな消費者は初期契約満了後の支払いについて誤って予想しているため，この値下げによりナイーブな消費者の長期的な効用が上昇する．

上記の結果は，消費者が非効率的な行動を起こすタイミングにあわせた政策を実施することの重要性を示唆している．Murooka and Schwarz (2018) では，より一般的なモデルにおいて，初期契約時の努力コストを下げる場合と，契約の自動更新時の努力コストを下げる場合で，それぞれどのような影響があるかを分析した．一定の仮定のもとでは，さまざまなタイプの消費者がどのような割合で混在していたとしても，初回契約時の努力コストを下げる政策よりも契約の自動更新時の努力コストを下げる政策の方が，消費者の厚生および社会厚生を高めることを理論的に示した．直観的には，自動更新時の努力コストが低いと，ナイーブな消費者であっても第 2 期に契約を変更しやすくなる．第 2 期

---

10) ナイーブな消費者から合理的な消費者への利得の移転について，詳しくは Gabaix and Laibson (2006) および Armstrong (2015) を参照されたい．

の契約変更を防ぐため，各企業は搾取していたとしても将来 (第 3 期) の価格を下げざるをえない．その結果，搾取の程度が減少し消費者の厚生が上昇する．この含意は，携帯電話やインターネットの契約以外にも，金利などの変動があり自動更新される契約 (例：クレジットカード，保険，変動金利型住宅ローン) や，解約手数料が時間を経るにつれて上昇していくサービス (例：結婚式場，通信販売，セミナー受講) などにも適用できると考えられる．

関連して，Murooka and Schwarz (2019) は消費者が契約解除を行うための通知期間の分析を行った．たとえば，ドイツではインターネット回線の契約を解除するため，少なくとも 3 カ月前には企業に通知する必要があることが多い．さらに，申請してから 3 カ月の間は月額費用を支払う必要がある．Murooka and Schwarz (2019) は，このような長期の通知期間が設定される理由として，ナイーブな消費者が契約解除を先延ばしするインセンティブを分析し，消費者保護政策として通知期間の上限規制を行うことがどのような条件のもとで望ましいかを議論した．

また，Heidhues, Kőszegi and Murooka (2021) は，近視眼性に対してナイーブな消費者が存在する場合，企業からのオファーの頻度が先延ばし行動に影響を及ぼすことに着目した．直観的には，市場競争がほとんどなく 2 年に 1 社のみ契約のオファーが来る場合，その契約を逃すと次の機会は 2 年後になってしまうため，いま契約しないことの機会費用が大きい．他方で，市場が非常に競争的で 1 日に 1 社から契約のオファーが来る場合，その契約を逃しても翌日にまた同じような契約の機会があるため，先延ばしすることの機会費用が小さい．つまり，各企業が消費者との契約の機会をより広げようとするほど，先延ばしが生じやすくなってしまうのだ．Heidhues, Kőszegi and Murooka (2021) は，このような先延ばしするインセンティブが価格競争に与える影響を分析し，また競争政策への含意を議論した．

3.7 ♣ 価格差別と競争政策への応用

本節では，2 社の完全合理的な企業がベルトラン型の価格競争を行う状況を，価格差別の種類に応じて分析する．

3.7.1　設定

以下では 3 期間のモデルを考える．各社は，各消費者に十分大きな価値 $v > 0$ をもたらす同質財 (例：クレジットカード) を提供する．各消費者は 1 単位のみ財を必要としている．各企業は，第 2 期に支払われる基本料金 $p_2 \in \mathbb{R}$，および第 3 期に支払われる追加料金 $p_3 \geq 0$ を設定できる (ここでは，入会特典やポイントバックなどにより，基本料金が負になるケースを許容している)．各消費者は，p_2 は必ず支払わなければならないが，第 2 期にコスト $k > 0$ をかけて努力することで，p_3 を支払わずに済む (例：利息発生前の返済)．各企業が v を生産する費用自体は 0 と基準化するが，各消費者が正の追加料金 $p_3 > 0$ を支払った際に $c_3 \in (0, k)$ だけの費用がかかるとする (例：追加料金を徴収する際に企業が被る費用)．単純化のため，各主体の長期的な時間割引因子は $\delta = 1$ とする．また，消費者はそれぞれの行動において無差別の場合，その企業にとってより都合のよい行動をとるとする．

タイミングは以下の通りである．第 1 期に，各企業は (p_2, p_3) の契約を提示する．各消費者はすべての企業のオファーを見たうえで，契約を 1 つ選択する．第 2 期に，消費者は価値 v を得て p_2 を支払うと同時に，努力する ($a_2 = 1$) あるいは努力しない ($a_2 = 0$) を選択する．第 3 期に，努力コストをかけなかった消費者は，p_3 を支払う．以下では，各企業が (次に分析される消費者の行動を前提としたうえで) 対称な戦略をとり，需要を均等に集めるという，企業間の純粋戦略ナッシュ均衡を求める[11]．

3.7.2　消費者の行動

まずは，契約を結んだ場合における，消費者の行動を特徴付ける．第 2 期に努力する場合 ($a_2 = 1$)，消費者は第 2 期に $v - p_2 - k$ の利得を得て，第 3 期に 0 の利得を得る．第 2 期に努力しない場合 ($a_2 = 0$)，消費者は第 2 期に $v - p_2$ の利得を得て，第 3 期に $-p_3$ の利得を得る．ここで第 1 期の消費者が予想した第 2 期の行動を $\hat{a}_2^1 \in \{0, 1\}$ と表記すると，長期的な時間割引因子は $\delta = 1$ のため，第 1 期の消費者が予想する第 1 期の総効用は

$$U_1(\hat{a}_2^1) = \beta[v - p_2 - \hat{a}_2^1 k - (1 - \hat{a}_2^1)p_3]$$

---

11) 3.6 節と同様，ここでは消費者をプレイヤーに含めていないことに注意されたい．

と表される.

次に, 消費者の各期における予想と実際の行動を導出する. 第 1 期の消費者が予想する, 第 2 期の消費者の総効用を $\hat{U}_2(\hat{a}_2^1)$ と表記する. 第 1 期の消費者が, 第 2 期に努力しない $(\hat{a}_2^1 = 0)$ と予想する条件は

$$\hat{U}_2(\hat{a}_2^1 = 1) = v - p_2 - k \leq v - p_2 - \hat{\beta} p_3 = \hat{U}_2(\hat{a}_2^1 = 0)$$
$$\iff \quad p_3 \leq \frac{k}{\hat{\beta}}$$

である. 他方, 第 2 期の消費者の総効用は実際には $U_2(a_2)$ のため, 第 2 期に実際に努力しない $(a_2 = 0)$ 条件は

$$U_2(a_2 = 1) = v - p_2 - k \leq v - p_2 - \beta p_3 = U_2(a_2 = 0)$$
$$\iff \quad p_3 \leq \frac{k}{\beta}$$

である. ここで $\hat{\beta} > \beta$ の場合, 追加料金を $p_3 = \frac{k}{\beta}$ と設定すると $p_3 = \frac{k}{\beta} > \frac{k}{\hat{\beta}}$ となるため, $p_3 = \frac{k}{\beta}$ のもとでは第 1 期の消費者は第 2 期に努力する $(\hat{a}_2^1 = 1)$ と誤って予想してしまうことに注目してほしい.

3.7.3 各消費者の選好に応じた価格付け：第 1 種価格差別

次に, この市場の均衡を, 価格差別の種類に応じて導出する. まずは, Della-Vigna and Malmendier (2004), Heidhues and Kőszegi (2010) などで分析されている, 各企業は各消費者の属性が完全にわかりそれに対応した価格付けが可能である, **第 1 種価格差別** (完全価格差別) を行う状況を分析する. 特に以下では, 均衡において企業がナイーブな個人を搾取するメカニズムに焦点を当てる.

ここで, 各企業が対称な戦略をとり需要を均等に集めた場合の, 消費者 1 人当たりの企業が得る利潤は

$$p_2 + (1 - a_2)(p_3 - c_3 \times \mathbf{1}_{p_3 > 0})$$

である. ただし, $\mathbf{1}_{p_3 > 0}$ は $p_3 > 0$ のときに 1, $p_3 = 0$ のときに 0 をとる指示関数である. ここで, p_3 の値ごとに 5 つの場合に分け, 対称均衡の候補を導出する. 以下の導出を追う際は, 通常の同質財ベルトラン競争において価格 = 限

界費用がナッシュ均衡になること，また価格＝限界費用以外はどれもナッシュ均衡にならないことを示す際のロジックを思い出されたい．

- $p_3 > \frac{k}{\beta}$ の場合，消費者は実際に努力し $(a_2 = 1)$，かつ第 1 期の時点でも努力すると予想している $(\hat{a}_2^1 = 1)$．このとき，各企業の消費者 1 人当たりの利潤は p_2 となるため，ベルトラン競争と同様のロジックが p_2 に働き，均衡では $p_2 = 0$ でなければならない．このとき，第 1 期における各消費者の総効用は $\beta(v - k)$ である．ここで各企業は $(p_2' = \frac{k}{2},\ p_3' = 0)$ に逸脱することで消費者を集めつつ正の利潤を得ることができるため，均衡にはならない．

- $p_3 = \frac{k}{\beta}$ の場合，消費者は実際には努力しない $(a_2 = 0)$ が，第 1 期の時点では努力すると予想している $(\hat{a}_2^1 = 1)$．このとき，各企業の消費者 1 人当たりの利潤は $p_2 + \frac{k}{\beta} - c_3$ となるため，ベルトラン競争と同様のロジックが p_2 に働き，均衡では $p_2 = c_3 - \frac{k}{\beta}$ でなければならない．なお，このとき $c_3 \in (0, k)$ の仮定より $p_2 < 0$ である．

- $p_3 \in (\frac{k}{\beta}, \frac{k}{\beta})$ の場合，消費者は実際には努力しない $(a_2 = 0)$ が，第 1 期の時点では努力すると予想している $(\hat{a}_2^1 = 1)$．このとき，契約を選ぶ第 1 期における各消費者の総効用は $\beta(v - p_2 - k)$ かつ各企業の消費者 1 人当たりの利潤は $p_2 + p_3 - c_3$ となるため，各企業は p_3 から $p_3' = \frac{k}{\beta}$ へと逸脱することでより高い利潤を得ることが可能であることから，均衡にはならない．

- $p_3 \in (0, \frac{k}{\beta}]$ の場合，消費者は実際に努力せず $(a_2 = 0)$，かつ第 1 期の時点でも努力しないと予想している $(\hat{a}_2^1 = 0)$．このとき，各企業の消費者 1 人当たりの利潤は $p_2 + p_3 - c_3$ となるため，ベルトラン競争と同様のロジックが $p_2 + p_3$ に働き，均衡では $p_2 + p_3 = c_3$ でなければならない．このとき，第 1 期における各消費者の総効用は $\beta(v - p_2 - p_3)$ であるため，各企業は $(p_2' = \frac{c_3}{2}, p_3' = 0)$ と逸脱することで消費者を集めつつ正の利潤を得ることができることから，均衡にはならない．

- $p_3 = 0$ の場合，消費者は実際に努力せず $(a_2 = 0)$，かつ第 1 期の時点でも努力しないと予想している $(\hat{a}_2^1 = 0)$．このとき，第 1 期における各消費者の総効用は $\beta(v - p_2 - p_3) = \beta(v - p_2)$ であるため，ベルトラン競争と

同様のロジックが p_2 に働き,均衡では $p_2 = 0$ でなければならない.

よって,対称均衡の候補は $(p_2 = c_3 - \frac{k}{\beta}, p_3 = \frac{k}{\beta})$ および $(p_2 = 0, p_3 = 0)$ であり,それぞれの第 1 期における各消費者の総効用は $\beta(v - c_3 + \frac{k}{\beta} - k)$ および βv である.この 2 つの候補のそれぞれについて逸脱するインセンティブを確認すると,均衡は以下のように求められる.

(1) $\hat{\beta} > \beta$ である場合,$-c_3 + \frac{k}{\beta} - k \geq 0$ であれば $(p_2 = c_3 - \frac{k}{\beta}, p_3 = \frac{k}{\beta})$ が均衡,$-c_3 + \frac{k}{\beta} - k \leq 0$ であれば $(p_2 = 0, p_3 = 0)$ が均衡.

(2) $\hat{\beta} = \beta$ である場合,$(p_2 = 0, p_3 = 0)$ が均衡.

なお,$(p_2 = 0, p_3 = 0)$ が均衡である場合の各消費者の長期的な効用は v である.$(p_2 = c_3 - \frac{k}{\beta}, p_3 = \frac{k}{\beta})$ が均衡である場合の第 1 期の消費者が予想する長期的な効用は $v - c_3 + \frac{k}{\beta} - k$ である一方,実際の長期的な効用は $v - c_3$ である.

ここで注目してほしいのは,$\hat{\beta}$ が β よりも大きい限りにおいて,搾取の条件と均衡価格は β のみに依存し,$\hat{\beta}$ には依存していないことである.つまり,どれだけ自身の将来のセルフコントロールに対する予想が現実に近くとも,少しでもナイーブである限り,非常にナイーブな場合と同じ結果が市場均衡において生じる.

このメカニズムの説明は以下の通りである.$p_3 = \frac{k}{\beta}$ と設定すると,消費者が少しでもナイーブである ($\hat{\beta} > \beta$ である) 限りにおいて,「第 2 期になったら努力するに違いない」と予想してしまう.そのため,この場合の追加料金 p_3 の値は,$\hat{\beta} > \beta$ である限りにおいて,$\hat{\beta}$ には依存しない.また,$\hat{\beta}$ の大きさに関わらず,この消費者は第 1 期に (努力するという誤った予想のもとで) この契約を選択する.そのため,企業は $\hat{\beta}$ が β に近づいたとしても,追加料金 $p_3 = \frac{k}{\beta}$ を下げるインセンティブがない.他方で,$\hat{\beta} = \beta$ の個人は上で定義したように合理的期待形成を行うため,実際に第 2 期になって努力しない場合は,第 1 期にそれを正しく予期する.結果として,均衡において第 1 期に $p_3 = \frac{k}{\beta}$ の契約は選択されない[12].

3.7.4　消費者グループに応じた価格付け：第 3 種価格差別

次に，Heidhues and Kőszegi (2017) でカバーされている，企業は各消費者
1 人ひとりに対して個別の契約までは提供できないが，グループ A とグループ
B で平均的な消費者の選好が異なる場合における，**第 3 種価格差別 (グループ
ごとの価格差別)** を提示する状況を分析する．特に以下では，消費者グループご
とにナイーブさが異なる場合，企業がその情報を用い価格差別を行えることが，
均衡においてどのように各グループの消費者の厚生と社会厚生に影響を及ぼす
かを紹介する．

ナイーブさに関するグループ間の価格差別の効果を簡単に描写するため，本
項では 2 タイプの消費者が存在する場合に絞って分析する．α の割合の消費者
はセルフコントロール問題に対しナイーブ ($\beta < \hat{\beta} \le 1$)，$1 - \alpha$ の割合の消費
者はセルフコントロール問題がなくかつ合理的に期待形成を行う ($\hat{\beta} = \beta = 1$)
とする．

まずはベンチマークとして，各企業は消費者のナイーブさに関する情報をまっ
たくもっておらず，すべての消費者に対して単一の契約をオファーする状況を
考える．上記と同様に，$p_3 = \frac{k}{\beta}$ が均衡になる条件を求めると，合理的な消費
者は努力し p_3 の支払いを避けるため，各企業の平均利潤は $p_2 + \alpha(p_3 - c_3) =$
$p_2 + \alpha\frac{k}{\beta} - \alpha c_3$ となる．ベルトラン競争と同様のロジックが p_2 に働くため，
$(p_2 = \alpha c_3 - \alpha\frac{k}{\beta}, p_3 = \frac{k}{\beta})$ が均衡の候補となる．このとき，各企業の利潤は 0，
合理的な消費者の長期的な効用は $v - p_2 - k = v - \alpha c_3 + \alpha\frac{k}{\beta} - k$，ナイーブ
な消費者の長期的な効用は $v - p_2 - p_3 = v - \alpha c_3 + \alpha\frac{k}{\beta} - \frac{k}{\beta}$ である．この契
約から各企業が逸脱するインセンティブを確認すると，$-\alpha c_3 + \alpha\frac{k}{\beta} - k > 0$ の
ときに均衡となることがわかる．ここでは p_2 の価格変化を通じ，ナイーブな消
費者から合理的な消費者への利得の移転が起きている．

次に，各企業は上記 2 グループのそれぞれに関する情報を得ているため，そ
れぞれの消費者グループに応じた契約をオファーする状況を考える．この場合，
各グループへの契約は上記の第 1 種価格差別の分析で導出したものと同一であ
り，かつ $-c_3 + \frac{k}{\beta} - k > -\alpha c_3 + \alpha\frac{k}{\beta} - k > 0$ のため，均衡において合理的な
消費者は $(p_2 = 0, p_3 = 0)$，ナイーブな消費者は $(p_2 = c_3 - \frac{k}{\beta}, p_3 = \frac{k}{\beta})$ を契
約する．このとき，各企業の利潤は 0，合理的な消費者の長期的な効用は v，ナ

イーブな消費者の長期的な効用は $v-c_3$ である.

ここで, $-c_3+\frac{k}{\beta}-k>-\alpha c_3+\alpha\frac{k}{\beta}-k>0$ の条件から, 企業が消費者のナ イーブさに関する情報をもたない場合に比べ, 均衡における合理的な消費者の 長期的な効用は $v-\alpha c_3+\alpha\frac{k}{\beta}-k$ から v に下がり, ナイーブな消費者の長期的 な効用は $v-\alpha c_3+\alpha\frac{k}{\beta}-\frac{k}{\beta}$ から $v-c_3$ に上がっていることに注目されたい. Heidhues and Kőszegi (2017) は上記に加えて, 各企業はナイーブな消費者を 同定した場合に, コストを払うことでより大きな額を搾取することができるモ デルを構築し, 企業が消費者のナイーブさに関する情報を有することに関する 厚生分析を詳細に行った. 企業が消費者のナイーブさに関する情報に関し第3 種価格差別を行うことが, 合理的な消費者の厚生, ナイーブな消費者の厚生, 社 会厚生のすべてを低下させる条件を導出し, その政策への含意を議論した.

ナイーブさに関する第3種価格差別の現実例として, アメリカのクレジット カード会社では, 消費者の返済履歴に応じて別々の契約を提示することが行わ れている (Ru and Schoar, 2016). また, アメリカや中国ではホテル予約サイ ト, 航空券販売サイト, オンラインショップなどでも, インターネットの閲覧 履歴や購入履歴に応じた価格差別が少なくとも一部で行われているようである. これらに対して, 企業が消費者の個人情報をどこまで集めてよいのか, また集 めた個人情報をもとに価格差別を行ってよいのかについて, 消費者の合理性も ふまえたうえで議論することが重要ではないかと考えられる.

3.7.5 スクリーニング：第2種価格差別

最後に, Eliaz and Spiegler (2006), Heidhues and Kőszegi (2010), Heid-hues, Kőszegi and Murooka (2017) でカバーされている, 各企業が各消費者へ 複数の契約を提示し, どの契約を結ぶか消費者自身に選ばせるという**第2種価格 差別 (スクリーニング)** を行う状況を分析する. これまでの分析では, 価格競争 により各企業の利潤は均衡では0になっている. 以下では Heidhues, Kőszegi and Murooka (2017) の分析を OR モデルに応用し, 各企業が正の利潤を得る 均衡が存在しうることを紹介する[13].

前項と同じく, α の割合の消費者はセルフコントロール問題に対しナイーブ

----

13) Heidhues, Kőszegi and Murooka (2017) の内容については 13.3 節も参照されたい.

$(\beta < \hat{\beta} \leq 1)$，$1 - \alpha$ の割合の消費者はセルフコントロール問題がなくかつ合理的に期待形成を行う（$\hat{\beta} = \beta = 1$）とする．各企業はすべての消費者に対し同一の内容を提示するが，複数の契約を提示して各消費者にどの契約が良いか選ばせることができる場合を考える．以下では，各企業が $(p_2^r = 0, \, p_3^r = 0)$ と $(p_2^n = -k, \, p_3^n = \frac{k}{\beta})$ の 2 つの契約をすべての消費者に提示し，合理的な消費者が $(p_2^r = 0, \, p_3^r = 0)$，ナイーブな消費者が $(p_2^n = -k, \, p_3^n = \frac{k}{\beta})$ を選択する場合を考える．なお，簡単化のため $-k + \frac{k}{\beta} - c_3 > 0$ を仮定する．

　まず，合理的な消費者にとってもナイーブな消費者にとっても，第 1 期において両方の契約は無差別になっている[14]．各企業は，合理的な消費者からは 0，ナイーブな消費者からは $-k + \frac{k}{\beta} - c_3 > 0$ の利潤を得る．各企業はそれぞれ $\frac{1}{2}$ の需要を集めるため，$\frac{\alpha}{2}(-k + \frac{k}{\beta} - c_3)$ の総利潤を得る．ここで，p_2^n をさらに少し下げて他企業からナイーブな消費者を集めようとすると，すべての合理的な消費者も同時に集まってしまう．合理的な消費者は追加料金 p_3^n を努力コストを費やして避けるため，p_2^n を $-k$ から下げたときの総利潤は高々 $\alpha(p_2^n + p_3^n - c_3) + (1 - \alpha)p_2^n = -k + \alpha\frac{k}{\beta} - \alpha c_3$ である．つまり，$\frac{\alpha}{2}(-k + \frac{k}{\beta} - c_3) \geq -k + \alpha\frac{k}{\beta} - \alpha c_3$，これを整理して $\frac{\alpha + \alpha\beta - 2\beta}{\alpha\beta}k \leq c_3$ のとき，上記の逸脱を行うインセンティブがない．他の逸脱についても確認すると，$-k + \frac{k}{\beta} - c_3 > 0$ の仮定を整理した $\frac{1-\beta}{\beta}k > c_3$ とあわせた条件である，$c_3 \in [\frac{\alpha + \alpha\beta - 2\beta}{\alpha\beta}k, \frac{1-\beta}{\beta}k)$ のときに上記の契約が均衡になっていることがわかる．

　この均衡では，各企業はナイーブな消費者から正の利潤を得ており，ナイーブな消費者の長期的な効用が上で分析したそれぞれのケースよりもさらに低くなっている．これは，Heidhues, Kőszegi and Murooka (2017) において詳しく分析されているように，スクリーニングが可能な状況では，負の利潤をもたらす合理的な消費者の存在が，基本料金 p_2^n における価格競争を抑える役割を果たしていることによる．同質財の価格競争のもとでもナイーブな消費者を搾

---

14) 以下の分析で述べているように，ここで重要となるのは合理的な消費者にとって両方の契約が無差別になっている点である．ナイーブな消費者が第 1 期において $(p_2^n = -k, p_3^n = \frac{k}{\beta})$ を厳密に好んでいる場合でも，以下の分析は成立する．たとえば上記のモデルを拡張し，ナイーブな消費者が予想する第 1 期における将来の努力コスト $\hat{k}^n$ が実際の努力コスト k と乖離している状況を考える．ここで $\hat{k}^n < k$ の場合，ナイーブな消費者は第 1 期で $(p_2^n = -k, \, p_3^n = \frac{k}{\beta})$ の契約を厳密に好むが，上記の均衡は同様にして存在する．

取することにより正の利潤を得る均衡が存在することは，経済厚生に大きな影響を与える．また，Heidhues, Kőszegi and Murooka (2016) で分析されているように，各企業は品質向上のためのイノベーションではなく，消費者からさらに搾取するための技術に投資することで利潤を高めようとするインセンティブをもつことになる．

3.8 ♣ 一般的なナイーブな個人の予想と均衡の定義

　本節では再び 3.3 節で導入した OR モデルに焦点を当て，個人が各期においてどのような予想を形成するか，またその結果として均衡をどう定義するかを，詳細に説明する．以下，個人の t 期における行動とその集合をそれぞれ a_t, A_t と表記する．s 期の個人が予想する，$t(>s)$ 期の個人の行動を $\hat{a}_t^s$ と表す[15]．s 期における個人の将来の予想をまとめたものを $\hat{a}^s = (\hat{a}_{s+1}^s, \hat{a}_{s+2}^s, \ldots)$ と表記する．

　ただし，どのような予想でも許容するわけではない．OR モデルでは，均衡における将来の予想 $\hat{a}^s$ の整合性として，以下の条件を置く．

(1) 【内的整合性】　各 $\hat{a}_t^s$ は，$\hat{\beta}, \delta$ および s 期の個人がもつ行動の予想 $\hat{a}^s$ をもとに想定された，t 期の個人の総効用 $\hat{U}_t$ を最大化するよう選択されていなければならない．

$$\hat{a}_t^s \in \operatorname*{argmax}_{a_t \in A_t} \hat{U}_t(a_t, \hat{a}^s, \hat{\beta}, \delta).$$

(2) 【外的整合性】　任意の s 期の予想 $\hat{a}^s$ と $t(>s)$ 期の予想 $\hat{a}^t$ において，t 期より先の行動の予想は同一でなければならない．

$$\forall \tau > t, \quad \hat{a}_\tau^s = \hat{a}_\tau^t.$$

(3) 【思慮深い個人の合理的期待形成】　$\hat{\beta} = \beta$ の場合，各 $\hat{a}_t^s$ は実際に選択する行動 a_t と一致していなければならない．

---

15) ただし一般には，$\hat{a}_t^s$ は t 期以前の個人の行動に依存することに注意されたい．つまり，より精確には $\hat{a}_t^s(a_1, a_2, \ldots, a_{s-1}, a_s, a_{s+1}^s, \ldots, a_{t-1}^s)$ である．

　条件 (1) の内的整合性は，$\hat{a}^s$ が (s 期の予想をもとにした) 将来の各期個人の効用最大化から導かれていることを課す条件である．つまり，s 期において，自身は次の期 ($s+1$ 期) 以降は $\hat{\beta}$ および $\hat{a}^s$ に基づいて総効用を最大化すべく行動すると予想し，その予想をもとにした異なる期の個人の間における個人内のゲームのサブゲーム完全均衡を解いている．

　条件 (2) の外的整合性は，異なる期の間で，将来についての予想が整合的であることを課す条件である．たとえば，明後日にダイエットを始めると予想している個人は，翌日になっても予想を変えずにその次の日からダイエットを始めると思っていなければならない (ただし，実際に行動する際には $\hat{\beta}$ ではなく β に基づいて選択するため，以前の期に予想していた行動をとるとは限らない)．これを言い換えると，外的整合性は，第 1 期の個人が第 3 期に a_3 という行動がとられると予想していた場合 ($\hat{a}_3^1 = a_3$)，第 2 期の個人も第 3 期に a_3 という行動がとられると予想する ($\hat{a}_3^2 = a_3$) ことを課している[16]．外的整合性の条件を $\hat{a}^1$ と各 $\hat{a}^s$ の間へ適用することにより，整合的な予想は第 1 期から始まる単一のベクトル $\hat{a}^1 = (\hat{a}_2, \hat{a}_3, \dots)$ で表せることになる．ただし，$\hat{a}_t$ は $\hat{\beta}, \delta$ をもとに予想される第 t 期の行動である．

　条件 (3) の思慮深い個人の合理的期待形成は，O'Donoghue and Rabin (2001) では (利得構造への仮定が置かれていることにより) 明示的ではない形で課されている条件である．内的整合性があるため，条件 (3) それ自体が意味をもつのは，思慮深い個人が実際に t 期に行動する際，最適な行動が複数ある (複数の選択肢間で無差別になっている) 場合のみである[17]．条件 (3) と条件 (2) の外的整合性をあわせると，「t 期の β について同じ予想をもつ個人 (ここでは，実際に行動を選択する t 期の個人を含む) の間では，t 期の行動についても同じ予想をもっていなければならない」とまとめられる．

　この整合的な予想 $\hat{a}^1$ をもとに，各 t 期の個人が t 期における総効用を最大化

---

16) 一般には $\hat{a}_t^s$ は t 期以前の個人の行動に依存するため，より精確には $\hat{a}_3^1(a_1, a_2) = \hat{a}_3^2(a_1, a_2)$ という条件を課している．

17) なお条件 (3) を仮定しない場合，ある期における最適な行動が複数ある場合には，たとえ $\hat{\beta} = \beta = 1$ の消費者であっても，事前の期に予想した行動と実際の行動が一致するとは限らない．また，OR モデルを複数プレイヤー間のゲームに応用し均衡分析を行う際にも，同様の仮定が必要となる．

する行動を選択する戦略を，**OR モデルにおける均衡** (perception-perfect strategy) と定義する．具体的には，有限期の場合，各期の個人は自身の予想をもとにしたバックワードインダクションを解いていく．O'Donoghue and Rabin (1999, 2001) 以前にもナイーブな個人を扱う経済モデルは存在したが，そのほとんどはある特定の状況のみを描写した仮定であった．OR モデルが，ナイーブな個人の予想の整合性を明示的に扱い，一般的な経済理論分析に組み入れられる形で定義したことは，当時きわめて大きな意義があったと考えられる．

第 **4** 章

投影バイアスと異時点間の選択
に関するその他の理論

4.1 はじめに

　本章では，近視眼性のモデルでは捉えきれない要素に着目した，異時点間の
選択に関するさまざまな理論を紹介する．特に，自身の将来の状態を予想する
際に誤って現在の状態を反映してしまう**投影バイアス** (projection bias) とその
応用例について説明する．

　以下，4.2 節では投影バイアスを検証したフィールド実験を紹介する．4.3 節
では，投影バイアスを組み入れたモデルを導入する．4.4 節では，投影バイアス
の応用として，購買行動およびクーリング・オフ制度への含意，携帯電話の契
約体系への含意，労働供給への含意をそれぞれ紹介する．4.5 節では，投影バイ
アスを考慮に入れた実証研究について議論する．4.6 節では，投影バイアスに関
連するその他の理論を紹介する．最後に 4.7 節では，異時点間の選択に関連す
るその他の理論に触れる．

4.2 投影バイアス：おやつ選択のフィールド実験

　本節では，2.3 節で紹介した Read and Van Leeuwen (1998) を再度取り上
げ，そこで解説したものとは別の仮説を検証するために，同論文内で行われた

フィールド実験を説明する．この論文では現実の企業を対象とし，200 人のオフィスワーカーにおやつを提供するフィールド実験を行った．まず，多種のおやつのうち，どれが健康そうでどれが不健康そうかの評価を作成した．その後，各オフィスワーカーに，りんごやバナナなどの健康的と評価されたおやつや，スニッカーズのチョコレートバーなどの不健康と評価されたおやつが混在した，計 6 種類のおやつの中から 1 つを選ばせた．選んだおやつは，1 週間後の昼食直後または午後 4 時半のタイミングでもらえる．重要な点として，「昼食直後の満腹な状態で選ぶ場合」と，「午後 4 時半の空腹な状態で選ぶ場合」という異なる時間帯で調査を行い，$2 \times 2 = 4$ 通りの条件となる実験デザインとした．ここで，一般的には空腹のときの方が満腹のときよりも不健康なおやつをより食べたくなると考えられる[1]．しかし，選んだおやつを実際にもらえるのは 1 週間後であるため，現在の状態が満腹であろうと空腹であろうと，1 週間後の昼食直後または午後 4 時半にどの種類のおやつをもらうと嬉しいかは，それぞれ大きく変わらないはずである．

　表 4.1 では実験結果として，不健康なおやつを選んだ人の割合をまとめている．1 週間後の午後 4 時半におやつをもらう場合，空腹な状態で選んだグループでは 78％の人が不健康なおやつを選んだのに対し，満腹な状態で選んだグループでは 56％の人が不健康なおやつを選んだ．また，1 週間後の昼食後におやつをもらう場合，空腹な状態で選んだグループでは 42％の人が不健康なおやつを選んだのに対し，満腹な状態で選んだグループでは 26％の人が不健康なおやつを選んだ．つまり，おやつを実際にもらえるタイミングはまったく同じであるにもかかわらず，現在の状態が空腹であるか満腹であるかにより，それぞれ 22％，16％の差がみられたのである．Read and Van Leeuwen (1998) では，この結果をもたらした要因として，現在の自身の空腹状態を誤って将来に投影した可能性が指摘されている．

---

1) 表 4.1 でまとめている実際におやつをもらうタイミングでの結果でも，空腹のときに不健康なおやつを選ぶ割合 (78％および 56％) の方が満腹のときに不健康なおやつを選ぶ割合 (42％および 26％) よりも多かった．

表 4.1　不健康なおやつを選んだ人の割合

		おやつをもらうタイミングでの空腹状態	
		空腹	満腹
選択時の空腹状態	空腹	78%	42%
	満腹	56%	26%
選択時の空腹状態による差		22%	16%

(出所) Read and Van Leeuwen (1998) より.

4.3 投影バイアスを組み入れたモデル

　離散期間 $t = 1, 2, \ldots, T$ における，異時点間の選択問題を考える．ただし，ここでは簡単化のため $T < \infty$ とする．以下では指数割引因子 $\delta \in (0, 1]$ を仮定する．

　ある個人の t 期の効用が，t 期の消費 c_t と状態 s_t に依存して決まる状況を考える．ここで s_t は満腹度，気温，天候など，この個人が消費を行う瞬間の状態だと考えてほしい．たとえば，空腹のときの方が満腹のときよりもカロリーが高い不健康なおやつをより食べたくなる，猛暑のときの方が極寒のときよりもビールをより飲みたくなる，晴れているときの方が雨のときよりもより外出したくなる，などである．以下では簡単化のため s_t は 1 次元の実数 ($s_t \in \mathbb{R}$) で表される場合を考える．t 期における効用を $u(c_t, s_t)$ と表記すると，t 期の総効用関数は以下のように表される．

$$U_t := \sum_{\tau=t}^{T} \delta^{\tau-t}\, u(c_\tau, s_\tau). \tag{4.1}$$

　次に，Loewenstein et al. (2003) に基づき，この個人が自身の将来をどう予想するかについて定義する．この個人は自身の総効用を最大化しようとしているが，自身の現在の状態を誤って将来に投影してしまうと仮定する．たとえば，

空腹のときは「昼食後であっても不健康なおやつを食べたいだろう」と予想してしまう，猛暑のときは「冬であってもビールを飲みたいだろう」と予想してしまう，晴れの日には「雨の日であっても外出したいだろう」と予想してしまう，などである．つまりこの個人は，現在の状態 s_t のもとでの選好が将来も持続されると誤って予想してしまうため，必ずしも (4.1) 式を最大化できていない．具体的には，t 期の状態 s_t のもとで個人が予想する $\tau > t$ 期の効用を，以下のように定義する．

$$\hat{u}(c_\tau, s_\tau \mid s_t) := (1 - \alpha)u(c_\tau, s_\tau) + \alpha u(c_\tau, s_t). \tag{4.2}$$

ここで，$\alpha = 0$ の場合は，$\hat{u}(c_\tau, s_\tau \mid s_t) = u(c_\tau, s_\tau)$ のため，伝統的な指数割引をもとにした合理的個人のモデルに帰着される．他方で，$\alpha = 1$ の場合は，$\hat{u}(c_\tau, s_\tau \mid s_t) = u(c_\tau, s_t)$ となり，自身の将来 (τ 期) の選好が現在 (t 期) の選好と同一であると完全に誤認している個人を表している．

(4.2) 式をもとに，個人は状態 s_t における自身の総効用が以下に基づくと予想する．

$$\hat{U}_t(s_t) := \sum_{\tau=t}^{T} \delta^{\tau-t} \, \hat{u}(c_\tau, s_\tau \mid s_t). \tag{4.3}$$

なお異時点間の選択においては，自身の将来の行動を正しく予想できているか否かが重要である．以下の分析では，自身の将来の行動についてナイーブである，つまり t 期の個人は将来の自身も $\hat{U}_t$ に従って行動すると予想していると仮定する[2]．

4.4 投影バイアスの応用

4.4.1 投影バイアスを組み入れた購買行動

(4.2) 式において $\alpha > 0$ である場合，自身の将来に対する予想が誤っているため，時間選好が指数割引であっても，第 2 章で定義した時間的整合性を満た

---

[2] 自身の将来の投影バイアスについて正しく予想しているケースについての分析は Loewenstein et al. (2003) を参照されたい．

さない．ここでは，Loewenstein et al. (2003) および Conlin et al. (2007) を
簡単化した 2 期間のモデルを用いて購買行動の例を分析する．

　個人は第 1 期に耐久財を注文し，第 2 期にその財を受け取り消費することが
できる．例として，オープンカー (Busse et al., 2015) やアメリカの大きな家
における庭のスイミングプール (Busse et al., 2012) などを契約する場合を想
像してほしい．消費することを $c_2 = 1$，消費しないことを $c_2 = 0$ と表す．財
の価格は $p > 0$ であり，支払いも第 2 期に行うとする．財の消費から得られる
効用は状態 $s_t \in \{s^H, s^L\}$ に依存する．個人は t 期の初めに状態 s_t を観察し，
消費を行った際の効用は $u(1, s_t) = s_t$，消費を行わなかった際の効用は常に 0,
かつ $s^H > s^L \geq 0$ であるとする．たとえば，s^H は暑いときにスイミングプー
ルを使用する効用，s^L は寒いときにスイミングプールを使用する効用を表す．
単純化のため，状態が s^H である確率は毎期独立に $q \in (0, 1)$ であるとする．ま
た，時間割引因子は $\delta = 1$ とする．

　まず，$\alpha = 0$ である合理的個人のケースを分析する．第 1 期に財を注文する
場合，この個人の期待効用は $E[s_2] = q s^H + (1 - q) s^L$ である．そのため，こ
の個人が第 1 期に財を注文する条件は $E[s_2] \geq p$ であり，第 1 期の状態 s_1 はこ
の個人の支払意思額に何も影響しない．

　次に，$\alpha > 0$ である個人のケースを分析する．投影バイアスのため，この個
人は第 1 期の選好が第 2 期でも持続すると誤認してしまう．具体的には，第 1
期の個人は，財を注文した場合の期待効用を以下のように予想する．

- $s_1 = s^H$ のとき，
  $\hat{U}_1(s^H) = (1 - \alpha) u(1, s_2) + \alpha u(1, s^H) = (1 - \alpha) E[s_2] + \alpha s^H$,
- $s_1 = s^L$ のとき，
  $\hat{U}_1(s^L) = (1 - \alpha) u(1, s_2) + \alpha u(1, s^L) = (1 - \alpha) E[s_2] + \alpha s^L$.

ここで $\hat{U}_1(s^H) > \hat{U}_1(s^L)$，つまり第 1 期の個人の支払意思額は，実際の消費と
は無関係な第 1 期の状態に依存していることに注意されたい．たとえば，完成
するのが冬であるにもかかわらず，暑い夏の日にスイミングプールが欲しくな
り契約してしまう，ということが起こる．

4.4.2 クーリング・オフ制度への含意

前項のモデルにおいて，投影バイアスがある個人は，実際に消費する段階になったときに自身の過去の行動を変更するインセンティブがあることに注目してほしい．そのため，**クーリング・オフ制度** (cooling-off policy，一定の期間であれば無条件で契約の申し込みを撤回したり，契約を解除したりできる制度) を導入することにより，消費者の厚生を上昇させることができる．

Conlin et al. (2007) では，オンラインショッピングのデータを用い，投影バイアスを実証した．コート，ジャケット，冬用のブーツといった冬物の衣類について分析した結果，「注文時の気温」が低いほどクーリング・オフ制度の利用率は高かった．一方で，注文した衣類を実際に使用することができる「受取日の気温」はクーリング・オフ制度の利用率に影響していなかった．これは，「現在の気温をもとにした効用を，将来の自身の効用に (誤って) 投影している」という，投影バイアスの仮説と整合的である．

もちろん，$\alpha = 0$ である合理的な個人であっても，「$s_2 = s^L$ の際はクーリング・オフ制度を利用する」と第 1 期の時点で正しく予想したうえで，オンラインショッピングを利用し，かつ $s_2 = s^L$ の際はクーリング・オフ制度を利用する個人もいるだろう．ただし，主に以下の 3 つの理由により，この仮説よりも投影バイアスに基づく説明の方がもっともらしいと考えられる．第 1 に，合理的にクーリング・オフ制度を利用すると予想していたならば，注文日の気温よりも受取日の気温にクーリング・オフ制度の利用率は影響するはずである．しかし，上で述べたように，注文時の気温が低いほどクーリング・オフ制度の利用率は高かった一方で，受取日の気温はクーリング・オフ制度の利用率に影響していなかった．第 2 に，注文日の気温から受取日の気温を予測していたとしても，実際の注文日から受取日までの気温の時系列データにおける系列相関は小さく，それだけでは行動を説明できない．第 3 に，注文日の気温から受取日の気温を予測しているという仮説のもとでは，オンラインショッピングの注文から到着までの期間が長いほど行動への影響は小さくなるはずであるが，実際には注文から到着までの期間は影響していなかった．

また，冬用の衣類以外では，このような効果は見られなかった．これは，たとえば低温のためより鬱っぽくなり，結果としてオンラインショッピングでより

多くのものを買ってしまうなど，低温が人の感情全般に直接影響したために購買行動を変容させたわけではないことを，間接的に示唆している．これらの議論や他の代替仮説に関する分析については，詳しくは Conlin et al. (2007) を参照されたい．

4.4.3　携帯電話の契約体系への含意

Grubb (2009) は携帯電話の通話時間に着目し「自身の将来の通話時間の分布について過剰に狭く予想する」という**精度過剰** (overprecision) に焦点を当て分析を行った[3]．たとえば「今月は 80 分通話したから，（実際はそれよりも通話時間が有意に増えたり減ったりする可能性があるにもかかわらず）来月も通話するのは 80 分程度だろう」と将来の予想の正しさを過剰に高く評価することが考えられる．この論文では，このような精度過剰バイアスは投影バイアスから生じうることに議論したうえで，消費者が精度過剰バイアスをもつ場合，企業は最適契約においてどのような通話プランを提供するかを理論的に分析した．その結果，「固定料金，一定時間までは無料通話，一定時間を超えた場合は高額な通話料」という現実の携帯電話契約でもよくみられる 3 部料金制で最適契約が近似できることを示した．また最適契約において，どのように消費者が企業から搾取されているかについて議論した．

4.4.4　労働供給への含意

Kaufmann (2022) では，労働時の疲労における投影バイアスについて分析した．例として，朝から丸一日働く日を考えてほしい．朝は労働の疲れがないため，「疲労が溜まっていない」朝の状態を投影し，今日一日はたくさんの仕事ができると誤って予想する．しかし，働くにつれて疲労が溜まってくるため，徐々に今日一日で終わらせることのできる仕事量について悲観的になっていく．重要な点として，将来の仕事量について事前に選択する必要がある場合，「疲労が溜まっていない」朝に選択する場合は最適な仕事量に比べ過大な量になる一方で，「疲労が溜まっている」夜に選択する場合は最適な仕事量に比べ過小な量になる．Kaufmann (2022) は，このような異時点間の労働供給の意思決定につい

---

3) なお，（精度過剰を含む）自信過剰に関する理論については 14.4 節を参照されたい．

て理論的に分析した.

4.5 投影バイアスの検証

　本節では，4.4 節で紹介した冬物の衣類 (Conlin et al., 2007)，オープンカー (Busse et al., 2015)，家のスイミングプール (Busse et al., 2012) 以外の，投影バイアスを考慮に入れた実証研究を紹介する. また，投影バイアスと近視眼性を別々に識別可能とする実験デザインを用いた論文を紹介する.

4.5.1　投影バイアスの実証研究

　Buchheim and Kolaska (2017) では，屋外映画館のチケットを事前購入する際，事前購入時の天候がどのように購買行動に影響を与えているかを分析した. 屋外映画館の便益は，悪天候のときよりも晴れているときの方が高い. また，屋外映画館に行くのはチケット購入日とは別の日であるため，事前購入したときの天候自体は屋外映画館の便益にほぼ影響を与えないはずである. この論文では，詳細な天候データを用いることにより，天気が良いときほどチケットの事前購入数が増えることを発見した. そのうえで，この結果が生じる理論的なメカニズムとして，投影バイアスについて議論している.

　天候を用いた他の例として，Simonsohn (2010) では，進学先選択に関する実証を行った. アメリカでは，複数の大学に合格した際，どの大学に進学するかを決めるためにそれぞれの大学を訪問することが一般的に行われる. Simonsohn (2010) は，学術的に有名である一方で娯楽が少ない地域に立地していることでも有名な某大学のデータを分析し，合格者が某大学を訪問した日が悪天候であるほど，某大学への進学率が高いことを発見した. 論文では，悪天候の状態ではそもそも娯楽が利用しづらいため，大学訪問日の天候が悪いと将来の天候もずっと悪いだろうと誤って投影し，結果として進学先選択のうえで娯楽的な価値を重視せずに意思決定を行っている，という仮説が議論されている.

4.5.2　近視眼性と投影バイアスを別々に識別する実証研究

　第 3 章で紹介した OR モデル (近視眼性に対するナイーブさ) と，本章で紹介

している投影バイアスは，ともに将来の予想に関するバイアスのため，それぞれのバイアスをどのようにして別々に識別可能かが重要になる．また，異時点間の選択一般において，**習慣形成** (habit formation) が重要となることが，伝統的な経済学と行動経済学の両方で知られている．

　Acland and Levy (2015) では，カリフォルニア大学バークレー校の運動施設において，運動習慣を外生的に変動させるフィールド実験を行った．まず，大学の運動施設に週 2 回訪れると 100 ドルをもらえる期間を設定し，被験者の運動習慣を外生的かつランダムに変動させた[4]．そして，この期間の直前と直後の 2 回において，「100 ドルをもらえる期間が終了した後，どのくらいの頻度で運動施設に来るか」についての予想を，(運動施設に週 2 回訪れてもらえる 100 ドルとは別に) 金銭的インセンティブを付与した形で答えさせた．投影バイアスは習慣形成前は (運動をしていないという現在の習慣をもとにして将来を予想するため) 将来の運動量を過小に予想するのに対し，近視眼性に対するナイーブさは習慣形成に関わらず将来の運動量を過大に予想するという，理論メカニズムがそれぞれ異なる点を用いることで，OR モデルと投影バイアスを別々に識別した[5]．

　また，Augenblick and Rabin (2019) では，4.4.4 項で説明した Kaufmann (2022) と類似の異時点間の労働供給に関するラボ実験を行い，OR モデルと投影バイアスを別々に識別した．なお，近視眼性と投影バイアスがそれぞれもたらす結果の差については，4.2 節で解説した Read and Van Leeuwen (1998) も参照されたい．

---

4) なお，運動施設における習慣形成のフィールド実験については Charness and Gneezy (2009) を，運動施設における近視眼性の実証については DellaVigna and Malmendier (2006) をそれぞれ参照されたい．

5) ただし，Acland and Levy (2015) の論文内で用いられたコードには後に誤りがみつかり，修正後の推定における投影バイアスの効果については統計的に有意ではなかった．他方でこの誤りは，近視眼性に対するナイーブさの推定値には影響を与えていない．詳しくは März (2019) を参照されたい．

4.6 投影バイアスに関連する理論

　異時点間の選択以外についても，投影バイアスに関連した研究は行われている．本節では，投影バイアスに関連する研究を紹介する．

　Madarász (2012) では，**情報投影バイアス** (information projection) とよばれる，「自身のみがもっている私的な情報を，相手ももっている」と誤認するバイアスを分析している．ここでは，医療事故の調査を例に説明する．担当医は，その段階で手に入れた限られた情報のもとで治療方針を決定している．その治療方針がうまくいかず，後に医療事故の調査が行われる場合を考えてほしい．調査では，担当医が治療方針を決定した時点での情報だけでなく，その後にどのように容態が変化したかや，追加の検査結果などの事後的な情報も手に入る．これらの事後的な情報をもとにすれば，どのような治療が最善であったか事後的にははるかに簡単に診断できる．ここで，医療事故の調査員が情報投影バイアスをもっていた場合，「自分の手元にある情報をもとにすれば簡単に診断できるため，担当医は治療方針についてミスを犯したに違いない」と誤認してしまう．もちろん，事後的な情報は担当医が治療方針を決定した段階では手に入らないため，この判断は必ずしも正しくない．Madarász (2012) では，情報投影バイアスを理論として定式化したうえで，このバイアスが存在する場合における防衛医療 (defensive medicine, 医療事故の責任追及にさらされる危険を減らすために行う医療行為) への含意を議論している．

　Haggag et al. (2019) では，**過去投影バイアス** (attribution bias) とよばれる，「現在の行動について考える際，誤って過去の状態を反映してしまう」というバイアスを分析している．この論文では，過去投影バイアスを実証するため，新しい味の飲料を飲ませるというラボ実験を行った．まずは，喉が乾いている状態をランダムに発生させるために，各被験者に 2 分の 1 カップまたは 3 カップの水を飲ませた．その直後に，新しい味の飲料を飲ませてその味を評価させた．2 分の 1 カップの水の後に飲ませたグループの方が，3 カップの水の後に飲ませたグループよりも，新しい味の飲料の評価は高かった．次に，数日後に

各被験者を再度呼び出し，新しい味の飲料を再度飲みたいかについて尋ねた．
すると，その時点での喉の乾きや数日前の新しい味の飲料の評価などをコント
ロールしたうえでも，数日前に2分の1カップの水の後に飲ませたグループの
方が，3カップの水の後に飲ませたグループよりも，新しい味の飲料を再度飲
みたいと答えた．この結果は，数日前の喉の乾きという状態が現在の選好に影
響を与えるという，過去投影バイアスが存在する可能性を示唆すると論文内で
は述べている．

　またHaggag et al. (2019) では，アメリカのフロリダ州オーランドにある某
テーマパークにおいて，過去の訪問時における天候が，どのように次回の訪問
率に影響を与えているかの実証を行った．その結果，過去の訪問時における天
候が良いほどテーマパークの評価は高くなり，次回の訪問率が高くなることを
発見した．加えて論文内では，過去の経験から新しい味の飲料やテーマパーク
の価値それ自体を学習するという通常の学習理論 (および他の代替的な仮説) と
過去投影バイアスがどのように異なりうるかを議論している．

　Gagnon-Bartsch (2016) では，**嗜好投影バイアス** (taste projection) とよば
れる，「自身が好きなものは，他の人も好きである」と誤認するバイアスを分析
している．この論文では，嗜好投影バイアスを理論として定式化したうえで，
このバイアスが存在する場合における社会的学習理論 (social learning, 他者の行
動を観察することにより，各行動から得られる価値を推測していく理論) への
含意を分析している．関連して，Gagnon-Bartsch et al. (2021) は嗜好投影バ
イアスをオークション理論に応用し，理論的な分析を行った．

4.7　その他の異時点間の選択の理論

　最後に，本節ではここまで解説してきた近視眼性と投影バイアス以外の異時
点間の選択に関連する理論を簡潔に紹介する．異時点間の選択の中でも重要な
問題の1つとして**中毒** (addiction) がある．何らかのきっかけによって (cue-
triggered) 中毒からもたらされるセルフコントロール問題が生じる理論モデル
を分析した論文として，Bernheim and Rangel (2004) および Landry (2019)
がある．また近視眼性とは別のモデルで，異なる時点での同一個人を複数のプレ

イヤー (multiple selves) だとみなしてセルフコントロール問題を分析した論文
として，たとえば Fudenberg and Levine (2006) および Brocas and Carrillo
(2008) がある．このようなセルフコントロール問題に対処することから生じる
認知コストへの含意を公理的に分析した論文としては，たとえば Masatlioglu
et al. (2020) および Noor and Takeoka (2022) を参照されたい．

　Gul and Pesendorfer (2001) からはじまる一連の文献では，それぞれの選択
肢から生じる**誘惑** (temptation) について公理的に分析している．この文献を
解説した論文としては武岡 (2012) を参照されたい．また，Toussaert (2018)
は近視眼性のモデルと Gul and Pesendorfer (2001) の誘惑のモデルを識別す
る実験室実験を行った．

　最後に，異時点間の選択は第 II 部で紹介する不確実性下の選択と密接に関
わっている．具体的には，現在の消費に比べて将来の消費を大きく割り引くと
いう性向は，将来に関する不確実性から生じている可能性がある．このトピッ
クについては，たとえば Halevy (2008) および Chakraborty et al. (2020) を
参照されたい．

第 **II** 部

不確実性下の選択

第5章

期待効用理論

5.1 はじめに

　本章では，不確実性下の選択についての導入として，期待効用理論とその含意を解説する．5.2 節では不確実性のある環境を定義する．5.3 節では，期待効用理論を説明する．5.4 節では，不確実性下の意思決定に関する例として，アレーのパラドックスとゼックハウザーのパラドックスを紹介する．5.5 節ではRabin (2000b) に基づき，単一の期待効用で不確実性下の意思決定を記述することの理論的な限界を説明し，それに関連する住宅保険の選択についての実証研究を紹介する．

5.2 不確実性下の選択の設定

5.2.1　環境の定義

　ある特定の 1 期間における，不確実性下の選択問題を考える[1]．以下では，$\mathcal{L}_p = ((x_1, p_1), (x_2, p_2), \ldots, (x_n, p_n))$ と表される「くじ」の選択について定式化する．ここで，x_i は i 番目の結果が起きた際に得られる金額，p_i は i 番目の

---

1) 不確実性下の選択の基礎的な解説は，林 (2013) を参照されたい．

結果が起きる確率であるとする．ただし，$p_i \geq 0$ かつ $\sum_{i=1}^{n} p_i = 1$ である．たとえば，60%の確率で1100円をもらい，40%の確率で1000円を失うくじを $\mathcal{L}'_p$ とすると，$\mathcal{L}'_p = ((1100, 0.6), (-1000, 0.4))$ と表す．また，x_i を100%の確率で（確実に）受け取るくじを δ_{x_i} と表記する．たとえば，δ_0 は「0 を100%の確率で受け取るくじ」，つまりくじを引かないことを表す．

　次に，2 つのくじ $\mathcal{L}_p = ((x_1, p_1), (x_2, p_2), \ldots, (x_n, p_n))$ と $\mathcal{L}_q = ((y_1, q_1), (y_2, q_2), \ldots, (y_m, q_m))$ を混ぜ合わせた新しいくじを考える．具体的には，「確率 $\alpha \in (0, 1)$ でくじ $\mathcal{L}_p$ を受け取り，確率 $1 - \alpha$ でくじ $\mathcal{L}_q$ を受け取る場合」と同じことになる「混合くじ」を考える．ここで，x_i が起きる確率は αp_i であり，y_i が起きる確率は $(1 - \alpha)q_i$ であるため，（$x_i = y_j$ という結果の重複は統合するとして）混合くじは

$$\alpha \mathcal{L}_p + (1 - \alpha)\mathcal{L}_q :=$$
$$((x_1, \alpha p_1), \ldots, (x_n, \alpha p_n), (y_1, (1 - \alpha)q_1), \ldots, (y_m, (1 - \alpha)q_m))$$

として定義される．たとえば，先ほどのくじ $\mathcal{L}'_p = ((1100, 0.6), (-1000, 0.4))$ と，別のくじ $\mathcal{L}'_q = ((500, 0.5), (-1000, 0.5))$ を確率 α で混ぜ合わせた混合くじは

$$\alpha \mathcal{L}'_p + (1 - \alpha)\mathcal{L}'_q =$$
$$((1100, 0.6\alpha), (500, 0.5(1 - \alpha)), (-1000, 0.4\alpha + 0.5(1 - \alpha)))$$

である．ここで，$0.6\alpha + 0.5(1 - \alpha) + [0.4\alpha + 0.5(1 - \alpha)] = 1$，つまり混合くじをつくった後でも，各結果の確率を足し合わせると変わらず1になることに注意されたい．

5.2.2　リスク態度
　次に，個人のリスクに対する態度を定義する．個人が**リスク回避的**であるとは「どのようなくじ $\mathcal{L}_p$ に直面しても，くじ $\mathcal{L}_p$ そのものよりもそのくじの期待値 $E[\mathcal{L}_p] = \sum_{i=1}^{n} p_i x_i$ を確率1で受け取る方を好む」ことであるとする．同様に，個人が**リスク愛好的**であるとは「どのようなくじ $\mathcal{L}_p$ に直面しても，そのくじの期待値 $E[\mathcal{L}_p] = \sum_{i=1}^{n} p_i x_i$ を確率1で受け取るよりも，くじ $\mathcal{L}_p$ そのもの

を受け取る方を好む」ことであるとする.

　後ほど5.3.1項で導入する仮定のもとでは,このような素朴かつ直観的な「リスク回避性 (愛好性)」の定義は「効用が凹関数 (凸関数) である」という,応用分析できわめてよく用いられている条件と同値になる.次節では,この結果を含め,期待効用理論を簡潔に紹介する.

5.3 期待効用理論の定義

5.3.1　選好に関する条件

　個人は各くじ $\mathcal{L}_p$ 上において,完備性と推移性を満たす選好 $\succsim$ をもつとする[2].ここで,前節で定義したリスク回避性は「任意のくじ $\mathcal{L}_p$ について $\delta_{E[\mathcal{L}_p]} \succsim \mathcal{L}_p$ である」と表せることに注意してほしい.ここでは,くじ上の選好 $\succsim$ についての2つの条件を説明する.

　1つは**混合連続性** (continuity) とよばれるものであり,直観的には「絶対に良い (あるいは絶対に悪い) くじは存在しない」ことを意味する[3].精確には,任意の3つのくじ $\mathcal{L}_p, \mathcal{L}_q, \mathcal{L}_r$ において $\mathcal{L}_p \succ \mathcal{L}_q \succ \mathcal{L}_r$ である場合には,常に $\mathcal{L}_q \sim \alpha\mathcal{L}_p + (1-\alpha)\mathcal{L}_r$ となる $\alpha \in (0,1)$ が存在するとき,その個人の選好は混合連続性を満たすと定義する[4].この意味を理解するために,くじ $\mathcal{L}_p$ を「確率1で100円もらえる」,くじ $\mathcal{L}_q$ を「確率1で10円もらえる」,くじ $\mathcal{L}_r$ を「確率1で自己破産する」,という例を考えてみよう.このような3つのくじにおいて,ほとんどの人の選好は $\mathcal{L}_p \succ \mathcal{L}_q \succ \mathcal{L}_r$ であると思われる.ここで,この個人の選好が混合連続性を満たしているとすると,ある確率 $\alpha \in (0,1)$ が存在し,$\mathcal{L}_q \sim \alpha\mathcal{L}_p + (1-\alpha)\mathcal{L}_r$,つまり「確率1で10円もらえる」くじと,「確率 α

---

2) ここでの完備性とは,任意の2つのくじ $\mathcal{L}_p, \mathcal{L}_q$ において $\mathcal{L}_p \succsim \mathcal{L}_q$ もしくは $\mathcal{L}_q \succsim \mathcal{L}_p$ またはその両方が成立する性質のことである.推移性とは,任意の3つのくじ $\mathcal{L}_p, \mathcal{L}_q, \mathcal{L}_r$ において $\mathcal{L}_p \succsim \mathcal{L}_q$ かつ $\mathcal{L}_q \succsim \mathcal{L}_r$ である場合に $\mathcal{L}_p \succsim \mathcal{L}_r$ が成立する性質のことである.

3) ただし,以下に前提として述べるように,$\mathcal{L}_p \succ \mathcal{L}_q \succ \mathcal{L}_r$ となるような3つのくじ $\mathcal{L}_p, \mathcal{L}_q, \mathcal{L}_r$ が存在しない場合は,ある特定のくじが絶対に良い (あるいは絶対に悪い) 可能性を排除していない.

4) なお,林 (2013) における混合連続性の定義が満たされているのであれば,上記の混合連続性の定義も満たされる.

で 100 円もらえ，確率 $1-\alpha$ で自己破産する」くじが無差別になっている．逆に，「自己破産する確率が正である限り，私はくじ $\mathcal{L}_q$ の方を絶対に好む」という個人の選好は，混合連続性を満たしていないことになる．

もう 1 つは**混合独立性** (independence) とよばれるものであり，直観的には「2 つのくじ $\mathcal{L}_p, \mathcal{L}_q$ の間の好みは，3 つ目のくじ $\mathcal{L}_r$ を混ぜ合わせたとしても変わることはない」ことを意味する．精確には，任意の 3 つのくじ $\mathcal{L}_p, \mathcal{L}_q, \mathcal{L}_r$ および任意の $\alpha \in (0,1)$ において，以下の条件が成立するとき，その個人の選好は混合独立性を満たすと定義する．

$$\mathcal{L}_p \succsim \mathcal{L}_q \quad \Longleftrightarrow \quad \alpha\mathcal{L}_p + (1-\alpha)\mathcal{L}_r \succsim \alpha\mathcal{L}_q + (1-\alpha)\mathcal{L}_r. \tag{5.1}$$

この意味を理解するために，上記の例を再度用いて考えたい．ある個人が「確率 1 で 100 円もらえる」くじ $\mathcal{L}_p$ を「確率 1 で 10 円もらえる」くじ $\mathcal{L}_q$ よりも好んでいるとしよう．このとき，混合独立性とは，「確率 1 で自己破産する」くじ $\mathcal{L}_r$ とくじ $\mathcal{L}_p, \mathcal{L}_q$ のそれぞれを同じ確率で混ぜ合わせたとしても，好みは変わらないことを要求している．つまり，どんな確率 $\alpha \in (0,1)$ をとっても，「確率 α で 100 円もらえ，確率 $1-\alpha$ で自己破産する」くじを「確率 α で 10 円もらえ，確率 $1-\alpha$ で自己破産する」くじよりも好むことを意味している．

5.3.2　期待効用理論とその性質

次に，**期待効用** (expected utility) を導入する．個人はそれぞれの結果 x_i が起きた際の満足度を表現する効用関数 $u(x_i)$ をもつとする．この $u(\cdot)$ はフォン・ノイマン=モルゲンシュテルン関数，あるいはベルヌーイ関数とよばれる．この個人のくじ $\mathcal{L}_p = ((x_1, p_1), (x_2, p_2), \ldots, (x_n, p_n))$ に対する期待効用は

$$U(\mathcal{L}_p) := \sum_{i=1}^{n} p_i u(x_i) \tag{5.2}$$

と定義され，この個人は (5.2) 式を最大化するように意思決定を行うものとする．

ここで，個人のくじ上における選好 $\succsim$ が，完備性，推移性，混合連続性，混合独立性の 4 つの条件を満たすならば，その個人の選好 $\succsim$ は (5.2) 式の形をとる期待効用で表現されることが知られている[5]．

----

5) 詳しくは林 (2013) を参照されたい．

次に，期待効用とリスク態度の関係について紹介する．完備性，推移性，混合連続性，混合独立性の4つを満たす個人を考える．つまり，この個人の選好は，ある効用関数 $u(x_i)$ が存在し (5.2) 式により表現できる．このとき，「効用関数 $u(x_i)$ が凹関数 (凸関数) である」ことと，5.2節で定義した意味において「個人がリスク回避的 (愛好的) である」ことが，同値になることが知られている．この結果が土台となり，貯蓄，投資，保険，年金，災害対策などをはじめとするリスク態度の分析への応用では，期待効用の凹性によりリスク回避性を表現することが広く行われている．以下では，$u(x_i)$ が凹である期待効用を「凹期待効用」とよぶ．

なお，期待効用 $U(\mathcal{L}_p) = \sum_{i=1}^{n} p_i u(x_i)$ は，結果 x_i について線形である必要はない一方で，各結果が起きる確率 p_i については線形でなければならないことに注意されたい．これは，混合独立性を課したことによる帰結である．次節では，2つの例を通じてこの点について議論する．

5.4 アレーとゼックハウザーのパラドックス

本節では，混合独立性および期待効用に関わる2つの具体的な例を紹介する．

1つ目の例として，以下の2つの選択について，自分だったらどちらのくじを選ぶかを，読者はそれぞれ考えてみてほしい．

> **問1** 「100%の確率で4000円を受け取る」くじ $\mathcal{L}_p^1$ と，「50%の確率で10000円を受け取り，50%の確率で0円を受け取る」くじ $\mathcal{L}_q^1$ の2つがある場合，どちらのくじを選ぶか？
>
> **問2** 「50%の確率で4000円を受け取り，50%の確率で0円を受け取る」くじ $\mathcal{L}_p^2$ と，「25%の確率で10000円を受け取り，75%の確率で0円を受け取る」くじ $\mathcal{L}_q^2$ の2つがある場合，どちらのくじを選ぶか？

類似する質問は，これまで実験室実験などで数多く行われてきた．その結果，少なくない人が「問1ではくじ $\mathcal{L}_p^1$，問2ではくじ $\mathcal{L}_q^2$」を選択することが知られている．しかし，問1で $\mathcal{L}_p^1 \succsim \mathcal{L}_q^1$ と答えた個人が混合独立性を満たすのであれ

ば，(5.1) 式において $\alpha = 0.5$，$\mathcal{L}_r = \delta_0$ とすると

$$\mathcal{L}_p^1 \succsim \mathcal{L}_q^1 \iff \underbrace{0.5\mathcal{L}_p^1 + 0.5\delta_0}_{=\mathcal{L}_p^2} \succsim \underbrace{0.5\mathcal{L}_q^1 + 0.5\delta_0}_{=\mathcal{L}_q^2}$$

となるため，問 2 ではくじ $\mathcal{L}_p^2$ を選択しなければならない．つまり，「問 1 ではくじ $\mathcal{L}_p^1$，問 2 ではくじ $\mathcal{L}_q^2$」を選択することは，混合独立性から逸脱していることになる．このような選択を行う個人の選好は，期待効用で表現することができない．これを**アレーのパラドックス**とよぶ．

　2 つ目の例として，以下の 2 つの選択について，自分だったらどのような選択を行うかを，読者はそれぞれ考えてみてほしい．

問 3　「60%の確率で自己破産し，40%の確率で 0 円を受け取る」くじ $\mathcal{L}_p^3$ と，「40%の確率で自己破産し，60%の確率で 0 円を受け取る」くじ $\mathcal{L}_q^3$ の 2 つがあるとする．なお，自己破産とは「手持ちの資産がすべて没収される」ことを意味している．ここで，くじ $\mathcal{L}_p^3$ をくじ $\mathcal{L}_q^3$ に変更する（つまり，破産確率を 60%から 40%に下げる）ためには，いくら（X 円）までなら支払ってもよいか？

問 4　「20%の確率で自己破産し，80%の確率で 0 円を受け取る」くじ $\mathcal{L}_p^4$ と，「100%の確率で 0 円を受け取る」くじ $\mathcal{L}_q^4$ の 2 つがあるとする．ここで，くじ $\mathcal{L}_p^4$ をくじ $\mathcal{L}_q^4$ に変更する（つまり，破産確率を 20%から 0%に下げる）ためには，いくら（Y 円）までなら支払ってもよいか？

　この質問を実験室実験で直接行うことは倫理的にも現実的にも不可能だと思われるが，仮想的なアンケートの結果，少なくない人が「$X < Y$，つまり問 3 で支払う額よりも問 4 で支払う額の方が高い」と答えることが知られている．しかし，いったん破産してしまった場合には，手持ちの資産はすべて没収されるため，お金を手元に残しておいてもまったく意味はない．

　ここで，個人の選好が，期待効用に基づいて表現可能である場合を考える．現在の資産水準を $w > 0$ と置き，$u(w)$ を 0 円を受け取った際の効用，$u(0)$ を自己破産した際の効用とする．ただし $u(\cdot)$ は厳密な増加関数である．このとき，問 4 より

$$u(w - Y) = \frac{4}{5}u(w) + \frac{1}{5}u(0)$$

である．他方で，問 3 より

$$\frac{3}{5}u(0) + \frac{2}{5}u(w) = \frac{2}{5}u(0) + \frac{3}{5}u(w - X) \iff u(w - X) = \frac{2}{3}u(w) + \frac{1}{3}u(0)$$

となる．これらより，$u(w - Y) > u(w - X)$ が求まる．ここで $u(\cdot)$ は厳密な増加関数のため $w - Y > w - X$ すなわち $X > Y$ が求まる．つまり，上記のような $X < Y$ を選ぶ個人の選好は，期待効用で表現することができない．この 2 つ目の例は，Kahneman and Tversky (1979, p.283) で紹介されている**ゼックハウザーのパラドックス**をもとにしたものである．

これらのパラドックスを説明するものとして，確率に対する非線形な選好が考えられる．5.3 節で述べたように，期待効用 $U(\mathcal{L}_p) = \sum_{i=1}^{n} p_i u(x_i)$ は確率 p_i については線形である．これはたとえば，確率 0.6 から 0.8 への変化と，確率 0.8 から 1 への変化を，等しく一様に評価することを意味している．しかし，アンケート調査や実験室実験などから，多くの人は確率 1（あるいは確率 0）であることを特別に重視することが観察されている．上記の例で言えば，確率 0.6 から 0.8 への変化よりも確率 0.8 から 1 への変化の方を大きく評価することを意味する．このように，確率 1（あるいは確率 0）であることを特別に高く評価することを，**確実性効果**（certainty effect）とよぶ．このような，確率に対する非線形な選好については，第 8 章で詳しく説明する[6]．

5.5 期待効用理論の限界

5.5.1 Rabin's Calibration Theorem

5.3 節で述べたように，凹期待効用によりリスク回避性を表すことは，経済学の各分野において広く行われている．しかし，期待効用理論のもとで，複数の異なる大きさの不確実性を分析することは，実際にはどの程度可能なのだろうか．ここでは，Rabin (2000b) に基づき，単一の凹効用関数 $u(\cdot)$ をもとにした

---

[6] 混合独立性は，上記のような各個人の選択に関する条件という面だけではなく，各個人の選択に関する規範的な解釈という面もある．詳しくは林 (2013) を参照されたい．

期待効用理論の限界について議論する[7].

効用関数の凹性は，リスク回避性を意味するとともに，限界効用の逓減も意味している[8]. 具体的には，$w \in \mathbb{R}$ の財産を保有している個人を考える．この個人がリスク回避的な効用関数 $u(w)$ を持っている場合，効用関数の凹性により，財産の保有額が大きければ大きいほど，財産の追加的な上昇から得られる効用は下がる．たとえば，追加的に 1000 円もらえる場合，資産が $w - 1000$ 円のときの効用の増分 $u(w) - u(w - 1000)$ の方が，資産が w 円のときの効用の増分 $u(w + 1000) - u(w)$ よりも同じか大きくなければならない．

上記に関する期待効用の含意として，非常に少額のくじにおいては，そのくじの期待値のみにほぼ従って行動することが挙げられる．たとえば，くじ $\mathcal{L}_p^1 = ((w + x_1, p_1), (w + x_2, 1 - p_1))$ の期待値が $E[\mathcal{L}_p^1] = w + p_1 x_1 + (1 - p_1)x_2 > w$ であったとする．ここで，各 x_i を $k > 0$ 倍した新たなくじ $\mathcal{L}_p^k = ((w + kx_1, p_1), (w + kx_2, 1 - p_1))$ を考えると，個人の選好がどのような微分可能である期待効用で表現されていたとしても，k が十分 0 に近ければその個人はくじ $\mathcal{L}_p^k$ を受け取ることを厳密に好むことが知られている．これは，微分可能な効用関数はすべての点において滑らかであるため，局所的にはほぼ線形になることから得られる帰結である．このような効用関数の性質については，1960 年代から Paul Samuelson や Kenneth Arrow などによりすでに指摘されてきた．しかし，Rabin (2000b) により指摘されるまで，「非常に少額のくじ」という条件の定量的・実証的な含意はほぼ見逃されていた．以下では，Rabin (2000b) により証明された，**Rabin's Calibration Theorem** とよばれる，期待効用から導かれる定理を詳しく紹介する．

個人の選好が，厳密な増加関数かつ弱い意味で凹である効用関数 $u(w)$ に基づく期待効用により表現されたとする．ここで，50%の確率で 1100 円をもらい，50%の確率で 1000 円を失うくじ $\mathcal{L}_p = ((w + 1100, 0.5), (w - 1000, 0.5))$ を考える．この個人は，財産 w がどの水準であろうと，くじ $\mathcal{L}_p$ を引かないことを弱い意味で好むと仮定しよう（くじ $\mathcal{L}_p$ を引くか引かないか無差別である

---

7) なお，より一般向けの解説としては，Rabin (2000a) および Rabin and Thaler (2001) を参照されたい．

8) より精確には，以下では効用関数 $u(w)$ の「曲率」の意味および含意について議論する．詳しくは林 (2013) を参照されたい．

場合も許容する). さてここで, 損失の方を 10 倍し, 利益の方を Y 倍したくじ $\mathcal{L}_q = ((w + 1100Y, 0.5),\ (w - 10000, 0.5))$ を考えよう. 上記の個人が「くじ $\mathcal{L}_q$ を引くことと引かないことが無差別になる Y の値」はどのくらいになるだろうか. たとえば $Y = 20$ である個人は,「50%の確率で 22000 円をもらい, 50%の確率で 10000 円を失う」くじを引くか引かないかが無差別になっている. 読者は, ここでいったん先を読むのをやめて, 自分だったらどのような Y の値になるかを考えてみてほしい.

＊　　＊　　＊

さて, あなたの Y はどのくらいであっただろうか. ちなみに, 筆者はくじ $\mathcal{L}_p$ を引くことは厳密に好まないが, $Y = 15$ (利益の額が 16500 円) くらいであればくじ $\mathcal{L}_q$ は引くと思う. おそらくほとんどの読者が, Y が 12 (利益の額が 13200 円) から 50 (利益の額が 55000 円) くらいの値を選んだのではないかと思う. しかし驚くべきことに, Rabin (2000b) は Y が無限大になることを証明した. つまり, 上記の「50%の確率で 1100 円をもらい, 50%の確率で 1000 円を失うくじ」を引かなかった個人は, どのような効用関数 $u(w)$ をもっていたとしても, たとえば「50%の確率で 10 億円をもらい, 50%の確率で 10000 円を失う」くじを引かないことを厳密に好まなければならないのだ. この結果を, 定理の形で書き下すと以下の通りになる.

> **定理 1【Rabin's Calibration Theorem】** ある個人は, 任意の財産水準 $w \in \mathbb{R}$ において, くじ $\mathcal{L}_p = ((w + 1100, 0.5),\ (w - 1000, 0.5))$ よりもくじ δ_w を弱い意味で好むとする. もしこの個人の選好が厳密な増加関数かつ弱い意味で凹関数であるフォン・ノイマン＝モルゲンシュテルン関数 $u(\cdot)$ に基づく期待効用で表現されているならば, その個人は任意の $z \in \mathbb{R}$ におけるくじ $\mathcal{L}_q = ((w + z, 0.5),\ (w - 10000, 0.5))$ よりもくじ δ_w を厳密に好む.

それでは, 定理 1 の証明を直観的に説明しよう. 簡単化のため, $u(w)$ は全域で微分可能であるとする. まず, 期待効用のもとでは $U(\mathcal{L}_p) = \frac{1}{2}u(w + 1100) + \frac{1}{2}u(w - 1000)$ および $U(\delta_w) = u(w)$ であるため, 財産の水準が w のときにく

図 5.1 Rabin's Calibration Theorem の図解

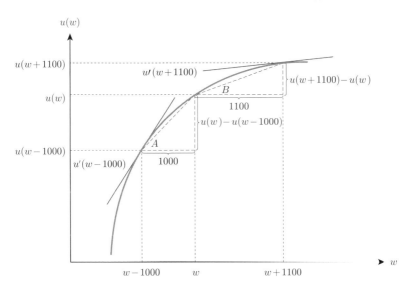

じ $\mathcal{L}_p = ((w + 1100, 0.5),\ (w - 1000, 0.5))$ を引かなかったということは，以下のように表される．

$$\tfrac{1}{2}u(w + 1100) + \tfrac{1}{2}u(w - 1000) \le u(w)$$

$$\Longleftrightarrow\ u(w + 1100) - u(w) \le u(w) - u(w - 1000). \tag{5.3}$$

これは，図 5.1 において，左下の直角三角形の縦の辺の長さの方が，右上の直角三角形の縦の辺の長さの方より，同じか長いことを意味する．

　この条件のもとで，点 $w+1100$ における限界効用 $u'(w+1100)$ と，点 $w-1000$ における限界効用 $u'(w - 1000)$ の関係を導出する．まず，凹関数の性質より，$u'(w+1100)$ よりも図 5.1 における角 B の斜辺の傾き $\frac{u(w+1100)-u(w)}{1100}\ (= \tan B)$ の方が弱い意味で急であるため，以下の不等式が成立する．

$$u'(w + 1100) \le \frac{u(w + 1100) - u(w)}{1100}. \tag{5.4}$$

次に，(5.3) 式から，以下の不等式が成立する．

$$\frac{u(w + 1100) - u(w)}{1100} \le \frac{u(w) - u(w - 1000)}{1100}. \tag{5.5}$$

最後に, 凹関数の性質より, 図 5.1 における角 A の斜辺の傾き $\frac{u(w)-u(w-1000)}{1000}$ ($= \tan A$) よりも $u'(w-1000)$ の方が弱い意味で急であるため, 以下の不等式が成立する.

$$\begin{aligned}\frac{u(w)-u(w-1000)}{1100} &= \frac{1000}{1100} \times \frac{u(w)-u(w-1000)}{1000}\\ &\leq \frac{1000}{1100} \times u'(w-1000).\end{aligned} \tag{5.6}$$

よって, (5.4), (5.5), (5.6) 式を組み合わせると, 以下の結論が得られる.

$$u'(w+1100) \leq \frac{10}{11} \times u'(w-1000). \tag{5.7}$$

(5.7) 式は, 財産の水準が $w-1000$ から $w+1100$ に 2100 円上昇すると, 限界効用が $\frac{10}{11}$ (約 0.9) 以下になることを意味している. ここで, 「財産 w がどの水準であろうと, この個人はくじ $\mathcal{L}_p$ を引かないことが弱い意味で好ましい」という仮定を思い出そう. この仮定より, 財産の水準がどのような値であろうと, 上の議論は繰り返し適用できる. つまり, 財産の水準が 2100 円上昇するごとに, 限界効用が $\frac{10}{11}$ 以下になることが導ける. たとえば, 上の結果を 48 回繰り返し用いると, $w+2100 \times 48 - 1000 = w+99800$ における限界効用 $u'(w+99800)$ は, $w-1000$ における限界効用 $u'(w-1000)$ の $(\frac{10}{11})^{48}$ (約 100 分の 1) より小さくなる. 同様に, 上の結果を 97 回繰り返し用いると, $w+2100 \times 97 - 1000 = w+202700$ における限界効用 $u'(w+202700)$ は, $w-1000$ における限界効用 $u'(w-1000)$ の $(\frac{10}{11})^{97}$ (約 1 万分の 1) より小さくなる. ここで, 「財産の水準が約 20 万円上昇しただけで, 限界効用が約 1 万分の 1 未満になる」という, 明らかに現実的でない結果が証明されていることに注目されたい. 一般的には, 任意の自然数 n について以下の結論が得られる.

$$u'(w+2100n-1000) \leq \left(\frac{10}{11}\right)^n \times u'(w-1000). \tag{5.8}$$

上記のように, 「50%の確率で 1100 円をもらい, 50%の確率で 1000 円を失う」くじを引かないという意思決定から, 限界効用 $u'(w)$ は現在の資産 w 以上のすべての範囲で指数的に減少することが証明できる. この性質から, $\lim_{z \to \infty} u(z) - u(w) = \lim_{z \to \infty} \int_w^z u'(x)dx$ は収束することが示せて, さらに $\lim_{z \to \infty} \int_w^z u'(x)dx < u(w) - u(w-10000)$ であることが証明できる[9].

----

9) この部分についての詳細は Rabin (2000b) を参照されたい.

これより，任意の z について $u(z) - u(w) < u(w) - u(w - 10000)$ すなわち $\frac{1}{2}u(z) + \frac{1}{2}u(w - 10000) < u(w)$ が成り立つため，定理 1 の結論が得られる．

　なお定理 1 は，5.4 節で紹介した確実性効果とは別のメカニズムに基づいていることに注意されたい．やや技術的な点であるが，Rabin (2000b) は確率が 1 または 0（あるいは 1 または 0 に非常に近い場合）の選択それ自体についてではなく，確率半々のくじに関する限界効用の逓減を考えていくことにより，期待効用の含意を理論的に導いている．実際，適切な修正のもと，定理 1 は 2 値以上をとる任意のくじに対して適用可能である．

　特に重要な点として，定理 1 は，あるデータから推定した期待効用モデルの推定値を，他の 10 倍あるいはそれ以上の損失が起きているデータに当てはめてはいけないことを意味している．注意してほしいのは，これはいわゆる「外的妥当性」の問題ではなく，そのデータ内で用いている理論の枠組みが妥当かどうかという，モデル内の問題だという点である．定理 1 により，たとえば「50% の確率でそこそこの額をもらい，50% の確率で 10 万円以内の損失が生じる状況」を選択せず，他方で「50% の確率で非常に大きな額をもらい，50% の確率で 100 万円以上の損失が生じる状況」を選択することは，通常の期待効用理論の枠組みではそもそも両立しない．そのため，期待効用理論の枠組みでリスク態度を推定する場合は，上記 2 つのデータをまったく別個のものとして分けたうえで，リスク態度をそれぞれ個別に推定するしかない．これは，次項で紹介する Palacios-Huerta and Serrano (2006) において実質的に行われていることである．ただしこの場合，期待効用理論では各個人の選好が単一の関数 $u(w)$ で表現されるため，なぜ同一個人のリスク態度をデータごとに分けて個別に推定してよいのかについて考える必要がある．あるいは，第 6 章で紹介するような期待効用理論以外の理論モデルを用い，上記 2 つのデータを同時に推定することが考えられる．

5.5.2　定理の仮定についての議論および実証

　ここでは，定理 1 のうち「任意の財産水準 $w \in \mathbb{R}$ において，くじ $\mathcal{L}_p = ((w + 1100, 0.5), (w - 1000, 0.5))$ よりもくじ δ_w を弱い意味で好む」という仮定について議論する．

　まず，「任意の財産水準 $w \in \mathbb{R}$ において」という仮定について考えよう．

これは極端な形で結果を導出するための仮定であり，緩めることが可能である．現在の財産水準 w を含むある程度の範囲においてくじ $\mathcal{L}_p$ を好まないならば，$\mathcal{L}_q = ((w + z, 0.5),\ (w - 10000, 0.5))$ よりもくじ δ_w を厳密に好むような，非常に大きな z の値が導かれる．以下，直観を説明する．まず上で例示したように，$u'(w + 99800)$ は $u'(w - 1000)$ の $(\frac{10}{11})^{48}$（約 100 分の 1）より小さくなるため，たとえ $w + 99800$ より上の財産水準でリスク中立的（つまり限界効用が一定）であったとしても，「$w + 99800$ より上の財産水準における限界効用」はすべて「$w - 1000$ およびそれ以下の財産水準における限界効用」の 100 分の 1 未満になる．これは，資産水準 $w - 1000$ 以下で得られる 1 円が，資産水準 $w + 99800$ 以上で得られる 100 円よりも高い価値を持っていることを意味する．これより，もともとの資産水準 w の点からある確率で $10000 (= 1000 + 9000)$ 円を失うことは，同じ確率で資産水準が $w + 99800$ 以上の点で $1000 + 9000 \times 100 = 901000$ 円を得ることよりも期待効用の差が大きくなることがわかる．Rabin (2000b) ではより厳密な限界効用の上限および下限を求め，任意の範囲の $w \in [\underline{w}, \overline{w}]$ において，くじ $\mathcal{L}_p$ よりもくじ δ_w を弱い意味で好むことの含意を導出した．たとえば，ある個人が $w + 100000$ 以下の範囲の財産水準において，くじ $\mathcal{L}_p = ((w + 1100, 0.5),\ (w - 1000, 0.5))$ よりもくじ δ_w を弱い意味で好む場合，くじ δ_w と無差別になるくじ $\mathcal{L}_q = ((w + X, 0.5),\ (w - 10000, 0.5))$ は，少なくとも $X = 7181900$（約 718 万円）となることを示した[10]．

　次に，そもそも現在の財産水準 w において，「くじ $\mathcal{L}_p = ((w + 1100, 0.5),\ (w - 1000, 0.5))$ よりもくじ δ_w を弱い意味で好む」ような人は，現実にはほとんどいないのではないか，という批判がある (Watt, 2002; Palacios-Huerta and Serrano, 2006)[11]．筆者の個人的な感覚では，くじ $\mathcal{L}_p$ を引かないという選択をする人は現実に多くいるのではないかと強く思う．しかし，思考実験だけではなく現実のデータを確認するまではそのように結論付けるわけにはいかない，という姿勢自体については一般的に同意できる．そこで次に，現実の保険購買データを扱った実証論文を紹介する．

----

10) この数字は，Rabin (2000b) の表 2，および定理 1 の証明が 1 次同次で成立する（すべての値を定数倍しても定理は同じく成立する）という性質を用いて求めた．

11) なお，Watt (2002) に対する Rabin and Thaler (2001) の著者たちからの返答としては，Rabin and Thaler (2002) を参照されたい．

Sydnor (2010) は住宅保険の選択に関する実証分析を行った論文である．この住宅保険は，事故や天気による家屋の損害 (ただし地震や洪水は除く) を補償する．重要な点として，この保険には自己負担が設定されており，一定額までの損害は被保険者側の負担となる．つまり，1000 ドルの自己負担つきの保険契約では，1000 ドル以下の損害は保証の対象とならず，またそれ以上の損害であっても被保険者が 1000 ドルを負担する必要がある (たとえば 6000 ドルの損害があった場合，保険会社が 5000 ドル，被保険者が 1000 ドルを支払う)．

以下では，1000 ドルの自己負担と 500 ドルの自己負担という，実際に販売されていた 2 つの保険契約を考える．この 2 つの保険契約の内容は自己負担を除きまったく同一であるが，500 ドルの自己負担つき保険の価格は，1000 ドルの自己負担つき保険の価格よりも，年間で約 100 ドル高かった．ここで，1000 ドルの自己負担つき保険に加入した場合は，どのような事故が起きたとしても，500 ドルの自己負担つき保険に比べて高々 500 ドルしか追加の損失が生じないことに注意されたい．また，保険金の支払いは年に約 4% の確率でしか起きていなかった．つまり，500 ドルの自己負担つき保険に加入した人は，約 4% の確率で生じる高々 500 ドル (期待値で約 20 ドル) の損失を避けるために，年間で約 100 ドルを支払っていることになる．Sydnor (2010) は，この保険データに Rabin's Calibration Theorem を適用することにより，期待効用の仮定のもとでは「500 ドルの自己負担つき保険を購入した人」の行動をきわめて説明し難いことを実証した．たとえば，通常の仮定のもとで，これらの人の絶対的リスク回避度一定 (Constant Absolute Risk Aversion：CARA) の効用関数，および相対的リスク回避度一定 (Constant Relative Risk Aversion：CRRA) の効用関数のリスク回避性パラメータの「下限」を求めると，リスク回避度のパラメータはそれぞれ 2000 以上という途方もなく大きな値になる．これは，少額の不確実性から期待効用理論を用いてリスク態度を推定することの問題を，定量的かつ明快に示している[12]．関連して，電化製品の延長保証に関する実証分析を行った Abito and Salant (2019) も参照されたい．

---

12) もちろん，「500 ドルの自己負担つき保険」を選択すること自体は，事故確率についての予想や契約に対する誤認など，リスク態度以外の要因に基づいて生じている可能性もある．詳しくは Sydnor (2010) を参照されたい．

第 6 章

プロスペクト理論

6.1 はじめに

　本章では，不確実性下の選択に関する行動経済学の代表的な理論の 1 つである，プロスペクト理論を解説する．6.2 節では第 5 章で説明した期待効用理論と対比させる形で，Kahneman and Tversky (1979) で提唱されたプロスペクト理論を導入する．6.3 節では，プロスペクト理論の性質について個別に解説する．6.4 節では，5.4 節で紹介したアレーのパラドックスが，プロスペクト理論の性質によりどのように説明可能かを検討する[1]．

6.2 プロスペクト理論の定義

　第 5 章と同様，$\mathcal{L}_p = ((x_1, p_1), (x_2, p_2), \ldots, (x_n, p_n))$ で表される「くじ」の選択について考える．ここで，x_i は i 番目の結果が起きた際に得られる金額，

---

[1] なお，応用や実証を含めたプロスペクト理論に関する概説論文としては Barberis (2013) と O'Donoghue and Sprenger (2018) を参照されたい．また (本書では扱っていない) プロスペクト理論のパラメータの推定値とその解釈に関してはたとえば大垣・田中 (2018) を，また損失回避のメタ分析を行った論文としては Brown et al. (2022) を参照されたい．

p_i は i 番目の結果が起きる確率である.

　第 5 章で解説した期待効用理論では, 個人はそれぞれの結果 x_i が起きた際の満足度を表現する効用関数 $u(x_i)$ をもつとする. 期待効用理論に基づく個人は, くじ $\mathcal{L}_p = ((x_1, p_1), (x_2, p_2), \ldots, (x_n, p_n))$ に対して, その期待効用

$$U(\mathcal{L}_p) := \sum_{i=1}^{n} p_i u(x_i) \tag{6.1}$$

をもとに意思決定を行うものとする.

　次に, (6.1) 式と対比させる形で, Kahneman and Tversky (1979) で提唱された**プロスペクト理論** (prospect theory) を導入する. 個人は結果 x が起きた際の価値を表現する価値関数 $\mu(x \mid r)$ をもつとする. ここで, 上記の効用関数とは異なり, この個人の価値関数は結果 x だけではなく参照点 r にも依存することに注意されたい. また, 確率 p に対して, 確率加重関数 $\pi(p)$ によって重み付けを行うものとする. プロスペクト理論に基づく個人は, くじ $\mathcal{L}_p = ((x_1, p_1), (x_2, p_2), \ldots, (x_n, p_n))$ および参照点 r に対し, その総価値 (overall value)

$$V(\mathcal{L}_p \mid r) := \sum_{i=1}^{n} \pi(p_i) \mu(x_i \mid r) \tag{6.2}$$

をもとに意思決定を行うものとする.

　次の 6.3 節で順に解説するように, $V(\mathcal{L}_p \mid r)$ は**参照点依存** (reference dependence), **損失回避** (loss aversion), **感応度逓減** (diminishing sensitivity), **確率加重** (probability weighting), という 4 つの性質 (あるいはこれらのうちのいくつか) を満たすとする. これらの性質のうち, 最初の 3 つは価値関数 $\mu(x \mid r)$ に関する性質であり, 最後の 1 つは確率加重関数 $\pi(p)$ に関する性質である. さらに Kahneman and Tversky (1979) では, それぞれのくじを評価し選択する前の段階として, **編集** (editing) という段階を導入している.

　プロスペクト理論は, おそらく最も有名な行動経済学の理論であろう[2]. その証左として, Kahneman and Tversky (1979) は *Econometrica* という経済

---

2) ただし近年に限ってみると, 私見では第 2 章で解説した近視眼性の理論の方がより広く用いられている印象がある.

学における最高峰の 1 つである学術誌に掲載された論文の中で，史上最も引用されている論文である[3]．また，著者の 1 人である Daniel Kahneman は，プロスペクト理論の提唱を主な受賞理由の 1 つとして，2002 年にノーベル経済学賞を受賞した[4]．

6.3 プロスペクト理論の性質

本節では，プロスペクト理論の各性質を，価値関数，確率加重関数，編集段階の 3 つに大別し，順に解説する．

6.3.1　価値関数

価値関数における最も重要な点として，**参照点に依存した選好** (reference-dependent preferences) を仮定することが挙げられる．例として，長期間働いているアルバイト先で 5 万円のボーナスが支給された状況を想像してほしい．同じ 5 万円でも，「そもそもボーナスはまったくもらえないと思っていた」ときに受け取る 5 万円と，「例年 10 万円以上はボーナスが出ていたので，10 万円はもらえると思っていた」ときに受け取る 5 万円では，ボーナスを受け取ったときの満足度は大きく異なるのではないだろうか．この例のように，個人の満足度は結果として得られる絶対的な水準 x だけではなく，判断の基準となる参照点 r からの相対的な差 $x - r$ にも依存すると考えられる．以下では Kahneman and Tversky (1979) に基づき，参照点 r が 1 次元の実数 ($r \in \mathbb{R}$) であり，かつ $\mu(x \mid r) = \mu(x - r)$ の場合を考える．

それでは，参照点依存を前提としたうえで，プロスペクト理論では具体的にどのような価値関数を考えるのだろうか．図 6.1 が，Kahneman and Tversky

---

3) 詳しくは Chang et al. (2011) を参照されたい．関連して，Linnemer and Visser (2016) は経済学の最高峰とされる 5 つの学術誌 (*American Economic Review*, *Econometrica*, *Journal of Political Economy*, *Quarterly Journal of Economics*, *Review of Economic Studies*. しばしば五大誌とよばれる) における，より近年の (1991 年から 2015 年の間に出版された) 被引用回数の多い論文を紹介している．

4) もう 1 人の著者である Amos Tversky は 1996 年に亡くなられている．彼ら 2 人の足跡については，ルイス (2017) およびセイラー (2016) を参照されたい．

図 6.1　プロスペクト理論の価値関数

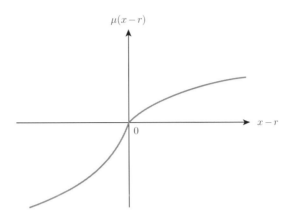

(1979) で描写されている価値関数である．以下では，Bowman et al. (1999)
および Kőszegi and Rabin (2006) に基づき，価値関数 $\mu(x-r)$ は次の仮定を
満たすとする．

仮定 $\mu1$ $\mu(a)$ は任意の $a \in \mathbb{R}$ について連続，$a \neq 0$ において 2 階微分可
能，かつ $\mu(0) = 0$ である．

仮定 $\mu2$ $\mu(a)$ は任意の $a \in \mathbb{R}$ について厳密な増加関数である．

仮定 $\mu3$【高額のくじにおける損失回避】 任意の $b > a > 0$ に対し，
$\mu(b) + \mu(-b) < \mu(a) + \mu(-a)$ である．

仮定 $\mu4$【小額のくじにおける損失回避】 $\lim_{a \to 0+} \frac{\mu'(-a)}{\mu'(a)} = \lambda > 1$ である．

仮定 $\mu5$【感応度逓減】 任意の $a > 0$ に対し $\mu''(a) \leq 0$, かつ任意の $a < 0$
に対し $\mu''(a) \geq 0$ である．

　仮定 $\mu1$ は，価値関数の連続性，$a \neq 0$ つまり $x \neq r$ の点での微分可能性，ま
た $a = 0$ つまり $x = r$ となる点で 0 をとるように基準化している．仮定 $\mu2$ は，
参照点 r を固定したうえで x が大きければ大きいほど望ましいことを表してい
る．仮定 $\mu3$ は，同額の利益と損失をそれぞれ 1 回ずつ得る場合，その額が大
きければ大きいほど価値関数の和は減少するという性質であり，凹期待効用で

も同様に成立する性質である．仮定 $\mu 4$ は，どのような小額の損失であっても，それと同額の利益を得るときよりも強く忌避するという性質である．第 5 章で紹介した効用関数 $u(\cdot)$ は微分可能である限り，常に $\lim_{a \to 0+} \frac{u'(-a)}{u'(a)} = 1$ であることに注意されたい．仮定 $\mu 4$ により，価値関数 $\mu(x - r)$ は $x = r$ の点で折れ曲がっていることになり，利益と損失の間の評価を凹期待効用とは質的に異なるものにしている．

最後に仮定 $\mu 5$ は，基準となる参照点からの相対的な差 $x - r$ の感応度は，その差が大きくなればなるほど逓減することを表している．例として，まずは利益への感応度を考えよう．本項冒頭で紹介したボーナスの例において「そもそもボーナスはまったくもらえないと思っていた」，つまり $r = 0$ とする．このとき，「1 万円を受け取ったときの満足度と 2 万円を受け取ったときの満足度の差」は，「55 万円を受け取ったときの満足度と 56 万円を受け取ったときの満足度の差」よりも大きいと考えられる．これは凹期待効用でも同様に成立する性質である．次に，損失への感応度を考えよう．そもそも損失は 0 $(r = 0)$ だと思っていたが，不慮の物損事故を起こしたとする．このとき，「1 万円を失ったときの精神的なショックと 2 万円を失ったときの精神的なショックの差」は，「55 万円を失ったときの精神的なショックと 56 万円を失ったときの精神的なショックの差」よりも大きいのではないだろうか．これは損失が生じる局面 (図 6.1 の第 3 象限) においてリスク愛好的となることを含意しており，全域において限界効用が逓減するという凹期待効用とは質的に異なる性質である．ただし，参照点に依存した選好を経済分析に応用した論文では，損失回避に焦点を絞って分析するため，次の仮定を置くことも多い．

仮定 $\mu 5$'【感応度一定】　任意の $a \neq 0$ について $\mu''(a) = 0$ である．

図 6.2 は，感応度一定かつ第 1 象限での傾きを 1 に基準化した場合の価値関数である．図 6.2 のように，感応度一定の価値関数は $x = r$ の点で折れ曲がった直線で表される．なお，仮定 $\mu 4$ で定義され，図 6.2 で $x < r$ のときの第 3 象限での傾きを表している λ は，多くの場合 2 から 3 の間の値をとると実験データから推定されている．例として，確率加重関数は客観確率と同じ $(\pi(p) = p)$ かつ参照点が $r = 0$ である個人を考えよう．この個人が 50% の確率で 1100 円をもらい，50% の確率で

図 **6.2** 感応度一定の価値関数

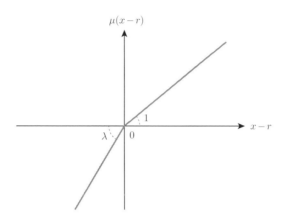

1000 円を失うくじ $\mathcal{L}_p = ((1100, 0.5), (-1000, 0.5))$ を引くかどうかを考える場合，この価値関数のもとでは $0.5 \times (1100 - 0) + 0.5 \times \lambda(-1000 - 0) = 550 - 500\lambda$ のため，$\lambda \geq \frac{11}{10}$ であればこの個人はくじ $\mathcal{L}_p$ を引かないことを好む．ここで，第 5 章で説明した Rabin (2000b) の定理により，凹期待効用に基づく個人がくじ $\mathcal{L}_p$ を引かないことを好む場合，「50% の確率で 10 億円をもらい，50% の確率で 10000 円を失う」くじ $\mathcal{L}_q$ に直面した場合は引かないことを必ず好むことを思い出してほしい．他方で，上記の価値関数に基づく個人の総価値は $0.5 \times (1000000000 - 0) + 0.5 \times \lambda(-10000 - 0) = 500000000 - 5000\lambda$ のため，$\lambda \leq 100000$ であればこの個人はくじ $\mathcal{L}_q$ を引くことを好む．

6.3.2 確率加重関数

プロスペクト理論では，確率 p に対して確率加重関数 $\pi(p)$ により重み付けを行う．以下では，Kahneman and Tversky (1979) で提唱された確率加重関数を改定した Prelec (1998) をもとに紹介する．Prelec (1998) による確率加重関数 $\pi(p)$ の性質としては，主に以下の仮定が議論されている．

> **仮定 π1** $\pi(p)$ は連続かつ厳密な増加関数であり，$\pi(0) = 0$ および $\pi(1) = 1$ である．

図 6.3 プロスペクト理論の確率加重関数

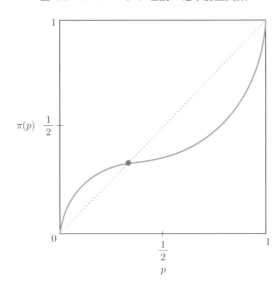

仮定 π2【逆 S 字性】 ある $\bar{p} \in (0,1)$ が存在し，$p < \bar{p}$ の点については確率加重関数は凹，$p > \bar{p}$ の点については確率加重関数は凸である．

仮定 π3【非対称性】 $\pi(p) = p$ となる $p \in (0,1)$ の点は，$p = \frac{1}{3}$ の周辺に 1 つのみ存在する．

仮定 π4【小さい確率の過大評価および大きい確率の過小評価】 0 に近い p については $\pi(p) > p$ であり，1 に近い p については $\pi(p) < p$ である．

図 6.3 には，典型的に描写される確率加重関数が示されている．仮定 π1 は，確率加重関数に関する技術的な仮定である．仮定 π2 は，確率加重関数が図 6.3 のように逆 S 字型になっていることを意味している．仮定 π3 は，確率加重関数が $p = \frac{1}{2}$ より小さい値で 45 度線と交差することを意味し，多くの実験データから確認されている．仮定 π4 は，0 に近い確率を過大評価し，1 に近い確率を過小評価する性質である．これにより，第 5 章で説明した確実性効果を捉え

ることを可能にしている[5].

これらに追加し，Kahneman and Tversky (1979) で提唱された確率加重関数では，以下の**劣確実性** (subcertainty) とよばれる仮定も用いられている.

> **仮定 π5【劣確実性】**　$p \in (0, 1)$ に対し $\pi(p) + \pi(1 - p) < 1$ である.

仮定 π5 は，くじの結果が 3 つ以上存在する場合のアレーのパラドックスを，確率加重関数のみに基づいて説明するために必要な仮定である[6].

Kahneman and Tversky (1979) では，このような確率加重関数を仮定することにより，期待効用理論では説明が難しい多くの不確実性下の意思決定が説明可能であることを議論している. しかし，Kahneman and Tversky (1979) による確率加重関数の定義では，期待効用理論では生じない，明らかに望ましくないくじを好むという異常な評価が生じることも知られている. この点について，詳しくは第 8 章で解説する.

6.3.3　編集段階

Kahneman and Tversky (1979) では，それぞれのくじを評価し選択する前の段階として，**編集** (editing) という段階を導入している. この編集段階で，明らかに望ましくないくじはそもそもの考慮対象から外すといった措置がとられている.

また，複数の異なるくじを同時に評価する場合，期待効用理論では複合くじに基づく最終的な結果の分布により評価するが，プロスペクト理論ではしばしば 1 つひとつのくじを別々に評価すると仮定される. 加えて，実験室において正の参加料が全員に支払われる場合も，しばしば参加料を別にしてくじを評価すると仮定される. たとえば，実験への参加料として 2000 円を渡されたうえで，60%の確率で 1100 円をもらい，40%の確率で 1000 円を失うくじ $\mathcal{L}'_p = ((1100, 0.6), (-1000, 0.4))$ を引くか引かないか選択する実験室実験を考えてほしい. このくじ $\mathcal{L}'_p$ を引いた場合，実験室の中での最終的な結果は

----

5) 仮定 π4 は仮定 π1〜π3 から導出可能な性質ではあるが，便宜上ここでは仮定として紹介している.

6) 詳しくは Kahneman and Tversky (1979) や大垣・田中 (2018) を参照されたい.

$((3100, 0.6), (1000, 0.4))$ であるはずだが，プロスペクト理論ではしばしば編集段階において参加料 2000 円とくじ $\mathcal{L}'_p$ は別々に切り分けて評価されると仮定される．さらに，金銭の評価はもちろん実験室の外である現実生活での不確実性にも依存しうるが，これらもしばしば実験室内とは別々に切り分けて評価されると仮定される．これらはフレーミング効果とよばれ，特定の状況においてどのように意思決定に影響を及ぼすかについての研究が進められている[7]．

6.4 プロスペクト理論とアレーのパラドックス

本節では，プロスペクト理論を用いる具体例として，5.4 節で紹介したアレーのパラドックスがプロスペクト理論の各性質によりそれぞれどのように説明可能かを検討する．

まずは，5.4 節で紹介した 2 つのくじの選択について，以下に再掲する．

> **問1** 「100%の確率で 4000 円を受け取る」くじ $\mathcal{L}^1_p$ と，「50%の確率で 10000 円を受け取り，50%の確率で 0 円を受け取る」くじ $\mathcal{L}^1_q$ の 2 つがある場合，どちらのくじを選ぶか？
>
> **問2** 「50%の確率で 4000 円を受け取り，50%の確率で 0 円を受け取る」くじ $\mathcal{L}^2_p$ と，「25%の確率で 10000 円を受け取り，75%の確率で 0 円を受け取る」くじ $\mathcal{L}^2_q$ の 2 つがある場合，どちらのくじを選ぶか？

これまで行われてきた数多くの実験室実験などを通じて，少なくない人が「問1 ではくじ $\mathcal{L}^1_p$，問2 ではくじ $\mathcal{L}^2_q$」を選択することが知られている．しかし，5.4 節で解説したように，このような選択を行う個人の選好は期待効用で表現することができない．これがアレーのパラドックスであった．

それでは，プロスペクト理論を用いることにより，「問1 ではくじ $\mathcal{L}^1_p$，問2 ではくじ $\mathcal{L}^2_q$」を選択する個人の選好をどのように表現することができるだろうか．以下では，確率加重関数を用いた説明と，価値関数を用いた説明をそれぞ

---

7) フレーミング効果は，14.3 節で解説する．

れ紹介する.

6.4.1　確率加重関数を用いた説明

期待効用 $\sum_{i=1}^{n} p_i u(x_i)$ は確率 p_i について線形である. これはたとえば, 確率 0 から 0.25 への変化と, 確率 0.25 から 0.5 への変化を, 等しく評価することを意味している. 他方で, 確率加重関数を用いた場合は, $\pi(0) = 0$ から $\pi(0.25)$ への変化と, $\pi(0.25)$ から $\pi(0.5)$ への変化は同じとは限らない. この効果を明快に描写するため, 参照点に依存しない線形の価値関数 $\mu(x \mid r) = x$, つまり総価値が $V(\mathcal{L}_p \mid r) = \sum_{i=1}^{n} \pi(p_i) x_i$ と表現される個人を考えると, 「問 1 ではくじ $\mathcal{L}_p^1$, 問 2 ではくじ $\mathcal{L}_q^2$」を選択することは, 以下の 2 つの式と同値になる.

$$4000 \geq \pi(0.5) \times 10000 + \pi(0.5) \times 0$$

$$\Longleftrightarrow \pi(0.5) \leq 0.4, \tag{6.3}$$

$$\pi(0.5) \times 4000 + \pi(0.5) \times 0 \leq \pi(0.25) \times 10000 + \pi(0.75) \times 0$$

$$\Longleftrightarrow \pi(0.5) \leq 2.5\pi(0.25). \tag{6.4}$$

6.3 節の確率加重関数の仮定 π3 と π4 より $\pi(0.25) > 0.25$ のため, (6.4) 式は $\pi(0.5) \leq 2.5 \times 0.25 = 0.625$ であり, ここで再度仮定 π3 と π4 より $\pi(0.5) < 0.5$ のため, (6.4) 式は成立する. よって, (6.3) 式が満たされるならば, 確率加重関数によりアレーのパラドックスを説明できることになる. この確率加重関数は, $\pi(0) = 0$ から $\pi(0.25)$ への変化は $\pi(0.25) - \pi(0) > 0.25$ である一方で, $\pi(0.25)$ から $\pi(0.5)$ への変化は $\pi(0.5) - \pi(0.25) < 0.4 - 0.25 = 0.15$ であるため, 確率を線形に評価していないことに注意されたい.

6.4.2　価値関数を用いた説明

次に, プロスペクト理論の価値関数を用いて議論する. 以下では, 客観確率と同じ確率加重関数 $(\pi(p) = p)$, つまり総価値が $V(\mathcal{L}_p \mid r) = \sum_{i=1}^{n} p_i \mu(x_i - r)$ と表現される個人を考える.

まずは, 参照点 r が常に 1 つの実数に固定されている場合を紹介する. 一般の感応度逓減のもとで, 「問 1 でくじ $\mathcal{L}_p^1$」を選択することは次の式と同値になる.

$$\mu(4000 - r) \geq 0.5 \times \mu(10000 - r) + 0.5 \times \mu(-r). \tag{6.5}$$

同様に,「問 2 でくじ $\mathcal{L}_q^2$」を選択することは次の式と同値になる.

$$0.5 \times \mu(4000 - r) + 0.5 \times \mu(-r)$$
$$\leq \ 0.25 \times \mu(10000 - r) + 0.75 \times \mu(-r)$$
$$\iff \mu(4000 - r) \leq \ 0.5 \times \mu(10000 - r) + 0.5 \times \mu(-r). \tag{6.6}$$

(6.5) 式と (6.6) 式より,この場合は期待効用理論と同様に (問 1 でも問 2 でも無差別であるという特殊な場合を除き) 上記の選択を行う個人の選好を表現することはできない.

しかし,参照点は必ずしも 1 つの実数に固定されているとは限らない.また,「参照点が 10000 円のときに 10000 円を受け取る総価値」と,「参照点が 0 円のときに 0 円を受け取る総価値」が同じであるという価値関数の仮定は説得的とは言い難い.ここでは第 7 章の内容を少しだけ先取りする形で,Kőszegi and Rabin (2006, 2007) に基づく理論モデルを用いた分析を紹介する.以下,価値関数とは別に金銭を得ること自体からの効用も加味し,かつ参照点は「自分が選択したくじの分布それ自体」に従う場合を考える.たとえば,上記のくじ $\mathcal{L}_q^1 = ((10000, 0.5), (0, 0.5))$ を選択した場合の参照点は,確率 0.5 で $r_1 = 10000$ であり確率 0.5 で $r_2 = 0$ であると定義する.ここで,参照点は 1 つではなく複数であることに注意されたい.

このような個人が,くじ $\mathcal{L}_p^1 = ((x_1, p_1), (x_2, p_2), \ldots, (x_n, p_n))$ を選択し,結果として x_k (ただし $k = 1, \ldots, n$) を受け取る場合の総効用は

$$x_k + \sum_{i=1}^n p_i \mu(x_k - r_i)$$

だとする.このとき,事前の意味での総効用 (結果が判明する前の,くじを選択する段階での総効用の期待値) は

$$\sum_{k=1}^n p_k \left[x_k + \sum_{i=1}^n p_i \mu(x_k - r_i) \right] = \sum_{k=1}^n p_k x_k + \sum_{k=1}^n \sum_{i=1}^n p_k p_i \mu(x_k - r_i)$$

である[8].以下では損失回避性の効果を明快に描写するため,$\lambda > 1$ かつ感応

---

8) なお,ここでは 7.3.4 項で紹介している Choice-acclimating Personal Equilibrium (CPE) の均衡概念を用いている.

度一定の価値関数，つまり

$$
\mu(x - r) = \begin{cases} \eta(x - r) & \text{if } x \geq r \\ \eta\lambda(x - r) & \text{if } x < r \end{cases}
$$

を考える．ただし，$\eta \geq 0$ は金銭を得ること自体からの効用に比した価値関数の重みを表すパラメータである．このとき，くじ $\mathcal{L}_p^1, \mathcal{L}_q^1, \mathcal{L}_p^2, \mathcal{L}_q^2$ を選んだ際の事前の意味での総効用は，それぞれ以下のように求められる．

$\mathcal{L}_p^1$: $4000 + \eta(4000 - 4000) = 4000.$

$\mathcal{L}_q^1$: $0.5 \times 10000 + 0.5 \times 0 + 0.5[0.5 \times \eta(10000 - 10000) + 0.5 \times \eta(10000 - 0)] + 0.5[0.5 \times \eta\lambda(0 - 10000) + 0.5 \times \eta(0 - 0)]$
$= 5000 - 2500\eta(\lambda - 1).$

$\mathcal{L}_p^2$: $0.5 \times 4000 + 0.5 \times 0 + 0.5[0.5 \times \eta(4000 - 4000) + 0.5 \times \eta(4000 - 0)] + 0.5[0.5 \times \eta\lambda(0 - 4000) + 0.5 \times \eta(0 - 0)]$
$= 2000 - 1000\eta(\lambda - 1).$

$\mathcal{L}_q^2$: $0.25 \times 10000 + 0.75 \times 0 + 0.25[0.25 \times \eta(10000 - 10000) + 0.75 \times \eta(10000 - 0)] + 0.75[0.25 \times \eta\lambda(0 - 10000) + 0.75 \times \eta(0 - 0)]$
$= 2500 - 1875\eta(\lambda - 1).$

これらより，$4000 \geq 5000 - 2500\eta(\lambda - 1)$ つまり $\eta(\lambda - 1) \geq \frac{2}{5}$ であれば問 1 でくじ $\mathcal{L}_p^1$ を選択し，$2000 - 1000\eta(\lambda - 1) \leq 2500 - 1875\eta(\lambda - 1)$ つまり $\eta(\lambda - 1) \leq \frac{4}{7}$ であれば問 2 でくじ $\mathcal{L}_q^2$ を選択することがわかる．よって，$\eta(\lambda - 1) \in [\frac{2}{5}, \frac{4}{7}]$ が満たされるならば，(金銭を得ること自体からの効用も加味したうえで) 上記の参照点の定義および損失回避性によりアレーのパラドックスが説明できることになる．

_第 **7** _章

参照点依存の理論の発展と応用

7.1 はじめに

　本章では，プロスペクト理論の中でも参照点の設定，および損失回避の理論的な発展とその応用を紹介する．7.2 節では，第 6 章で解説したプロスペクト理論のうち，参照点の設定について議論する．7.3 節では，Kőszegi and Rabin (2006, 2007) による合理的期待に基づく参照点依存の理論を紹介する．7.4 節では，作業割当への応用を分析することにより，合理的期待に基づく参照点依存の理論が期待効用理論とどのように質的に異なる結果をもたらすかを例示する．7.5 節では，企業の価格設定への応用を説明する．7.6 節では，労働供給に応用した一連の論文を紹介する．7.7 節では，5.5 節で解説した Rabin (2000b) に基づく期待効用理論の限界に対し，Kőszegi and Rabin (2006, 2007) ではどのように説明可能かを議論する．7.8 節では，Kőszegi and Rabin (2006, 2007) の均衡概念と具体的な用方について詳しく説明する．

7.2 プロスペクト理論における参照点の設定

　本節では，プロスペクト理論における参照点の設定について議論する[1]．

　第 6 章で紹介したように，プロスペクト理論は現在おそらく最も有名な行動経済学の理論であり，幅広い分野に応用されている．一方，参照点 r をどう設定すべきかという点で，期待効用理論よりも自由度が大きいため，分析者の恣意性が入り込む余地がある．実際，同じ形状の価値関数を用いたとしても，参照点を変えることにより，異なるリスク態度を記述できることが知られている．

　Tversky and Kahneman (1992) では参照点の候補として，現状 (status quo)，願望 (aspirations)，将来の予想 (expectations)，規範 (norms)，および周囲との比較 (social comparisons) が考えられると議論している[2]．他にも，留保効用 (outside option)，過去の所得や消費 (lagged consumption, previous endowments)，最初に提示された契約内容 (initial contract) など，参照点として用いられるものはあまりに多い．実際，ある特定の状況下においてその個人の参照点が何になるのかは，最終的にはその個人が置かれた状況に依存するであろう．

　ただし，近年の議論では，その個人がもつ**信念** (belief) が重要な役割を果たすと考えられている[3]．例として，以下の 3 つの質問において，読者は自分だったらどのように感じるかを考えてみてほしい．

> **問 1** 時給 1000 円で，毎月同じ勤務時間と内容のアルバイトに従事しているとしよう．あるとき，(他のすべての状態は一定のまま) 時給が 1100

---

[1] 詳しくは Kőszegi and Rabin (2006) および O'Donoghue and Sprenger (2018) を参照されたい．

[2] なお，Tversky and Kahneman (1992) の論文中では現状を "current positions" と表現しているが，現在では一般的に "status quo" とよばれている．また，参照点依存および損失回避の推定についてメタ分析を行った論文としては，Brown et al. (2022) を参照されたい．

[3] この議論は，信念から得られる効用の研究を通じて発展してきた．詳しくは第 9 章で解説する．

円に変わった. このとき, あなたは自身の時給についてどのように感じるか?

問1では, ほとんどの人が「嬉しい」と感じると思う. それでは, 次の質問ではどのように感じるだろうか.

問2 時給1000円で, 毎月同じ勤務時間と内容のアルバイトに従事しているとしよう. あるとき, (他の状態はすべて一定のまま) 時給が1200円に変わると事前に知らされ, それを信じてきたが, 時給はやはり1100円にすると給料日になって突然知らされた. このとき, あなたは自身の時給についてどのように感じるか?

これを「もともとの時給1000円よりは嬉しい」と感じるか,「時給1200円のはずが1100円になって悲しい」と感じるかは人による. 筆者が講義の際に行った類似の質問でも, 嬉しいと感じるか悲しいと感じるかは大体半々に分かれる. ただし, 問2の状況は問1に比べ, ほとんどの人にとって心理的な不効用が発生しているのではないだろうか.

Kőszegi and Rabin (2006, 2007) は, 上記の質問のように,「個人がどのように自身の結果を予想しているか」が参照点の形成に影響すると議論している. たとえば, 現状がずっと時給1000円であり, 時給が変更されるという情報をもっていなければ, 来年も時給1000円であると予想するのが自然であり, 現状の時給1000円を参照点として設定することが妥当であろう. あるいは, 現在は時給1000円であるが, 来年からは時給1100円に上がることが見込まれていたとすると, 来年の時給について時給1100円を参照点として設定することが妥当かもしれない. また, 何らかの理由により来年から自分は時給1200円だと信じていた場合, 来年の時給について時給1200円を参照点として設定することが妥当かもしれない.

これらのように, 参照点の詳細は個人や状況に依存するにせよ, 何らかの信念が参照点を形成していると考えられる. この個人が現状や過去の消費などから後ろ向き (backward-looking) に考える場合は, それらが参照点となりうるだろう. また, 将来の昇給や変化に対する期待などから前向き (forward-looking)

に考える場合は，その信念が参照点となりうるだろう．近年の研究の潮流では，参照点の設定は状況により後ろ向きに考えることも前向きに考えることもありえるが，参照点は「何でもあり」なのではなく，個人がもつ信念に基づくものであるという考えが普及している[4]．

Kőszegi and Rabin (2006, 2007) ではさらに，参照点が 1 つの点ではなく分布である状態も議論している．例として，次の質問において，読者は自分だったらどのように感じるかを考えてみてほしい．

> **問 3** 時給 1000 円で，毎月同じ勤務時間と内容のアルバイトに従事しているとしよう．あるとき，(他のすべての状態は一定のまま) 時給が 70% の確率で 1200 円，10% の確率で 1100 円，20% の確率で 1000 円になると事前に知らされ，それを信じてきた．給料日になり，時給は 1100 円に変更された．このとき，あなたは自身の時給についてどのように感じるか？

問 3 の状況を具体的にどう感じるかは人によるだろうが，多くの人は「時給が 1000 円より高くて嬉しい」という感覚と「時給が 1200 円より低くて悲しい」という感覚の両方を感じるのではないだろうか．次節では，このように参照点が分布である場合において，前向きかつ「合理的」に将来を予想し，その予想が参照点を形成する個人のモデルを詳しく紹介する．

7.3 KR モデルの定義

本節では，Kőszegi and Rabin (2006, 2007) により導入された**合理的期待に基づく参照点依存** (expectations-based reference dependence) の理論 (以下，**KR モデル**) を紹介する．前節で議論したように，参照点は信念から形成される

---

4) 後ろ向きの参照点形成の実証としては，たとえばアメリカの不動産の名目取得価格について実証した Genesove and Mayer (2001) や，アメリカの確定申告について実証した Rees-Jones (2018) を参照されたい．前向きの参照点形成については 7.3 節以降で詳しく議論する．

と定義したとしても，どのように信念が形成されるかという点については依然
として自由度が大きい．KR モデルでは，「個人の信念は将来への合理的期待に
より形成される」と定義することにより，期待効用理論と同程度の自由度を保
ちつつ，あらゆる経済分析に組み入れることが可能なモデルを提唱した．以下
では，6.3.1 項で定義した感応度一定の価値関数を考える．

7.3.1 伝統的な理論における効用と価値関数との加重和

オリジナルのプロスペクト理論では，「参照点が 10000 円のときに 10000 円
を受け取る総価値」と，「参照点が 0 円のときに 0 円を受け取る総価値」が同じ
になってしまう．特に経済現象に応用するうえで，このような価値関数の仮定
は説得的とは言い難い．KR モデルでは，伝統的な理論に基づく金銭を得るこ
と（または消費すること）自体からの効用と価値関数との加重和を考える．具
体的には，個人が結果 $x \in \mathbb{R}$ が起きた際の満足度を表現する単調増加関数 $u(x)$
をもつとし，参照点 $r \in \mathbb{R}$ のもとで結果 x が起きた際，その個人の効用を以下
のように定義する．

$$u(x \mid r) := u(x) + \mu(u(x) - u(r))$$
$$= \begin{cases} u(x) + \eta[u(x) - u(r)] & \text{if } u(x) \geq u(r), \\ u(x) + \eta\lambda[u(x) - u(r)] & \text{if } u(x) < u(r). \end{cases}$$

ここで，$\eta \geq 0$ は消費から得られる効用に比した価値関数の重みを表し，$\lambda \geq 1$
は損失回避の度合を表す．

7.3.2 複数次元における参照点

Tversky and Kahneman (1991) などで扱われているように，KR モデルで
は異なる財の消費から得られる心理的な損得を別々に評価する．これを定義す
るため，全部で K 種類の異なる財 $k = 1, \ldots, K$ があり，$x = (x^1, \ldots, x^K)$ を
K 次元の消費ベクトル，$r = (r^1, \ldots, r^K)$ を対応する K 次元の参照点ベクト
ルとする．個人は各財 k に対し，結果 $x^k \in \mathbb{R}$ が起きた際の満足度を表現する
関数 $u^k(x^k)$ をもつとする．このとき KR モデルでは，効用は以下のような各
財ごとに計算した効用の総和であると定義する．

$$U(x \mid r) := \sum_{k=1}^{K} u(x^k \mid r^k)$$
$$= \sum_{k=1}^{K} u^k(x^k) + \sum_{k=1}^{K} \mu^k(u^k(x^k) - u^k(r^k)).$$

ここで，(現金，ギフトカード，食料品，労働時間など) 現実の数多くの財のうち，どの財を別の次元と定義し，どの財を同じ次元と定義するかについて，分析者による恣意性が残ることに注意されたい．異なる財であるという認知が示唆されている実証例としては，所得と特定の財 (Rosato and Tymula, 2019)，所得と労働時間 (Crawford and Meng, 2011)，出勤直後の労働と退勤直前の労働 (Thakral and Tô, 2021) などがある．

7.3.3　参照点の分布

7.2 節の問 3 で説明したように，KR モデルでは各参照点は 1 点ではなく分布であるとする．具体的には，個人の消費ベクトル x における確率分布関数を $F = ((x_1, p_1), (x_2, p_2), \dots, (x_n, p_n))$，参照点の確率分布関数を $G = ((r_1, q_1), (r_2, q_2), \dots, (r_m, q_m))$ とする[5]．このとき，この個人の総効用を以下のように定義する．

$$U(F \mid G) := \sum_{i=1}^{n} \sum_{j=1}^{m} p_i q_j U(x_i \mid r_j).$$

大雑把に言うと，個人は各結果 x について，すべての起こりうる参照点 r と比較するということを意味している．例として，消費ベクトルが 1 次元かつ 2 つの結果のみ起こりうる場合 ($x_1, x_2 \in \mathbb{R}$，ただし $x_1 > x_2$ とする) において，結果的な消費の分布が $F = ((x_1, p), (x_2, 1-p))$，参照点の分布が $G = ((x_1, q), (x_2, 1-q))$ である場合を考えよう．この例において，個人の総効用は以下のようになる．

$$\underbrace{pu(x_1) + (1-p)u(x_2)}_{\text{伝統的な効用}}$$
$$+ p[q \underbrace{\mu(u(x_1) - u(x_1))}_{=0} + (1-q) \underbrace{\mu(u(x_1) - u(x_2))}_{=\eta(u(x_1) - u(x_2))}]$$

---

5) 以下では，F, G ともに離散確率分布である場合のみを考える．確率分布が連続である場合も，同様に定義できる．

$$+ (1-p)[q \underbrace{\mu(u(x_2) - u(x_1))}_{=-\eta\lambda(u(x_1)-u(x_2))} + (1-q) \underbrace{\mu(u(x_2) - u(x_2))}_{-0}]$$

$$= pu(x_1) + (1-p)u(x_2)$$

$$+ p(1-q)\eta(u(x_1) - u(x_2)) - (1-p)q\eta\lambda(u(x_1) - u(x_2)).$$

特に，ここで $p = q$ つまり $F = G$ であった場合 (つまり，参照点の分布が結果的な消費の分布と一致している場合)，この個人の総効用は以下のようにまとめられる．

$$pu(x_1) + (1-p)u(x_2) - p(1-p)\eta(\lambda - 1)(u(x_1) - u(x_2)).$$

例として，7.2 節のような状況において「時給が 60%の確率で 1200 円になり，40%の確率で 1000 円になる」ことを信じており，実際の分布もそれに従う場合を考えよう．結果的に 1200 円になった場合，合理的に予想していたならば，「60%の重み付けで得も損も感じず，40%の重み付けで 200 円分の得を感じる」ことになる．同様にして結果的に 1000 円になった場合，合理的に予想していたならば，「60%の重み付けで 200 円分の損を感じ，40%の重み付けで得も損も感じない」ことになる．ここで結果的に，1200 円になる確率は 60%，1000 円になる確率は 40%のため，事前の意味では $0.6 \times 0.4 = 0.24$ の重みだけ 200 円分の得と損をそれぞれ心理的に感じることになり，かつ損失回避により心理的な損失の方が大きくなっている．

7.3.4　合理的期待に基づく参照点の形成

　KR モデルでは，参照点は将来の結果を合理的に予想したものから形成されると考える．具体的には，均衡において参照点の分布が結果の分布に等しくなると定義する．以下では個人の選択それ自体と，個人の選択がもたらす結果の分布 F を同一のものとして扱う．Kőszegi and Rabin (2006, 2007) では複数の均衡概念が定義されているが，本節では Kőszegi and Rabin (2007) において導入された Choice-Acclimating Personal Equilibrium (CPE) を紹介する[6]．CPE は以下のように定義される．

----

6)　なお，KR モデルの均衡概念のうち Unacclimating Personal Equilibrium (UPE)，および Preferred Personal Equilibrium (PPE) については 7.8 節で紹介する．

> **定義【CPE】**　個人の選択 F が，他のあらゆる選択肢 F' に対して
> $U(F \mid F) \geq U(F' \mid F')$ を満たすとき，選択 F は CPE の意味において均
> 衡である．

　CPE は，自分がとった行動がもたらす結果の分布に参照点の分布が将来順応 (acclimating) することまで織り込んで総効用を最大化するという，**個人内の均衡** (personal equilibrium) として定義される．総効用 $U(F \mid G)$ において「自分が選択した行動 F に参照点 G が順応する」ことを前提に選択するという定式化は，あたかも「行動 F と参照点 $G = F$ を同時に選択する」ようになっている．具体的には，ある行動を選択してからその結果が出るまでの期間が長く，結果が起こる前に自身の選択それ自体に参照点が順応する状況をイメージしてほしい．この意味で，CPE の概念は長期の保険契約，投資，雇用契約などへの分析に適していると考えられる．

　また，CPE の定義において，参照点は自身の選択により内生的に決まることに注意されたい[7]．参照点が合理的期待によりモデルの中で内生的に定義されるため，KR モデルは参照点の設定における分析者の恣意性を避けることができ，このため理論の検証や比較も行いやすい[8]．実際，KR モデルは近年まで幅広い分野で応用され，多くの実験および実証も行われている．

----

7)　なお，CPE は**失望回避** (disappointment aversion) のモデル (Bell, 1985; Loomes and Sugden, 1986; Gul, 1991) としばしば対比される．また，失望回避のモデルに基づき戦略的状況を分析した論文としては Shalev (2000) がある．これらの失望回避のモデルも参照点が合理的期待に基づくと解釈できるが，KR モデルとは異なり参照点は常に 1 点として設定されている．モデル間の対比について，詳しくは O'Donoghue and Sprenger (2018) を参照されたい．

8)　Masatlioglu and Raymond (2016) は，財が 1 次元の場合における CPE の公理的基礎付けを提示したうえで，KR モデルは失望回避のモデルと質的に異なることを理論的に示した．また，財の次元が 1 次元の場合における CPE は，ある特定の確率加重関数と同一の行動が常に選択されることを示した．このことは，財の次元が 1 次元の場合，確率加重と CPE の損失回避を個人の行動から別々に識別することは不可能であることを意味している．詳しくは 8.4.2 項で議論する．

7.4 作業割当への応用

　本節では，KRモデルがどのように期待効用理論と質的に異なる結果をもたらすかについて説明するため，Daido, Morita, Murooka and Ogawa (2013) で分析された作業割当の例を簡単化して紹介する．

7.4.1　設定

　ある労働者が，1回限りの日雇い契約をリスク中立的な雇用主と結び，雇用主が労働時間 $e_s \geq 0$ を割り当てる状況を考える．作業の生産性は当日の状態 s に影響され，状態 $s = 1$ が確率 $q \in (0,1)$，状態 $s = 2$ が確率 $1 - q$ で起きる．作業から雇用主が得られる成果は $\alpha_s e_s$，ただし生産性 α_s は $\alpha_1 > \alpha_2 > 0$ を満たすとする．たとえば，ビール販売において，同じ時間だけ働いたとしても猛暑の日の方が極寒の日よりも生産性が高いといった状況を考えてほしい．労働者は働くことにより $C(e_s) = \frac{e_s^2}{2}$ の努力コストを被るとする．なお，ここでは純粋戦略に絞り分析する．

　以下ではモラルハザード (観察できない行動) の影響を排除した最も簡単な場合を分析するため，各状態における労働時間 e_s は立証可能 (雇用主が直接選択することが可能) であるとする．また，一般性を失うことなく雇用主は労働者に固定給 $w_1 = w_2 = w$ を提示する状況を分析する[9]．労働者の留保効用は 0 であるとする．このモデルのタイミングは以下の通りである．

(1) 雇用主は契約 (w, e_1, e_2) を労働者に提示する．
(2) 労働者は提示された契約を受諾するか拒絶するかを選択し，その選択をもとに参照点が形成される．
(3) 当日の状態 $s \in \{1, 2\}$ が決定される．
(4) 契約を受諾した場合，労働者は労働時間 e_s だけ働き，固定給 w を得る．

---

9) このような場合の契約は，一般的には状態に依存した給与 (w_1, w_2) を考える．しかし，以下の各ケースにおいては固定給 $w_1 = w_2 = w$ が最適契約となるため，本節では固定給の場合に絞り分析する．

7.4.2 労働者の効用がリスク中立的な場合

まずは労働者がリスク中立的な場合を分析する．このとき，労働者が契約を受諾する条件は $w - q\frac{e_1^2}{2} - (1-q)\frac{e_2^2}{2} \geq 0$ であり，かつ各状態における労働時間 e_s は立証可能なため，雇用主の最適化問題は以下となる．

$$\max_{(w,e_1,e_2)} \quad q\alpha_1 e_1 + (1-q)\alpha_2 e_2 - w$$
$$\text{s.t.} \quad w - q\frac{e_1^2}{2} - (1-q)\frac{e_2^2}{2} \geq 0. \tag{7.1}$$

ここで，(7.1) 式が厳密な不等号であった場合は w を下げることにより雇用主の期待利得を上げられるため，最適契約では (7.1) 式は等号で成立する．これを目的関数に代入し，

$$\max_{(e_1,e_2)} \quad q\alpha_1 e_1 + (1-q)\alpha_2 e_2 - q\frac{e_1^2}{2} - (1-q)\frac{e_2^2}{2} \tag{7.2}$$

となる．最適化の 1 階条件より $e_s^* = \alpha_s$ が求まる．$\alpha_1 > \alpha_2 > 0$ より，$e_1^* > e_2^*$，つまり雇用主は，生産性が高い日は，生産性が低い日よりも長い時間働くような契約を提示することがわかる．

ここで，もし労働者の効用が単調増加かつ凹である関数 $u(\cdot)$ により，$u(w - C(e))$ または $u(w) - C(e)$ と与えられていたとしても，$e_1^* > e_2^*$ が成立することに注意されたい[10]．つまり，凹期待効用のもとでは，状態ごとの生産性が異なる場合は異なる労働時間を指定することが，雇用主にとって最適となる．

7.4.3 労働者の効用が KR モデルに基づく場合

次に，労働者の効用が KR モデルに基づく場合を考える．$e_1 \geq e_2$ のとき，契約 (w, e_1, e_2) を受諾した場合の総効用は以下のようになる．

$$\underbrace{w - qC(e_1) - (1-q)C(e_2)}_{\text{伝統的な効用}} + \underbrace{\mu(w - w)}_{=0}$$
$$+ q[q\underbrace{\mu(-C(e_1) + C(e_1))}_{=0} + (1-q)\underbrace{\mu(-C(e_1) + C(e_2))}_{=-\eta\lambda(C(e_1) - C(e_2))}]$$

---

10) ただし効用関数が $u(w - C(e))$ の場合は，固定給ではなく状態に依存した給料 w_s が最適契約において提示される．

表 7.1 (7.3) 式における労働時間の心理的な損得

確率	参照点	結果	心理的な損得
$q \times q$	$-C(e_1)$	$-C(e_1)$	0
$q \times (1-q)$	$-C(e_2)$	$-C(e_1)$	$-\eta\lambda(C(e_1)-C(e_2))$
$(1-q) \times q$	$-C(e_1)$	$-C(e_2)$	$+\eta(C(e_1)-C(e_2))$
$(1-q) \times (1-q)$	$-C(e_2)$	$-C(e_2)$	0

$$+ (1-q)[q\underbrace{\mu(-C(e_2)+C(e_1))}_{=\eta(C(e_1)-C(e_2))} + (1-q)\underbrace{\mu(-C(e_2)+C(e_2))}_{=0}]$$

$$= w - qC(e_1) - (1-q)C(e_2) - q(1-q)\eta(\lambda-1)(C(e_1)-C(e_2)). \quad (7.3)$$

なお，1 行目にある $\mu(w-w)$ は給与についての心理的な損得，2 行目と 3 行目は労働時間についての心理的な損得を表す (表 7.1 も参照)．ここで，給与についての心理的な損得は 0 であるが，労働時間については心理的な損失が生じていることに注意されたい．これはたとえば，短時間勤務と長時間勤務の両方の可能性がある場合，長時間勤務だと思って短時間だったときの嬉しさ $+\eta(C(e_1)-C(e_2))$ よりも，短時間勤務だと思って長時間だったときの辛さ $-\eta\lambda(C(e_1)-C(e_2))$ の方が上回ることを，損失回避により描写している．

契約を拒絶した場合の効用はすべての財の次元において 0 であるため，CPE のもとで労働者が契約を受諾する条件は，$e_1 \geq e_2$ のもとでは以下となる．

$$w - qC(e_1) - (1-q)C(e_2) - q(1-q)\eta(\lambda-1)(C(e_1)-C(e_2)) \geq 0. \quad (7.4)$$

リスク中立的なときと同様，最適契約においてはこれが等号で成立する．また，$e_1 < e_2$ は最適契約にならないことが確認できる．よって，$e_1 \geq e_2$ のもとでの雇用主の最適化問題は以下となる．

$$\max_{(e_1,e_2)} \quad q\alpha_1 e_1 + (1-q)\alpha_2 e_2$$

$$- qC(e_1) - (1-q)C(e_2) - q(1-q)\eta(\lambda-1)(C(e_1)-C(e_2)).$$

1 階条件より，$e_1 > e_2$ が最適解であるとすると $e_1^* = \frac{\alpha_1}{1+(1-q)\eta(\lambda-1)} < \alpha_1$，

$e_2^* = \frac{\alpha_2}{1-q\eta(\lambda-1)} > \alpha_2$ となる．ここで $e_1^* \leq e_2^*$ となる場合，つまり $\frac{\alpha_2}{\alpha_1} \geq \frac{1-q\eta(\lambda-1)}{1+(1-q)\eta(\lambda-1)}$ の場合は，雇用主は $e_1^* = e_2^* > 0$ を提示することが最適となる．なお上記の導出の際，給与と労働時間を異なる財として扱っていることに注意されたい[11]．

　直観的には，労働者が労働時間に関して大きく損失回避的であった場合，その心理的な損失を補填するためにより高い給与を支払う必要が生じる．この損失回避は期待効用理論とは異なり，どんなに小さな損であっても心理的な損失が一様に生じる．また KR モデルでは，各財 (この場合は給料と労働時間) ごとにそれぞれ心理的な損失を減らすインセンティブが，雇用主に生じている．このため，雇用主には生産性が異なる状態でも労働時間を一定に設定することが最適となりうる．また，Daido, Morita, Murooka and Ogawa (2013) では複数の労働者に作業を割り当てる場合を分析し，労働者が損失回避的な場合には (当日の生産性の差に関わらず) 常に同じ労働者へ作業を割り当てることが最適となる条件を導出した．

7.5 企業の価格設定への応用

　本節では，KR モデルの独占企業の価格設定への応用を紹介する[12]．

7.5.1　設定

　独占企業が，価値 $v > 0$ をもたらす財を消費者と取引する状況を考える．企業の固定費用は 0 とする．企業の限界費用は消費者と売買契約を結ぶ前は不確実であり，第 2 期に $c_L \geq 0$ が確率 q，$c_H > c_L$ が確率 $1-q$ で実現するとする．企業は限界費用が定まる前に取引価格を設定するが，限界費用の状態 $s \in \{L, H\}$ は立証可能であるとする．企業は最初に，状態 s のそれぞれについて，価格 $p_s \geq 0$ で取引する (もしくは取引しない) ことを定めた契約を提示する．消費者は 1 単位のみ財を必要としており，財を取引した場合の伝統的な理論に基づく効用は

---

11) ここで給与と労働時間が同じ財であると仮定した場合，固定給ではなく状態に依存した給料 w_s が最適契約において提示され，かつ $e_1^* > e_2^*$ が最適となる．

12) より詳しくは Heidhues and Kőszegi (2018) を参照されたい．

$v - p_s$, 財を取引しなかった場合の効用は 0 とする. 以下では (やや非現実的な仮定ではあるが) 簡単化のため, 消費者は企業が提示した契約を受諾するか拒絶するかだけを選択し, 受諾された契約は (たとえ事後的に双方が望まなかったとしても) 必ず履行されるものとする[13]. また, $c_H > v > qc_L + (1-q)c_H$ $(> c_L)$ を仮定する. なお, 消費者が取引するかしないか無差別の場合, 企業にとってより都合のよい行動をとるとする.

このモデルのタイミングは以下の通りである.

(1) 企業は, 各状態 s において価格 $p_s \geq 0$ で取引する (もしくは取引しない) ことを定めた契約を提示する.

(2) 消費者は, 提示された契約を受諾するか拒絶するかを選択し, その選択に基づいて参照点が形成される.

(3) 限界費用の状態 $s \in \{L, H\}$ が決定される.

(4) 状態 s における契約が履行され, 取引が行われると契約に定められていた場合, 消費者は価値 v の財を受け取り価格 p_s を支払う.

以下では, 一般性を失うことなく, 純粋戦略均衡および $p_L \leq p_H$ のケースに絞り分析する[14].

7.5.2　消費者の効用が期待効用理論に基づく場合

まずは消費者がリスク中立的な場合を分析する. このとき, 状態 s のもとで消費者が購入する条件は $v - p_s \geq 0$ であるため, 独占企業は消費者と取引する場合, $p_s = v$ と価格を設定することが最適となる. ここで, どちらの状態でも取引しない場合の企業の期待利潤は 0, 状態 $s = L$ でのみ価格 $p_L = v$ で取引する場合の企業の期待利潤は $q(v - c_L)$, 状態 $s = H$ でのみ価格 $p_H = v$ で取引する場合の企業の期待利潤は $(1-q)(v - c_H)$, 両方の状態で価格 $p_L = p_H = v$

---

13) これは可能な限り簡単化した形で KR モデルの影響を紹介するための仮定であり, 本節の分析において必ずしも本質的なものではない. より現実的に広く見られる「状態 s と価格 p_s が決定された後に, 消費者が購入するか否かを選択する」状況の分析については, 7.8.3 項を参照されたい.

14) ここで純粋戦略均衡のみを考えても一般性を失わないのは, 以下の分析で期待効用理論および CPE を扱っているからである. PPE を扱う場合は, 本節の設定においても混合戦略均衡の分析が重要になる. 詳しくは 7.8.3 項を参照されたい.

で取引する場合の企業の期待利潤は $q(v - c_L) + (1 - q)(v - c_H)$ である．仮定より $c_H > v > c_L$ のため，企業は $p_L = v$ と価格を設定し，状態 $s = L$ が実現した場合のみ財を取引する契約を提示することが最適となる．

次に，消費者が期待効用理論の意味でリスク回避的である状況を分析する．$u(x)$ を $u(0) = 0$，x について厳密に増加，かつ凹である関数とする．もし消費者の効用が $u(v - p_s)$ と与えられていた場合，上記と同様の分析により，企業は状態 $s = L$ が実現したもとでのみ価格 $p_L = v$ で取引する契約を提示することが最適となる[15]．つまり，凹期待効用のもとでも，状態 $s = L$ が実現したもとでのみ財を取引することが最適となる．

7.5.3 消費者の効用が KR モデルに基づく場合

続いて，消費者の効用が KR モデルに基づく場合を分析する．まず，「価格 (p_L, p_H) でどちらの状態でも取引を行う契約」を消費者が受諾した場合を考える．このとき，消費者の結果的な消費の分布，および合理的期待に基づく参照点の分布は $F = G = (((v, -p_L), q), ((v, -p_H), 1 - q))$ となる．この場合の総効用は以下のようになる．

$$\underbrace{v - qp_L - (1 - q)p_H}_{\text{伝統的な効用}} + \underbrace{\mu(v - v)}_{=0}$$

$$+ q[q\underbrace{\mu(-p_L + p_L)}_{=0} + (1 - q)\underbrace{\mu(-p_L + p_H)}_{=\eta(p_H - p_L)}]$$

$$+ (1 - q)[q\underbrace{\mu(-p_H + p_L)}_{=-\eta\lambda(p_H - p_L)} + (1 - q)\underbrace{\mu(-p_H + p_H)}_{=0}]$$

$$= v - qp_L - (1 - q)p_H - q(1 - q)\eta(\lambda - 1)(p_H - p_L).$$

なお，上式の 1 行目にある $\mu(v - v)$ は財についての心理的な損得，2 行目と 3 行目は価格についての心理的な損得を表す．ここで，財についての心理的な損得は 0 であるが，価格については心理的な損失が生じていることに注意されたい．このとき，企業の最適化問題は以下となる．

---

15) なお，消費者の効用が $u(v) - p_s$ または $v + u(-p_s)$ と与えられていた場合でも，限界費用のパラメータの仮定をそれぞれ適切に修正したうえで，状態 $s = L$ が実現したもとでのみ財を取引する契約を提示することが最適となることが示せる．

$$\max_{(p_L, p_H)} \quad q(p_L - c_L) + (1-q)(p_H - c_H)$$

$$\text{s.t.} \ \ v - qp_L - (1-q)p_H$$

$$- q(1-q)\eta(\lambda - 1)(p_H - p_L) \geq 0. \tag{7.5}$$

もし (7.5) 式が厳密な不等号であった場合，企業は価格 p_L と p_H を同じ額だけ上げることにより自身の利潤を上げられるため，最適契約では (7.5) 式は等号で成立する．これを目的関数に代入すると

$$v - qc_L - (1-q)c_H - q(1-q)\eta(\lambda - 1)(p_H - p_L)$$

となるため，最適価格は $p_L = p_H$ となる．$p_L = p_H$ を等号で成立した (7.5) 式に代入することにより，最適価格は $p_L = p_H = v$ と求まる．直観的には，消費者は価格の変動から心理的な損失を被るため，企業には異なる状態でも同一の価格を付けるインセンティブが発生する．この場合における企業の期待利潤は $v - qc_L - (1-q)c_H$ であり，これは仮定より正である．

次に，「状態 $s = L$ でのみ価格 p_L で取引する契約」を消費者が受諾した場合を考える．このとき，消費者の結果的な消費の分布，および合理的期待に基づく参照点の分布は $F = G = (((v, -p_L), q), ((0, 0), 1-q))$ となる．この場合の総効用は以下のようになる．

$$\underbrace{q(v - p_L)}_{\text{伝統的な効用}}$$

$$+ q[q\underbrace{\mu(v-v)}_{=0} + (1-q)\underbrace{\mu(v-0)}_{=\eta v}] + (1-q)[q\underbrace{\mu(0-v)}_{=-\eta\lambda v} + (1-q)\underbrace{\mu(0-0)}_{=0}]$$

$$+ q[q\underbrace{\mu(-p_L + p_L)}_{=0} + (1-q)\underbrace{\mu(-p_L + 0)}_{=-\eta\lambda p_L}] + (1-q)[q\underbrace{\mu(0 + p_L)}_{=\eta p_L} + (1-q)\underbrace{\mu(0-0)}_{=0}]$$

$$= q(v - p_L) - q(1-q)\eta(\lambda - 1)v - q(1-q)\eta(\lambda - 1)p_L.$$

ここで，上式の 1 行目は伝統的な効用，2 行目は財についての心理的な損得，3 行目は価格についての心理的な損得を表す．この場合，価格についてだけでなく，財についての心理的な損得も生じていることに注意されたい．このとき，企業の最適化問題は以下となる．

$$\max_{p_L} \quad q(p_L - c_L)$$

$$\text{s.t. } qv - qp_L - q(1-q)\eta(\lambda-1)v$$
$$- q(1-q)\eta(\lambda-1)p_L \geq 0. \tag{7.6}$$

もし (7.6) 式が厳密な不等号であった場合，企業は価格 p_L を上げることにより自身の利潤を上げられるため，最適契約では (7.6) 式は等号で成立する．そのため，この場合の最適価格は $p_L = \frac{1-(1-q)\eta(\lambda-1)}{1+(1-q)\eta(\lambda-1)}v \ (< v)$ と求まる[16]．直観的には，消費者は価格の変動に加えて財を得るかどうかについても心理的な損失を被るため，企業はその分だけ価格を割り引かなければならなくなる．この場合における企業の期待利潤は $q\frac{1-(1-q)\eta(\lambda-1)}{1+(1-q)\eta(\lambda-1)}v - qc_L$ である．

　最後に，それぞれの場合における企業の期待利潤を比較すると，$v - qc_L - (1-q)c_H > q\frac{1-(1-q)\eta(\lambda-1)}{1+(1-q)\eta(\lambda-1)}v - qc_L$ すなわち $\frac{1+(1+q)\eta(\lambda-1)}{1+(1-q)\eta(\lambda-1)}v > c_H$ のとき，企業は $p_L = p_H = v$ と設定し，どちらの状態でも消費者と取引する契約を提示することが最適となる．直観的には，消費者が財の価値に関して大きく損失回避的であった場合，その心理的な損失を補填するために，企業は財の価格を大きく割り引く必要が生じる．さらに KR モデルでは複数次元の場合 (この場合は財の価値と価格)，それぞれにおいて心理的な損失を減らすインセンティブがある．特に，確率的にしか財を取引しない場合，消費者は財を得るかどうかについて心理的な損得を感じることに注意してほしい．このため，企業は財の価値が限界費用よりも低い状態がある場合でも，価格を一定に設定して常に消費者と財を取引することが最適となりうる．

　企業が上記のように「状態に応じて限界費用よりも低い，一定の価格」を設定する現実例として，レンタカーのガソリン満タン返し不要，電話のかけ放題プラン，インターネットのデータ通信量無制限プランなどが挙げられる．これらのサービスでは，使用量に応じて正の限界費用がかかるにもかかわらず，追加的な使用を無料にするオプションが広くみられる．

　Herweg and Mierendorff (2013) では，消費者自身の望ましい使用量が事前には不確実な状況における，独占企業の価格付けを分析した．たとえば，来月の最適なインターネット使用量は，今月の時点では不確実であろう．伝統的な産業組織論のモデルでは，使用量に対する限界費用が正である限り，使用すればする

----

16) なお，$(1-q)\eta(\lambda-1) \geq 1$ の場合，そもそも企業は「状態 $s = L$ のときのみ財を取引する」という契約では $p_L > 0$ で販売することができないことに注意されたい．

ほど高い料金を課すことが最適となる．それに対して Herweg and Mierendorff (2013) は，KR モデルに基づく消費者にサービスを提供する場合，均一料金制 (消費者は，サービスの使用量に依存せず固定の金額を支払う) が最適となりうることを理論的に示した．

また，複数の企業が異なる需要や限界費用に直面している場合でも，同様の現象は生じる．Heidhues and Kőszegi (2008) は，各消費者が KR モデルに基づく場合，各企業が異なる財について同一の価格を設定することが最適となりうることを理論的に示した[17]．このような同一価格は特に小売において広範にみられ，同一価格を設定する要因について実証および議論がなされている (DellaVigna and Gentzkow, 2019)．

7.6 労働供給への応用

伝統的な経済学における労働市場で，所得効果が十分に大きくない場合を考えよう．このとき，労働者は 1 時間当たりの収入が高いほど長時間働くことが予測される．直観をつかむため，以下では 1 時間当たりの収入 $w > 0$ のもとで労働時間 $e \geq 0$ を選択する労働者を考える．この労働者の伝統的な理論に基づく効用は，総収入 $Y = we$ から努力コスト $C(e) = \frac{1}{2}e^2$ を引いた値，つまり $we - \frac{1}{2}e^2$ であるとする．労働者が伝統的な理論における効用のみに基づいて意思決定を行う場合，労働時間の選択は $e^* = w$ となることに注意されたい．つまり，1 時間当たりの収入が高ければ高いほど，労働供給は増えることになる．

ここで，労働者が「1 日に最低でも 2 万円は稼ぎたい」というような，**総収入目標** (income target) をもっていたとしよう．労働者がある総収入目標 $R > 0$ を参照点とし，総効用を $we - \frac{1}{2}e^2 + \mu(we - R)$ とすると，この労働者の労働時間に関する 1 階微分は以下のようになる．

$$w - e + \eta w \quad \text{if} \quad R \leq we \iff \text{if} \quad w \geq \frac{R}{e},$$

17) なお，Heidhues and Kőszegi (2008) と Herweg and Mierendorff (2013) では，PPE とよばれる (CPE とは異なる) 均衡概念に基づき分析が行われている．PPE については 7.8 節で議論する．

$$w - e + \eta\lambda w \quad \text{if} \quad R > we \iff \text{if} \quad w < \frac{R}{e}.$$

これより，最適な労働供給は以下のように求まる．

$$e^* =$$

$$\begin{cases} (1+\eta)w & \text{if } R < (1+\eta)w^2 \iff \text{if} \quad w > \sqrt{\frac{R}{1+\eta}}, \\ \frac{R}{w} & \text{if } R \in \left[(1+\eta)w^2, (1+\eta\lambda)w^2\right] \iff \text{if} \quad w \in \left[\sqrt{\frac{R}{1+\eta\lambda}}, \sqrt{\frac{R}{1+\eta}}\right], \\ (1+\eta\lambda)w & \text{if } R > (1+\eta\lambda)w^2 \iff \text{if} \quad w < \sqrt{\frac{R}{1+\eta\lambda}}. \end{cases}$$

ここで，w が $\left[\sqrt{R/(1+\eta\lambda)}, \sqrt{R/(1+\eta)}\right]$ の範囲にある場合，労働者は総収入が $we^* = R$ となるように労働時間 e^* を選択する．そのため，この w の範囲では労働時間 e^* は w の減少関数となる．これは，参照点として総収入目標 R をもつために起こる．また，この労働者は複数次元 (この場合では総収入と労働時間) のそれぞれにおいて心理的な損得を感じており，かつ (以下で議論するように) ここでは労働時間に関する参照点依存は捨象されていることに注意してほしい．

　上記のように，1 時間当たりの収入が日によって変動し，かつ労働時間を日々柔軟に選択できる業種として，タクシー運転手が挙げられる．たとえば，雨の日は晴れの日よりもタクシーを使用する人が一般に多いため，タクシー運転手はより稼ぎやすい．Camerer et al. (1997) では，ニューヨークのタクシー運転手のデータを分析し，1 時間当たりの収入と労働時間に負の相関があると報告し，この結果は 1 日当たりの総収入目標に基づいて労働者が行動することと整合的であると議論した[18]．

　Camerer et al. (1997) に対し，Farber (2005, 2008) はニューヨークの異なるタクシー運転手のデータを分析し，タクシー運転手の行動は伝統的な労働供給の理論と整合的であること，またタクシー運転手は総収入よりも総労働時間に基づいて仕事を終えるタイミングを選択していると報告した．これらから，

---

18) Fehr and Goette (2007) では，バイク配達人の時給をランダムに変化させるというフィールド実験，および同じ人々を被験者とした実験室実験を行った．時給が上昇した人は，より多くの日数に働くようになる一方で，1 日当たりの労働時間は短くなった．また，実験室実験で測定した損失回避の度合と，1 日当たりの労働時間が短くなる性向に強い相関があることを報告した．Fehr and Goette (2007) はこれらから，損失回避により総収入目標に基づく行動が行われている可能性を議論している．

Farber (2005, 2008) は総収入目標に基づく行動は支持されなかったと議論した．Crawford and Meng (2011) は Farber (2005, 2008) と同じデータを用いて，Farber (2005, 2008) とは異なり KR モデルに基づく実証を行った．とくに，総収入目標だけではなく労働時間に関する参照点依存も組み入れたモデルを推定した[19]．これにより，Camerer et al. (1997) で報告された 1 時間当たりの収入と労働時間の負の相関と，Farber (2005, 2008) で報告された総労働時間に基づいて仕事を終えるタイミングを選択することの両方を，Crawford and Meng (2011) では整合的に説明した．

　上記のタクシー運転手のデータはそれぞれ，サンプルサイズが小さい，あるいは観察期間が短いなど，データの面で限界があった．それに対して，Farber (2015) はニューヨークのタクシー運転手におけるきわめて大規模なデータ (総数で 1 億回以上の乗車) を分析し，運転手ごとの異質性は大きいものの，大部分の運転手については 1 時間当たりの収入と 1 日当たりの労働時間に正の相関がみられたと報告した．ただし，Farber (2015) では各運転手の労働時間は 1 日単位で分析されており，たとえば 1 日の勤務の前半に偶然大きく稼げたタクシー運転手は同日後半にどのくらい働くのかといった，1 日の中での労働供給の変化については分析されていなかった．Thakral and Tô (2021) は Farber (2015) と同じデータを用い，1 日の前半で大きく稼いだタクシー運転手は，同日後半のより早い時間により仕事を終えやすくなることを報告した．そして，この結果や同論文で報告されている他の結果は，総収入に関する参照点が 1 日の中でも状況に応じて時間帯ごとに変化する (adaptive reference point) モデルと整合的であると議論している[20]．

7.7　期待効用理論の限界と KR モデル

　5.5 節では，Rabin (2000b) に基づき，期待効用理論で少額のリスク回避を

---

19) 理論的な分析については, Kőszegi and Rabin (2006) と Crawford and Meng (2011) を参照されたい.

20) 関連して, DellaVigna et al. (2017a) は日が経つにつれて参照点が変化していくモデルに基づいて，労働者の求職活動と失業保険の効果を実証した.

説明することの限界を詳しく紹介した．これに対し Kőszegi and Rabin (2007) は，プロスペクト理論を発展させた KR モデルを用いることにより，少額のくじにおけるリスク回避と高額のくじにおける現実的なリスク態度を整合的に説明可能なことを示した．具体的には，1次元の資産 x とその参照点 r のもとでの個人の効用を，以下のように定義する．

$$u(x \mid r) = u(x) + \mu(u(x) - u(r)).$$

ここで，$u(x)$ は厳密な増加関数かつ凹関数であるとする．以下では 6.3.1 項で定義した，仮定 $\mu5$ (感応度逓減) を満たす価値関数 $\mu(u(x) - u(r))$ を考える．

　Kőszegi and Rabin (2007) は感応度逓減の程度が十分に強い場合，高額のくじにおいて金額の変化が価値関数に与える影響は非常に小さくなるため，結果として高額のくじにおけるリスク選好はほぼ $u(\cdot)$ により決定されることを示した．この点を説明するために，以下の仮定を追加する．

仮定 $\mu6$【高額のくじにおける感応度逓減】

$\lim_{x \to +\infty} \mu'(x) = \lim_{x \to -\infty} \mu'(x) = 0$ である．

　直観は次の通りである．資産 w をもつ個人が「確率 $\frac{1}{2}$ で $k > 0$ をもらい，確率 $\frac{1}{2}$ で同額 k を失うくじ」を引く場合，7.6 節までと同様の導出により，この個人の総効用は以下のように求まる．

$$\frac{1}{2}u(w+k) + \frac{1}{2}u(w-k)$$
$$+ \frac{1}{4}\underbrace{\mu(u(w+k) - u(w-k))}_{\mu'(\cdot)=0 \text{ when } k \to +\infty} + \frac{1}{4}\underbrace{\mu(u(w-k) - u(w+k))}_{\mu'(\cdot)=0 \text{ when } k \to +\infty}.$$

なお，第1項および第2項が伝統的な理論に基づく効用，第3項および第4項が心理的な損得を表している．ここで，第2項の傾きは $k > 0$ がどれだけ大きくなっても0に近づかない一方で，第3項および第4項の傾きは k が大きくなるにつれて0に近づく．よって，十分に大きな $k > 0$ のもとでは，この個人はほぼ $u(\cdot)$ のみに基づいて意思決定を行う．

　このように，KR モデルに基づく個人は，少額のリスクでは主にプロスペクト

理論の価値関数 (特に損失回避) に基づいて行動し，高額のリスクでは主に効用関数の凹性に基づいて行動する．Kőszegi and Rabin (2007, p.1061) では，少額のくじにおけるリスク回避と高額のくじにおける現実的なリスク態度が，どのようにして整合的に説明可能であるかを議論している．

7.8 ♣ KR モデルにおける均衡： UPE と PPE

本節では，Kőszegi and Rabin (2006, 2007) において導入された Unacclimating Personal Equilibrium (UPE) および Preferred Personal Equilibrium (PPE) の定義を紹介し，7.3.4 項で紹介した CPE との関係について議論する．また，7.4 節で紹介した作業割当の例を用いて，PPE をどのように求めるかを解説する．最後に，7.5 節で紹介した独占企業の価格設定の例を分析し，あわせて CPE では生じないが PPE では生じる効果である「アタッチメント効果」について解説する．

7.8.1 UPE と PPE の定義

KR モデルでは，参照点は将来の結果を合理的に予想したものから形成されると考える．具体的には，均衡経路上において，参照点の分布が結果の分布に等しくなると仮定する．以下では個人の選択それ自体と，個人の選択がもたらす結果の分布 F を同一のものとして扱う．

Unacclimating Personal Equilibrium (UPE) は，自分がとった行動がもたらす結果の分布に参照点の分布が順応しない (unacclimating) ことを前提として総効用を最大化するという，個人内の均衡 (personal equilibrium) を定義している．総効用 $U(F \mid G)$ においてある参照点 G が合理的に期待形成されているためには，その個人は実際に G を選択しなければならないというものだ．この概念を理解するため，たとえば参照点が G である場合に，この個人が $G' \neq G$ を選択するインセンティブがあるとしよう．このとき，この個人は合理的に期待形成を行っていないことに注意されたい．具体的には，UPE は次のように定義される．

> **定義【UPE】**　個人の選択 F が，他のあらゆる選択肢 F' に対して $U(F \mid F) \geq U(F' \mid F)$ を満たすとき，選択 F は UPE の意味において均衡である．

　直観的には，「参照点 G が外生的に与えられている場合，個人は実際に G を選択する」ことが UPE の条件である．具体的には，ある行動を選択してからその結果が出るまでの期間が短く，結果が起こる前に自身の選択それ自体に参照点が順応しない状況をイメージしてほしい．この意味で，UPE の概念は短期のうちに選択の結果が実現される行動，たとえば日常の購買行動などへの分析に適していると考えられる．

　ただし，UPE は複数存在することが多い．複数の UPE の中から均衡を選択する概念として，Kőszegi and Rabin (2006, 2007) は **Preferred Personal Equilibrium (PPE)** を導入した．個人は事前の意味で最も自身にとって望ましい (preferred な) UPE を選択する，というものである．具体的には，PPE は次のように定義される．

> **定義【PPE】**　個人の選択 F が UPE であり，かつ他のあらゆる UPE となる選択 F' に対して $U(F \mid F) \geq U(F' \mid F')$ を満たすとき，選択 F は PPE の意味において均衡である．

　定義より，PPE は UPE である．また，UPE が 1 つしか存在しない場合，それは PPE である．さらに，個人の選択 F が UPE かつ 7.3.4 項で紹介した CPE である場合，F は PPE である[21]．

　Kőszegi and Rabin (2006, 2007) の PPE を拡張する形で，Kőszegi and Rabin (2009) は異時点間における参照点依存の理論を提唱した．各期において得られた情報により参照点がいかに改訂されるかを分析し，また (将来に用いることが可能な) 金銭の損得と (その期のみに得られる) 消費の損得について統一的に分析可能であることを議論した．

----

21) PPE の公理的基礎付けについては，Freeman (2019) を参照されたい．

7.8.2 作業割当への応用

ここでは 7.4 節で紹介した作業割当の例を再度取り上げ，UPE および PPE をどのように求めるかを具体的に解説する．以下，$e_1 < e_2$ は最適契約にならないことが確認できるため，一般性を失うことなく $e_1 \geq e_2$ の場合を考える．

純粋戦略において労働者の選択は「契約を受諾し働く」か「契約を拒絶する」の 2 つであるため，それぞれが UPE になる条件を求める．まず，契約 (w, e_1, e_2) を受諾することが参照点である場合を考える．この場合，労働者が実際にも契約を受諾し働いた場合の総効用は 7.4 節の (7.3) 式と同一である．他方で，労働者が契約を拒絶した場合の総効用は以下のようになる．

$$\underbrace{0}_{\text{伝統的な効用}} + \underbrace{\mu(0-w)}_{=-\eta\lambda w}$$

$$+ q\underbrace{\mu(-C(0)+C(e_1))}_{=\eta C(e_1)} + (1-q)\underbrace{\mu(-C(0)+C(e_2))}_{=\eta C(e_2)}$$

$$= -\eta\lambda w + q\eta C(e_1) + (1-q)\eta C(e_2). \tag{7.7}$$

なお，上式の 1 行目にある $\mu(0-w)$ は給与についての心理的な損得，2 行目は労働時間についての心理的な損得を表す．ここで，給与については心理的な損失が生じ，労働時間については心理的な利益を得ていることに注意されたい．これらより，「契約を受諾し働く」ことが UPE となる条件は，(7.3) 式が (7.7) 式よりも同じか大きくなること，つまり

$$w - qC(e_1) - (1-q)C(e_2) - q(1-q)\eta(\lambda-1)(C(e_1)-C(e_2))$$

$$\geq -\eta\lambda w + q\eta C(e_1) + (1-q)\eta C(e_2).$$

これを w について整理することで

$$w \geq \frac{1}{1+\eta\lambda}\{q[1+\eta+(1-q)\eta(\lambda-1)]C(e_1) + (1-q)[1+\eta+q\eta(\lambda-1)]C(e_2)\} \tag{7.8}$$

と求まる．

次に，契約 (w, e_1, e_2) を拒絶することが参照点である場合を考える．この場合，労働者が実際に契約を拒絶した場合の総効用は 0 である．他方で，労働者が実際に契約を受諾し働いた場合の総効用は以下のようになる．

$$\underbrace{w - qC(e_1) - (1-q)C(e_2)}_{\text{伝統的な効用}} + \underbrace{\mu(w - 0)}_{=\eta w}$$

$$+ q\underbrace{\mu(-C(e_1) + C(0))}_{=-\eta\lambda C(e_1)} + (1-q)\underbrace{\mu(-C(e_2) + C(0))}_{=-\eta\lambda C(e_2)}$$

$$= (1 + \eta)w - q(1 + \eta\lambda)C(e_1) - (1-q)(1 + \eta\lambda)C(e_2). \qquad (7.9)$$

なお，上式の 1 行目にある $\mu(w-0)$ は給与についての心理的な損得，2 行目は労働時間についての心理的な損得を表す．ここで，給与については心理的な利益を得て，労働時間については心理的な損失が生じていることに注意されたい．これらより，「契約を拒絶する」ことが UPE となる条件は，(7.9) 式が 0 よりも同じか小さくなること，つまり

$$(1 + \eta)w - q(1 + \eta\lambda)C(e_1) - (1-q)(1 + \eta\lambda)C(e_2) \leq 0.$$

これを w について整理することで

$$w \leq \frac{1}{1+\eta}\left[q(1 + \eta\lambda)C(e_1) + (1-q)(1 + \eta\lambda)C(e_2)\right] \qquad (7.10)$$

と求まる．

　ここで $\eta > 0$ かつ $\lambda > 1$ の場合，(7.10) 式の右辺が (7.8) 式の右辺よりも大きくなることに注意されたい．つまり，(e_1, e_2) を固定した場合，「契約を受諾し働く」と「契約を拒絶する」の両方がそれぞれ UPE となる w の範囲が存在する．

　次に，「契約を受諾し働く」ことが PPE となる条件について解説する．定義より，「契約を受諾し働く」ことが PPE となる条件は以下の 2 通りである．

⑴　「契約を受諾し働く」が UPE であり，かつそれが事前にも「契約を拒絶する」より好ましい場合．つまり，(7.8) 式と (7.4) 式の両方が成立している場合．

⑵　「契約を受諾し働く」が UPE であり，「契約を拒絶する」が UPE ではない場合．つまり，(7.8) 式が成立し，(7.10) 式が成立していない場合．

　ここで $\lambda \geq 1$ より，条件 ⑴ は (7.4) 式が成立する場合に帰着され，また条件 ⑵ は (7.10) 式が成立しない場合に帰着される．これより，「契約を受諾し働

く」ことが PPE となる条件は，(7.4) 式が成立する場合，もしくは (7.10) 式が成立しない場合であることが求められた．

7.8.3 企業の価格設定への応用

　ここでは 7.5 節で紹介した独占企業の価格設定の例を再度取り上げ，UPE および PPE をどのように求めるかを解説する．また，CPE では生じないが PPE では生じる効果であるアタッチメント効果を紹介する．

　以下では 7.5 節と異なり，「企業は（混合戦略を含む）価格戦略を最初に選択しその戦略にコミットするが，実際の販売価格が決定された後に消費者が購入するか否かを選択する」状況を考える．企業の価格戦略を累積分布関数 $H(p)$ で表す．単純化のため，企業の限界費用は確率 1 で $c = 0$ であるとする．このモデルのタイミングは以下の通りである．

(1) 企業は，価格戦略 $H(p)$ を選択する．
(2) 消費者は，$H(p)$ を観察した後に各価格で購入するか否かの予想を立て，その予想をもとに参照点が形成される．
(3) 価格戦略 $H(p)$ に従い実際の販売価格 $p \geq 0$ が決定され，消費者はその価格で購入するか否かを選択する．購入した場合，消費者は価値 v の財を受け取り価格 p を支払う．

　以下，まずは企業が純粋戦略をとる，つまり確率 1 である価格 $p \geq 0$ を設定する場合を分析する．次に，企業が混合戦略をとる場合を分析し，アタッチメント効果により期待利潤が厳密に増加することを例示するとともに，アタッチメント効果に関連する研究を紹介する．

■ **企業が純粋戦略をとる場合に「購入する」が UPE である条件**　参照点が「購入する」であるとき，実際に購入した場合の総効用は

$$\underbrace{v - p}_{\text{伝統的な効用}} + \underbrace{\mu(v - v)}_{=0} + \underbrace{\mu(-p + p)}_{=0} = v - p. \tag{7.11}$$

他方で，購入しない場合の総効用は財 v を消費できず企業への支払いは 0 のため

$$\underbrace{0-0}_{\text{伝統的な効用}} + \underbrace{\mu(0-v)}_{=-\eta\lambda v} + \underbrace{\mu(-0+p)}_{=\eta p} = -\eta\lambda v + \eta p.$$

よって「購入する」が UPE である条件は

$$v - p \geq -\eta\lambda v + \eta p \iff p \leq \frac{1+\eta\lambda}{1+\eta}v$$

である.

■ **企業が純粋戦略をとる場合に「購入しない」が UPE である条件**　参照点が「購入しない」であるとき，実際に購入した場合の総効用は

$$\underbrace{v-p}_{\text{伝統的な効用}} + \underbrace{\mu(v-0)}_{=\eta v} + \underbrace{\mu(-p+0)}_{=-\eta\lambda p} = v - p + \eta v - \eta\lambda p.$$

他方で，購入しない場合の総効用は

$$\underbrace{0-0}_{\text{伝統的な効用}} + \underbrace{\mu(0-0)}_{=0} + \underbrace{\mu(-0+0)}_{=0} = 0. \tag{7.12}$$

よって「購入しない」が UPE である条件は

$$v - p + \eta v - \eta\lambda p \leq 0 \iff p \geq \frac{1+\eta}{1+\eta\lambda}v$$

である.

■ **企業が純粋戦略をとる場合の UPE と PPE**　上の導出より，企業が純粋戦略をとる場合の UPE は価格 p に応じてそれぞれ以下のように求められる.

(1) $p < \frac{1+\eta}{1+\eta\lambda}v$：「購入する」が唯一の UPE である.

(2) $p \in [\frac{1+\eta}{1+\eta\lambda}v, \frac{1+\eta\lambda}{1+\eta}v]$：「購入する」と「購入しない」のどちらも UPE である.

(3) $p > \frac{1+\eta\lambda}{1+\eta}v$：「購入しない」が唯一の UPE である.

次に PPE を求める．UPE が 1 つしか存在しない場合，それは PPE であるため，上記 (1) および (3) はそれぞれ PPE である．上記 (2) の範囲では複数の UPE があるため，(7.11) 式と (7.12) 式を比較し，「購入する」が PPE となる

条件は $p \le v$ となる．よって，PPE を前提とした純粋戦略をとる企業の最適価格は $p = v$ となる．これは消費者がリスク中立的である場合と同一の最適価格であることに注意されたい．

■ **企業が混合戦略をとる場合の具体例**　以下では，企業が混合戦略をとる場合，v より厳密に大きな期待利潤を得られることを例示する．具体的には，$\eta = 1$，$\lambda = 3$，$v = 100$ とし，企業は確率 $\frac{9}{10}$ で $p_H = 106$，確率 $\frac{1}{10}$ で $p_L = 48$ という混合戦略をとるとする．

このとき，「p_H でも p_L でも購入しない」という消費者の選択は UPE にならない．なぜなら，参照点が「p_H でも p_L でも購入しない」で実際の価格が p_L であった場合，購入しない場合の総効用は (7.12) 式と同様に 0 であるのに対し，価格 p_L で購入した場合の総効用は

$$\underbrace{v - p_L}_{\text{伝統的な効用}} + \underbrace{\mu(v - 0)}_{=\eta v} + \underbrace{\mu(-p_L + 0)}_{=-\eta\lambda p_L} = 8$$

となり，「p_H でも p_L でも購入しない」という参照点は実際の行動と整合的ではないからである．直観的には，たとえ事前に一切購入しないと考えていたとしても，実際に大安売りされている場面に直面するとその消費者は買ってしまう．

また，消費者の選択のうち「p_L でのみ購入する」と「p_H でも p_L でも購入する」はどちらも UPE となることが確認できる．以下では「p_L でのみ購入する」が UPE であることを確認しよう[22]．まず，参照点が「p_L でのみ購入する」で実際の価格が p_L のときに購入する条件は

$$\underbrace{v - p_L}_{\text{伝統的な効用}} + \frac{1}{10}\underbrace{\mu(v - v)}_{=0} + \frac{9}{10}\underbrace{\mu(v - 0)}_{=\eta v} + \frac{1}{10}\underbrace{\mu(-p_L + p_L)}_{=0} + \frac{9}{10}\underbrace{\mu(-p_L - 0)}_{=-\eta\lambda p_L} = 12.4$$

$$> \underbrace{0}_{\text{伝統的な効用}} + \frac{1}{10}\underbrace{\mu(0 - v)}_{=-\eta\lambda v} + \frac{9}{10}\underbrace{\mu(0 - 0)}_{=0} + \frac{1}{10}\underbrace{\mu(0 + p_L)}_{=\eta p_L} + \frac{9}{10}\underbrace{\mu(0 - 0)}_{=0} = -25.2$$

であり，実際の行動と整合的である．また，参照点が「p_L でのみ購入する」で実際の価格が p_H のときに購入しない条件は

$$\underbrace{0}_{\text{伝統的な効用}} + \frac{1}{10}\underbrace{\mu(0 - v)}_{=-\eta\lambda v} + \frac{9}{10}\underbrace{\mu(0 - 0)}_{=0} + \frac{1}{10}\underbrace{\mu(0 + p_L)}_{=\eta p_L} + \frac{9}{10}\underbrace{\mu(0 - 0)}_{=0} = -25.2$$

---

22)　「p_H でも p_L でも購入する」が UPE であることは，練習として，各自でぜひ確認してみてほしい．

$$> \underbrace{v - p_H}_{\text{伝統的な効用}} + \frac{1}{10}\underbrace{\mu(v-v)}_{=0} + \frac{9}{10}\underbrace{\mu(v-0)}_{=\eta v} + \frac{1}{10}\underbrace{\mu(-p_H+p_L)}_{=-\lambda\eta(p_H-p_L)} + \frac{9}{10}\underbrace{\mu(-p_H-0)}_{=-\eta\lambda p_H}$$

$$= -219.6$$

と実際の行動と整合的である．これらより，「p_L でのみ購入する」は UPE である．

　次に PPE を求める．「p_L でのみ購入する」場合の総効用は以下のようになる．

$$\underbrace{\frac{1}{10}(v-p_L)}_{\text{伝統的な効用}}$$

$$+ \frac{1}{10}\left(\frac{1}{10}\underbrace{\mu(v-v)}_{=0} + \frac{9}{10}\underbrace{\mu(v-0)}_{=\eta v}\right) + \frac{9}{10}\left(\frac{1}{10}\underbrace{\mu(0-v)}_{=-\eta\lambda v} + \frac{9}{10}\underbrace{\mu(0-0)}_{=0}\right)$$

$$+ \frac{1}{10}\left(\frac{1}{10}\underbrace{\mu(-p_L+p_L)}_{=0} + \frac{9}{10}\underbrace{\mu(-p_L+0)}_{=-\eta\lambda p_L}\right) + \frac{9}{10}\left(\frac{1}{10}\underbrace{\mu(0+p_L)}_{=\eta p_L} + \frac{9}{10}\underbrace{\mu(0-0)}_{=0}\right)$$

$$= \frac{1}{10}(v-p_L) - \frac{9}{100}\eta(\lambda-1)v - \frac{9}{100}\eta(\lambda-1)p_L = -21.44.$$

ここで，上式の 1 行目は伝統的な効用，2 行目は財についての心理的な損得，3 行目は価格についての心理的な損得を表す．

　他方で，「p_H でも p_L でも購入する」場合の総効用は以下のようになる．

$$\underbrace{v - \frac{1}{10}p_L - \frac{9}{10}p_H}_{\text{伝統的な効用}} + \underbrace{\mu(v-v)}_{=0}$$

$$+ \frac{1}{10}\left(\frac{1}{10}\underbrace{\mu(-p_L+p_L)}_{=0} + \frac{9}{10}\underbrace{\mu(-p_L+p_H)}_{=\eta(p_H-p_L)}\right)$$

$$+ \frac{9}{10}\left(\frac{1}{10}\underbrace{\mu(-p_H+p_L)}_{=-\eta\lambda(p_H-p_L)} + \frac{9}{10}\underbrace{\mu(p_H-p_H)}_{=0}\right)$$

$$= v - \frac{1}{10}p_L - \frac{9}{10}p_H - \frac{9}{100}\eta(\lambda-1)(p_H-p_L) = -10.64.$$

ここで，上式の 1 行目は伝統的な効用および財についての心理的な損得，2 行目と 3 行目は価格についての心理的な損得を表す．よって，「p_L でのみ購入する」と「p_H でも p_L でも購入する」という 2 つの UPE のうち，「p_H でも p_L でも購入する」が PPE となる．

　ここで，上記の混合戦略をとることにより，企業の期待利潤は $\frac{1}{10}p_L + \frac{9}{10}p_H = 100.2 > v$ となっていることに注目されたい．つまり，事前の意味ではこの消

費者は「一切購入しない」方が望ましいにもかかわらず，実際には p_H でも p_L でも購入してしまう．この結果の直観は以下の通りである．まず，「p_H でも p_L でも購入しない」が UPE とはならないため，この個人は少なくとも価格 p_L では購入してしまう．次に，p_L では購入することを前提とすると，もしこの個人が p_H では購入しないことを選択した場合，財 v が確率的に手に入らないことから，財の次元における心理的損失が発生してしまう．この心理的損失を防ぐため，この個人は価格 p_H でも財を購入することを選択する．このように，より高い確率で財を手に入れるという予想が，財を手に入れなかった場合の心理的損失を増大させ，結果として消費者の支払意思額がより高くなる効果を**アタッチメント効果** (attachment effect) とよぶ．

アタッチメント効果は Kőszegi and Rabin (2006) で提唱された．Heidhues and Kőszegi (2014) は本項で分析した独占企業の価格設定における最適な混合価格戦略を導出し，それが連続的な相対的に低い価格の分布 (特売価格，sale prices) と 1 点の高価格 (定価，regular price) で特徴付けられることについて議論した．Rosato (2016) は Kőszegi and Rabin (2006) および Heidhues and Kőszegi (2014) の分析を限定販売 (limited availability) の文脈に応用した．Karle and Schumacher (2017) は企業が財の品質について情報提供を行うために広告を行う状況における，アタッチメント効果の影響を議論した．

第 **8** 章

確率加重の発展と不確実性下の選択に関するその他の理論

8.1 はじめに

本章では，第 6 章で解説したプロスペクト理論のうち，確率加重についての理論的な発展および応用を紹介する．8.2 節では，Tversky and Kahneman (1992) で提唱された累積プロスペクト理論を導入する．8.3 節では，ファイナンスおよび保険への応用を紹介する．8.4 節では，確率加重における近年の進展および検証について説明する．最後に 8.5 節では，不確実性下の選択に関連する他の理論に触れる．

8.2 累積プロスペクト理論の確率加重

Kahneman and Tversky (1979) は，6.3.2 項で紹介した確率加重関数を用いることで，期待効用理論では説明が難しい多くの不確実性下の意思決定が説明可能となることを議論している．しかし，Kahneman and Tversky (1979) による確率加重関数の定義では，期待効用理論では起こりえない，明らかに望ましくないくじを好むという異常な評価が生じることも知られている．

たとえば，確率加重関数は $\pi(0.5) - \pi(0.49) \leq 0.01 < \pi(0.01)$ を満たし，かつ参照点はどのくじに直面しても常に $r < 1000$ であるとする．まず，50% の確率で

1000 円をもらい，50%の確率で 0 円をもらうくじ $\mathcal{L}'_p = ((1000, 0.5),\ (0, 0.5))$ を考える．くじ $\mathcal{L}'_p$ の総価値は

$$V(\mathcal{L}'_p \mid r) = \pi(0.5)\mu(1000 - r) + \pi(0.5)\mu(-r)$$

となる．次に，49%の確率で 1000 円をもらい，1%の確率で $1000 - \varepsilon$ 円をもらい，50%の確率で 0 円をもらうくじ $\mathcal{L}''_p = ((1000, 0.49),\ (1000 - \varepsilon, 0.01),\ (0, 0.5))$ を考える．くじ $\mathcal{L}''_p$ の総価値は

$$V(\mathcal{L}''_p \mid r) = \pi(0.49)\mu(1000 - r) + \pi(0.01)\mu(1000 - \varepsilon - r) + \pi(0.5)\mu(-r)$$

である．ここで

$$V(\mathcal{L}''_p \mid r) - V(\mathcal{L}'_p \mid r) =$$
$$\pi(0.01)\mu(1000 - \varepsilon - r) - (\pi(0.5) - \pi(0.49))\mu(1000 - r)$$

のため，$\varepsilon > 0$ を十分小さくとると，この個人はくじ $\mathcal{L}''_p$ をくじ $\mathcal{L}'_p$ よりも厳密に高く評価することに注目してほしい．他方で，くじ $\mathcal{L}''_p$ はくじ $\mathcal{L}'_p$ よりも明らかに望ましくない[1]．Kahneman and Tversky (1979) で定義された確率加重関数を用いると，このような異常な評価が一般に生じることが知られている．

それに対し Tversky and Kahneman (1992) は，Quiggin (1982) による理論をもとに，確率加重の方法を改定した**累積プロスペクト理論** (cumulative prospect theory) を提唱した．このもとでは，上記のような明らかに望ましくないくじをより高く評価するような異常は生じない．以下では 6.3.2 項で定義した確率加重を発展させた，累積プロスペクト理論を紹介する．

累積プロスペクト理論では，参照点を 1 つの実数 $r \in \mathbb{R}$ に固定したうえで，各結果の利得の順番に応じて確率加重の重みが決まるとされる．まずは説明の簡単化のため，利得の高い順に $x_n > x_{n-1} > \cdots > x_2 > x_1 \geq r$ と並べ直した，すべての結果の利得が参照点以上であるくじ $\mathcal{L}_p = ((x_1, p_1), \ldots, (x_n, p_n))$ を考える．累積プロスペクト理論の総価値は，確率加重関数 $w(\cdot)$ を直接用いるのではなく，各結果 i の**意思決定ウェイト** (decision weight) π_i^+ を用いて以下のように評価する．

----

[1] 精確には，くじ $\mathcal{L}''_p$ はくじ $\mathcal{L}'_p$ に first-order stochastically dominated されている．

$$V(\mathcal{L}_p \mid r) := \sum_{i=1}^{n} \pi_i^+ \mu(x_i - r)$$

ここで各 π_i^+ は，利得の大きい方から順に

$$\pi_n^+ := w(p_n),$$
$$\pi_i^+ := w(p_i + p_{i+1} + \cdots + p_n) - w(p_{i+1} + \cdots + p_n),$$
$$\pi_1^+ := w(p_1 + p_2 + \cdots + p_n) - w(p_2 + \cdots + p_n)$$

と定義される．ここで，$w(p_i)$ は 6.3.2 項の図 6.3 で描写されたような確率加重関数であるとする．また，オリジナルのプロスペクト理論のように確率 p_n をそのまま確率加重関数 $w(\cdot)$ で重み付けして意思決定ウェイトとするのではなく，累積プロスペクト理論では $p_i + p_{i+1} + \cdots + p_n$ といった**累積確率** (cumulative probability) を確率加重関数 $w(\cdot)$ で重み付けして意思決定ウェイトを設定することに注意してほしい．

　先述のように，累積プロスペクト理論では，Kahneman and Tversky (1979) のプロスペクト理論で見られた，明らかに望ましくないくじをより高く評価するような異常は生じない．具体例として，上記と同じく参照点を $r = 0$ であるとし，50%の確率で 1000 円をもらい，50%の確率で 0 円をもらうくじ $\mathcal{L}_p' = ((1000, 0.5),\ (0, 0.5))$ を考える．ここでくじ $\mathcal{L}_p'$ の結果は利得が大きい順に $(1000, 0.5),\ (0, 0.5)$ であるため，累積プロスペクト理論におけるくじ $\mathcal{L}_p'$ の総価値は

$$V(\mathcal{L}_p' \mid 0) = w(0.5)\mu(1000) + (1 - w(0.5))\mu(0)$$

となる．ただし，6.3.2 項の仮定 $\pi1$ より，$w(0) = 0$ および $w(1) = 1$ である．

　次に，49%の確率で 1000 円をもらい，1%の確率で $1000 - \varepsilon$ 円をもらい，50%の確率で 0 円をもらうくじ $\mathcal{L}_p'' = ((1000, 0.49),\ (1000 - \varepsilon, 0.01),\ (0, 0.5))$ を考える．ここで，くじ $\mathcal{L}_p''$ の結果は利得が大きい順に $(1000, 0.49),\ (1000 - \varepsilon, 0.01),$ $(0, 0.5)$ であるため，累積プロスペクト理論におけるくじ $\mathcal{L}_p''$ の総価値は

$$V(\mathcal{L}_p'' \mid 0) =$$
$$w(0.49)\mu(1000) + (w(0.5) - w(0.49))\mu(1000 - \varepsilon) + (1 - w(0.5))\mu(0)$$

である.

ここで

$$V(\mathcal{L}_p'' \mid 0) - V(\mathcal{L}_p' \mid 0) =$$
$$- (w(0.5) - w(0.49))(\mu(1000) - \mu(1000 - \varepsilon)) < 0$$

であるため,オリジナルのプロスペクト理論とは異なり,累積プロスペクト理論のもとではくじ $\mathcal{L}_p'$ をくじ $\mathcal{L}_p''$ よりも厳密に高く評価する.より一般に,累積プロスペクト理論では「明らかに望ましくないくじをより高く評価する」という異常は生じないモデルとなっているため,この点においてオリジナルのプロスペクト理論における確率加重を発展させたものであると考えられている.

次に,より一般的に参照点 $r \in \mathbb{R}$ かつ利得の高い順に $x_n > x_{n-1} > \cdots > x_1 \geq r > x_{-1} > \cdots > x_{-m}$ と並べ直したくじ $\mathcal{L}_p = ((x_1, p_1), \ldots, (x_n, p_n), (x_{-1}, p_{-1}), \ldots, (x_{-m}, p_{-m}))$ を考える[2].このとき,くじの各結果 i における正の利得の意思決定ウェイト π_i^+ は上記のように定義されるのに対し,負の利得の意思決定ウェイト π_i^- は

$$\pi_{-m}^- := w(p_{-m}),$$
$$\pi_i^- := w(p_{-m} + \cdots + p_{i-1} + p_i) - w(p_{-m} + \cdots + p_{i-1}),$$
$$\pi_{-1}^- := w(p_{-m} + \cdots + p_{-2} + p_{-1}) - w(p_{-m} + \cdots + p_{-2})$$

と定義され,総価値

$$V(\mathcal{L}_p \mid r) := \sum_{i=1}^{n} \pi_i^+ \mu(x_i - r) + \sum_{i=-m}^{-1} \pi_i^- \mu(x_i - r)$$

をもとに意思決定を行うものとする.直観的には,累積プロスペクト理論ではまずくじの結果を「利得が参照点以上」と「利得が参照点未満」の2つに分け,そのうえでそれぞれ利得の絶対値が大きい方から順に重み付けを行っている[3].

---

2) ここでは,下付き文字を $i = 1, \ldots, n$ ではなく $i = -m, \ldots, -1, 1, \ldots, n$ と(若干の記号の濫用を行い)並べ直している.

3) なお Tversky and Kahneman (1992) では,利得が参照点以上である場合の意思決定ウェイト π_i^+ と利得が参照点未満である場合の意思決定ウェイト π_i^- について,それぞれ別の確率加重関数が用いられているが,ここでは同じ確率加重関数を用いる.

また定義より，$m = n = 1$，つまり参照点以上と参照点未満の利得がそれぞれ 1 つのみの場合は，累積プロスペクト理論の価値関数はオリジナルのプロスペクト理論の価値関数と一致する．

参照点以上と参照点未満の利得がそれぞれ複数ある場合の例として，偏りのないサイコロを 1 回投げ，偶数が出たら目の値だけのお金をもらい，奇数が出たら目の値だけのお金を支払うくじ $\mathcal{L}_q$ を考えよう．このくじの利得を高い順に並べると $6 > 4 > 2 > -1 > -3 > -5$ であることに注意されたい[4]．このとき，参照点が $r = 0$ であったとすると，総価値は以下の通りになる．

$$
\begin{aligned}
V(\mathcal{L}_q \mid 0) &= \sum_{i=1}^{3} \pi_i^+ \mu(x_i) + \sum_{i=-3}^{-1} \pi_i^- \mu(x_i) \\
&= w(1/6)\mu(6) + (w(2/6) - w(1/6))\mu(4) \\
&\quad + (w(3/6) - w(2/6))\mu(2) + w(1/6)\mu(-5) \\
&\quad + (w(2/6) - w(1/6))\mu(-3) + (w(3/6) - w(2/6))\mu(-1).
\end{aligned}
$$

8.3 確率加重の応用

本節では，確率加重の応用として，株式収益率の正への歪みが株式を取得するかどうかの選択に与える影響，株式プレミアムパズル，および保険の選択を紹介する．

8.3.1　収益率の正への歪みが株式取得に与える影響

確率加重がこれまでに最も大きく応用されたのは，ファイナンス分野であろう．たとえば，Barberis (2013) はファイナンス分野においてこれまでの研究で最も重要な役割を果たしたプロスペクト理論の性質は確率加重であろうと述べている[5]．

Barberis and Huang (2008) は，1 期間の投資モデルにおいて，投資家の確

----

4) ただし，ここでは $x_3 = 6, x_2 = 4, \ldots, x_{-3} = -5$ と対応する．

5) なお，プロスペクト理論のファイナンスへの応用については Barberis (2018) も参照されたい．

率加重が株式市場にどう影響するかを理論的に分析した．この論文では株式収益率の分布の歪度 (skewness) に焦点を当て，特に分布が正の方向に歪みが大きい (分布の正の方向の裾が広い) 場合，累積プロスペクト理論に基づく投資家は，相対的に期待収益率が低くともその株式に投資することを理論的に示した．最初に直観を説明するため，期待収益が負である宝くじを考えてほしい．個人が凹期待効用に基づいて行動する場合，このような宝くじは決して購入されない．他方でプロスペクト理論に基づいて行動する個人は，3 億円が当たる可能性を確率加重により過大に評価し，購入するかもしれない．

　具体的なモデルとして，資産 W をもつ個人がある株式 K を取得するかどうかの選択を行う状況を考える．株式 K は，確率 q で x 円値上がりし，確率 $1-q$ で y 円値下がりする．単純化のため，この株式の期待収益 $qx - (1-q)y$ は 0，つまり $x = \frac{1-q}{q}y$ であるとする．

　まず，伝統的な効用関数の場合，つまり単調増加かつ狭義凹関数 $u(\cdot)$ に基づく期待効用 $U(p) = \sum_{i=1}^{n} p_i u(x_i)$ をもつ個人を考えよう．資産 W をもつ個人が株式 K を取得した場合，確率 q で資産が $W + x$，確率 $1-q$ で $W - y$ 円となる．よって，この個人が株式を取得する条件は以下の通りとなる．

$$U(K) = qu(W + x) + (1 - q)u(W - y) \geq u(W).$$

ここで，狭義凹関数の定義より $qu(W+x) + (1-q)u(W-y) < u(q(W+x) + (1-q)(W-y)) = u(W + qx - (1-q)y) = u(W)$ のため，凹期待効用をもつ個人は株式を取得しない．

　次に，累積プロスペクト理論に基づき行動する個人を考える．この個人の参照点は現資産と等しく $r = W$ であり，かつ損失回避の度合が $\lambda \geq 1$ である感応度一定の価値関数

$$\mu(x - r) = \begin{cases} x - r & \text{if } x \geq r, \\ \lambda(x - r) & \text{if } x < r \end{cases}$$

をもつとする．このとき，株式を取得しない場合の総価値は $V(W \mid W) = 0$ であり，株式を取得した場合の総価値は以下の通りになる．

$$V(K \mid W) = w(q)\mu(W + x - W) + w(1 - q)\mu(W - y - W)$$

$$= w(q)x - w(1-q)\lambda y$$
$$= \left[\frac{1-q}{q}w(q) - \lambda w(1-q)\right]y.$$

ここで q が小さいときは，6.3.2 項の仮定 $\pi4$ より $w(q) > q$ かつ $w(1-q) < 1-q$ のため，総価値が正になる可能性があることに注目されたい．たとえば，Prelec (1998) で提唱されている $w(p) = \exp(-(-\ln(p))^{\alpha})$ かつ $\alpha = 0.65$ という確率加重関数と値を用いると，$w(0.05) \approx 0.13$，$w(0.95) \approx 0.87$ となる．よって，$\frac{0.95}{0.05}0.13 - 0.87\lambda > 0$ すなわち $\lambda < 2.8$ のとき，この個人は株式を取得する．

　直観的には，期待収益 $qx - (1-q)y$ は 0，つまり $x = \frac{1-q}{q}y$ と基準化しているため，y を固定した場合，q が小さくなるほど利得 x は大きくなる．6.3.2 項の仮定 $\pi4$ より，投資家は小さい確率を (客観的な確率に比して) 過大に評価するため，平均収益が 0 であっても株式 K を取得するインセンティブが生じる．実際，期待収益率と収益率の正の歪みに強い負の相関があることが現実のデータからも確認されている (Barberis, 2013)．

　関連して，新規公開株の価格形成が期待効用理論では説明し難いというパズルがある．新規公開株は，一般的に長期的な期待収益が低いにもかかわらず，購入されることが多いことが知られている．新規公開株の中には後にきわめて大きな収益をもたらすものがあるため，「なぜ投資家は，長期的な期待収益が低いにもかかわらず，新規公開株を取得するのか」というパズルが，確率加重により説明可能である (Barberis, 2013)．

　Barberis (2012) は，複数期間の投資モデルを構築し，ギャンブルをいつ止めるかという問題を分析した．プロスペクト理論に基づく個人は，確率加重により平均収益が負であるギャンブルを始める可能性があり，かつ現在負けている場合には当初の予想よりも長くギャンブルを続けてしまうことが起こりうることを理論的に示した．

8.3.2　株式プレミアムパズル

　株式プレミアムパズル (equity premium puzzle) とは，株式の平均的な収益率と安全資産の収益率との差 (equity premium) がきわめて大きい現象のことを指す．具体的には，20 世紀における米国株式の平均的な収益率と (安全資産

とされる) 米国債の収益率の差は5%以上もあり，この差は通常用いられるリスク回避度に基づく期待効用理論では説明できない.

Benartzi and Thaler (1995) は，プロスペクト理論の損失回避により，株式プレミアムパズルが説明可能であると論じた. 損失回避により，投資家は株式の取得を忌避するインセンティブが働くため，結果として株式市場では一見すると過剰に思われるほど高い平均収益率が均衡として生じるというものである. Barberis (2013) は，損失回避に加え，確率加重が株式プレミアムパズルの説明に貢献する可能性を議論している. 個々の株式においては，収益率の分布は下限があるため (収益率の下限は0)，正の方向に歪みが大きい場合が多いと考えられる. 他方で，株式市場全体の収益率は，負の方向に歪みが大きい (株式市場は平均的には上昇していくが，時折大きな暴落が起きる). そのため，投資家は株式市場が暴落する可能性を過大に評価し，結果として株式市場の高い平均収益率が均衡として生じるというものである. また，関連したパズルとして，多くの家計では株式投資を一切行わないという**未投資パズル** (nonparticipation puzzle) がある. このパズルについても，同様にプロスペクト理論の損失回避と確率加重関数によって説明することが可能である.

8.3.3 保険

5.5.2項では，現実における少額のリスク回避についての実証として，Sydnor (2010) による住宅保険の実証分析を紹介した. この論文では，人々は約4%の確率で生じる高々500ドル (期待値で約20ドル) の損失を避けるために，年間で約100ドルを追加的に支払っていることが報告されている. Sydnor (2010) は，この結果を説明するメカニズムとして確率加重が考えられると議論している. これは，確率加重関数の仮定 $\pi 4$ より，個人は小さい確率を (客観的な確率に比して) 過大に評価するためである.

Barseghyan et al. (2013b) は，上記とは異なる住宅保険と自動車保険のデータを分析し，人々は小さい確率を (客観的な確率に比して) 過大に評価していること，またそこから確率が少し変化しても評価が (客観的な確率の変化に比して) あまり変わらないことを発見した. これらのデータから，期待効用理論，累積プロスペクト理論，合理的期待に基づく参照点依存および損失回避の理論などを含む数々の構造モデルを推定した結果，観察されたデータを最もうまく

説明する性質は確率加重であると報告した.

8.4 確率加重の進展と検証

本節では,確率加重に関する研究の近年の進展とその検証について紹介する[6].

8.4.1　確率加重と主観的確率

確率加重と主観的確率は,近年までしばしば混同して議論されていた.例として,前節の住宅保険について考えよう.1 年間のうちに事故が起きる確率が $p_i = 0.05$ であった場合,確率加重とは「客観的な事故確率は 0.05 であることを理解したうえで,それに対し $w(0.05)$ という意思決定ウェイトを置く」というモデルである.他方で,ここでいう主観的確率とは,「客観的な確率は $p_i = 0.05$ であるにもかかわらず,主観的には $\hat{p}_i \neq 0.05$ という異なる確率を予想している」モデルである.

Barseghyan et al. (2013a) は,現実の観察データから確率加重と主観的確率を切り分けて推定する手法を提示した.以下,推定方法の概略を例を用いて説明する.くじの結果が 3 つあり,それぞれの確率を p_1, p_2, p_3 とする.ある個人が主観的確率 $\hat{p}_i$ に基づき行動していた場合,「結果 1 または 2 が起きる確率」は $\hat{p}_1 + \hat{p}_2$ となる.他方で,ある個人が確率加重 $w(p_i)$ に基づき行動していた場合,「結果 1 または 2 が起きる確率」は $w(p_1 + p_2)$ となる.この違いにより,たとえ $\hat{p}_1 = w(p_1)$ かつ $\hat{p}_2 = w(p_2)$ であったとしても,確率加重関数の非線形性より $\hat{p}_1 + \hat{p}_2 \neq w(p_1 + p_2)$ となることから,確率加重と主観的確率を切り分けて推定することが可能となる.

8.4.2　確率加重と損失回避の関連

上記とは逆に,確率加重と(ある特定のモデルにおける)損失回避を別々に識別することの難しさについても,近年の研究により明らかにされている.Masatlioglu and Raymond (2016) は,7.3.4 項で定義した CPE の,財の次元が 1 次

---

6)　詳しくは O'Donoghue and Sprenger (2018) を参照されたい.

元の場合における公理的基礎付けを提示した．また，財の次元が 1 次元の場合における CPE は，ある特定の確率加重関数と同一の行動が常に選択されることを示した．例として，$F = ((x_1, p), (x_2, 1-p))$，ただし $x_1 \leq x_2$ であるくじを選択した場合を考える．CPE における損失回避の効果を表すパラメータを $\Lambda := \eta(\lambda - 1) \geq 0$ と置くと，CPE に基づく総効用は 7.3.4 項で解説したように以下のようにまとめられる．

$$pu(x_1) + (1-p)u(x_2) - p(1-p)\Lambda(u(x_2) - u(x_1))$$
$$= [p + p(1-p)\Lambda]u(x_1) + \{1 - [p + p(1-p)\Lambda]\}u(x_2).$$

よって，CPE の総効用は，$w(p) = p + p(1-p)\Lambda$ かつ $w(1-p) = 1 - w(p)$ という確率加重をもつ個人と同一になる．これは，確率加重と CPE の損失回避を個人の行動のみから別々に識別することは不可能であることを意味している．

8.4.3　確率加重の検証

Bernheim and Sprenger (2020) は，累積プロスペクト理論における確率加重の新たな性質に焦点を当て，実験室実験により累積プロスペクト理論を検証した．具体的には，$x_1 > x_2 > x_3$ かつ $p_1 = p_2 = p$ であるくじ $\mathcal{L}_p = ((x_1, p), (x_2, p), (x_3, 1-2p))$ を考える．次に，くじ $\mathcal{L}_p$ から x_2 を m だけ増やし，x_3 を k だけ減らした新しいくじ $\mathcal{L}_q = ((x_1, p), (x_2+m, p), (x_3-k, 1-2p))$ を考える．単純化のため参照点を $r = 0$ かつ $x_3 - k \geq 0$ であるとする．

　まず，$x_1 > x_2 + m'$ つまり $m' < x_1 - x_2$ という m' をとる場合を考える．このときのくじ $\mathcal{L}_q'$ の総価値は以下の通りになる．

$$V(\mathcal{L}_q' \mid 0) =$$
$$w(p)\mu(x_1) + (w(2p) - w(p))\mu(x_2 + m') + (1 - w(2p))\mu(x_3 - k).$$

　次に，$x_1 < x_2 + m''$ つまり $m'' > x_1 - x_2$ という m'' をとる場合を考える．このときのくじ $\mathcal{L}_q''$ の総価値は以下の通りになる．

$$V(\mathcal{L}_q'' \mid 0) =$$
$$w(p)\mu(x_2 + m'') + (w(2p) - w(p))\mu(x_1) + (1 - w(2p))\mu(x_3 - k).$$

　ここで，累積プロスペクト理論は各結果の利得の順番に応じて確率加重の重みが決まるため，$\mu(x_2+m)$ の意思決定ウェイトは，くじ $\mathcal{L}'_q$ の場合は $w(2p)-w(p)$，くじ $\mathcal{L}''_q$ の場合は $w(p)$ であることに注目されたい．これより，$w(2p) \neq 2w(p)$ である限り，累積プロスペクト理論に基づく個人の行動は，m が $x_1 - x_2$ より大きいか小さいかで有意に異なるはずである．Bernheim and Sprenger (2020) は，この仮説に基づき実験室実験を行った結果，$m \lessgtr x_1 - x_2$ による行動の変化は，被験者全体の平均でも被験者個人のレベルでも観察されなかった．これは，利得の順番に応じて確率加重の重みが決まるという，累積プロスペクト理論における確率加重のモデルが支持されなかったことを意味する[7]．

　最後に，微小な確率を評価することの難しさについて，具体例を述べて説明したい．ジャンボ宝くじの 1 等 3 億円の当選確率は，1 枚当たり約 1000 万分の 1 であるといわれる．他方で，1 日当たりの交通事故の死者数は 10 人強のため，個人間の異質性などを無視して平均値を計算すると，今日 1 日の間に交通事故で死亡する確率も約 1000 万分の 1 である．これら 2 つの確率は似通っているにもかかわらず，多くの人は，宝くじを買う際に 1 等 3 億円の当選を夢見ることは多々あれど，今日外出する際に交通事故で亡くなる可能性を想像することはほぼないのではないだろうか．一般に，確率加重では小さい確率を過大に評価すると仮定する一方で，「あまりに微小な確率は無視してしまう」というバイアスも存在する[8]．人は微小な確率をどの状況では無視し，どの状況では過大に評価しているのだろうか．こういった確率の重み付けには，顕著さをはじめとするフレーミング効果が影響しているとは思われるが，各個人が微小な確率をどう評価するかという点については，筆者の私見ではまだ研究途上である[9]．微小な確率の評価に関する研究として，たとえば Corgnet et al. (2020) は，株式市場の大暴落などを模すため 0.66% の確率で大きな損失が生じる場合における実験室実験を行った．

---

7) ただし，Bernheim and Sprenger (2020) で行われた実験の詳細は人々の確率加重の選好を捉えるのに適切でなかったのではないか，という議論もある．詳しくは Wakker (2022) を参照されたい．

8) このバイアスに関する近年の実験としては，たとえば Payzan-LeNestour and Woodford (2022) を参照されたい．

9) フレーミング効果については，14.3 節で改めて紹介する．

8.5 その他の不確実性下の選択の理論

確率加重に関連した理論として，Bordalo et al. (2012) は各くじの**顕著さ** (salience) がどのように個人に影響を与えるかを分析した．Herweg and Müller (2021) は Bordalo et al. (2012) の理論と**後悔回避** (regret aversion) の理論との関係を分析し，特に Bordalo et al. (2012) が Loomes and Sugden (1987) の後悔回避の理論の特殊ケースと一致することを理論的に示した．

最後に，本書では事前の確率分布が既知である場合を扱ってきた．**エルズバーグのパラドックス** (Ellsberg, 1961) で知られているように，人は確率が不明なくじよりも，確率が既知であるくじを好む性向がある．このような性向を分析するため，個人の事前の予想が単一ではなく複数ある場合を許容する形にモデルを拡張した**曖昧さ回避** (ambiguity aversion) の理論が，Gilboa and Schmeidler (1989) をはじめとして発展してきた．エルズバーグのパラドックスや曖昧さ回避の理論を解説している日本語の教科書としては，たとえば林 (2020, 第 6 章) を参照されたい．

第 III 部

感情と意思決定

第 **9** 章

信念から得られる効用

9.1 はじめに

　本章では，感情を組み入れた経済理論の基盤として「自身の信念それ自体から直接的に得られる効用」の理論を導入する．9.2 節では，Loewenstein (1987) による信念から得られる効用の具体例を紹介する．9.3 節では，Kőszegi (2006a) に基づいた信念から得られる効用の理論およびその応用を分析する．9.4 節では，Bénabou and Tirole (2002) などで分析されている自己欺瞞の理論を概説する．9.5 節では，信念から得られる効用における近年の進展として，「そのときの気分に記憶が影響される」というバイアスを組み入れた理論を紹介する (Kőszegi, Loewenstein and Murooka, 2022).

9.2 信念から得られる効用：
２つのアンケート調査による実証

　伝統的な経済理論の多くでは，各人の選好はその人の消費や労働量などの利得の結果 (outcome) のみに依存するとされている．また，お金を得ることが嬉しいのは，そのお金で現在または将来に何らかの財の消費を行うからである．しかし，消費などの結果とは無関係であっても，自身が気にする点や重きを置く点

などについて「自分がどう思っているか」という信念それ自体が選好に影響することも考えられる．たとえば，読者の多くは (それが自身の成果には何も影響しないとしても) 自分の IQ が高い方が低いより嬉しく感じるだろうし，(実際の交友関係には何も影響しないとしても) 自分は見た目が良いと思う方がそうでないと思うよりも快いのではないだろうか．Bénabou and Tirole (2016b) では，(たとえば自身の能力に対する) 信念それ自体を，その人が消費，投資，生産するための「資産」であると議論している．**信念から得られる効用** (belief-based utility) は，現代の行動経済理論における基盤となっており，また IQ など自身の特性や病気の告知など自身の健康状態に関する診断などを対象に実証研究が行われている．

　信念から得られる効用の具体例として，本節では Loewenstein (1987) による，**予期から得られる効用** (anticipatory utility) に関する 2 つのアンケート調査を紹介する．まず，図 9.1 は，「ある時点でそれを得る (あるいは避ける) ためにいくら支払えるか」について Loewenstein (1987) が行ったアンケート調査の結果を一部抜粋してまとめたものである．横軸はその対象を得る時点，縦軸は今すぐその対象を得る (あるいは避ける) 場合を 1 (表では 100%) に基準化した場合の相対的な価値を表している．たとえば，「ある時点」で 4 ドルをもらえることの支払意思額は，「今すぐ」4 ドルをもらえることと比べて，「3 時間後」は約 93%，「24 時間後」は約 82%，「3 日後」は約 74%，「1 年後」は約 46%，「10 年後」は約 21% という評価であった．同様に，「ある時点」での 1000 ドルの損失を避けるための支払意思額は，「今すぐ」1000 ドルを失うことと比べて，「3 時間後」は約 97%，「24 時間後」は約 96%，「3 日後」は約 94%，「1 年後」は約 91%，「10 年後」は約 68% という評価であった．これらの結果は，「同じ大きさの利得であれば，正の利得は早く生じる方が望ましく，負の損失は遅く生じる方が望ましい」という，伝統的な割引期待効用の予測と整合的である．

　しかし，「ある時点」でお気に入りの映画俳優にキスしてもらうための支払意思額は，「今すぐ」キスをしてもらうことと比べて，「3 時間後」は約 130%，「24 時間後」は約 159%，「3 日後」は約 178%，「1 年後」は約 131%，「10 年後」は約 64% という評価であった．ここで，3 時間後から 1 年後の間にキスしてもらうことの価値は，今すぐキスしてもらうことの価値よりも高いことに注目されたい．これは，「同じ大きさの正の利得は，できる限り早く生じる方が望ましい」

図9.1 ある時点でそれを得る (あるいは避ける) ことの価値

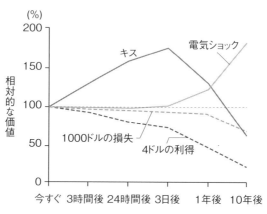

(出所) Loewenstein (1987) の Fig. 1 より.

という，伝統的な割引期待効用と整合的ではない．Loewenstein (1987) は，キスしてもらうことを予期しながら楽しみに待つこと自体から得られる効用と，キスから得られる消費的な価値自体のトレードオフから，3日後の支払意思額が一番高くなっているのではないかと議論している．

　同様に，「ある時点」で110ボルトの電気ショックを受けることを避けるための支払意思額は，「今すぐ」電気ショックを避けることに比較し，「3時間後」は約100%，「24時間後」は約99%，「3日後」は約101%，「1年後」は約123%，「10年後」は約184%という評価であった．ここで，3日後もしくはそれ以降に受ける電気ショックを避けることの価値は，今すぐ受ける電気ショックを避けることの価値よりも高いことに注目されたい．これは，「同じ大きさの損失は，できる限り遅く生じる方が望ましい」という，伝統的な割引期待効用と整合的ではない．Loewenstein (1987) は，電気ショックを将来受けることの予期から感じる苦痛のため，将来の苦痛を避ける方が支払意思額が高くなっているのではないかと議論している．

　また Loewenstein (1987) は，各期の効用は時間に関して加法分離的 (time separable) であるという，伝統的な割引期待効用からの乖離についても分析している．表9.1 は，夕食の組合せについて，それぞれどちらが望ましいかとい

表 9.1　どちらの選択が好ましいか

問1

選択肢	今週末	来週末	再来週末
A（16%）	豪勢な フランス料理	自宅で夕食	自宅で夕食
B（84%）	自宅で夕食	豪勢な フランス料理	自宅で夕食

問2

選択肢	今週末	来週末	再来週末
C（57%）	豪勢な フランス料理	自宅で夕食	豪勢な ロブスター料理
D（43%）	自宅で夕食	豪勢な フランス料理	豪勢な ロブスター料理

(出所) Loewenstein (1987) の Question 1 および Question 2 より.

う Loewenstein (1987) で行われた別のアンケート調査の結果をまとめたもの
である．問1では，A の「今週末に豪勢なフランス料理店に行く」よりも，B
の「来週末に豪勢なフランス料理店に行く」を84%の人が好んだ．これについ
て，図 9.1 のキスと同様に，豪勢な料理を予期することから得られる効用から
生じた可能性が議論されている．他方で問2では，C の「今週末に豪勢なフラ
ンス料理店に行き，再来週末に豪勢なロブスター料理店に行く」よりも，D の
「来週末に豪勢なフランス料理店に行き，再来週末に豪勢なロブスター料理店に
行く」を好む人は43%であった．ここで，問1と問2の違いは再来週末の夕食
のみであることに注意されたい．この結果は，遠い将来の消費がより近い将来
の選択行動に影響を与えている（つまり，異時点間の選択における独立性が満
たされていない）ことを示唆している．Loewenstein (1987) は，この結果は予
期から得られる効用をどの期間に得られるかというトレードオフから生じてい
る可能性を議論している[1]．

　ただし，これらはきわめて先駆的かつ革新的な調査であるものの，伝統的な

---

1) Wakai (2008) は，伝統的な割引期待効用関数から時間割引因子を拡張した理論モデル
　を提示し，そのモデルでは表 9.1 の結果が説明可能であることを議論している．

経済理論でも同様の説明が可能である．たとえば，表 9.1 のアンケートでは，効
用は単に時間に関して加法分離的でない (たとえば豪勢な食事を 2 週間続ける
のは胃がもたれるため効用が下がる)，という可能性もある．また，図 9.1 のア
ンケートでは，10 年後の電気ショックをより避けたいのは 10 年後は高齢にな
るため心臓により大きな負担がかかるから，などといった可能性もある．より
詳細な実証分析を含め，これ以降の研究の進展をまとめた概説論文としては，
Bénabou and Tirole (2016b) と Golman et al. (2017) を参照されたい[2]．

9.3 信念から得られる効用の理論

9.3.1 導入

信念から得られる効用の 1 つとして，Kőszegi (2006a) は**自身の能力に対する
信念それ自体から直接的に得られる効用** (ego utility) の理論モデルを提示した．
このモデルでは，自分の能力がより高いという信念が，(それが実際の結果には
一切影響しなかったとしても) その人の効用を高めると仮定する．ただし，こ
の個人の信念はベイズの定理に基づき合理的に計算されるものとする．

Kőszegi (2006a) は，信念が合理的に計算されるもとでも，このような個人
は自信過剰となる傾向があることを示した．他方で，自信過剰な信念をもって
いる場合でも，この個人は実際には自信過剰な行動をとらない (つまり，個人の
行動だけを観察した場合には，自信がないとみなされるような行動をとる) 可
能性があることを示した．つまり，「自信過剰な信念をもつ」ことと，「自信過
剰な行動をとる」ことは別であることを明らかにしたのである．

理論モデルに入る前に，まずは具体例で説明しよう．自身の英語能力に対す
る信念から直接的に得られる効用をもつ学生を考える．この学生は，自分があ
る試験 (たとえば英検など) に合格できる能力があると信じていれば心理的に嬉
しく，そうでなければ嬉しくないとしよう．ここで，英語試験の模試を受ける

----

2) 近年の実証・実験論文としては，Eil and Rao (2011)，Oster et al. (2013, 2016)，Ganguly and Tasoff (2017)，Schwardmann and Van der Weele (2019)，Zimmermann (2020)，Falk and Zimmermann (2022)，Schwardmann et al. (2022) などがある．

機会があったとする．この学生は，自分は合格可能だと現在信じていれば，模試で壊滅的な成績をとって信念が下方に修正される (自信を失う) 可能性を恐れ，模試を受けないようにするかもしれない．他方で，自分は合格できないと信じていれば，模試で非常に良い成績をとり信念が上方に修正される (自信が高まる) 可能性に賭けて，模試を受けようとするかもしれない．

このとき，もし自分は合格可能だと信じている人は誰も模試を受けず，信じていない人は全員模試を受けると仮定すると，前者の信念は変化せず，後者のうち一部の人の信念は上昇することに注意されたい．つまり，個々の学生の能力が合理的に計算されたとしても，全体の傾向としては模試を受ける機会を通じて自信過剰な信念をもつことになる．また，この例では，能力が低いと思っているときの方が積極的に模試を受けていることに注意されたい．さらに，現在自分は合格可能だと信じている学生が，どのような模試を受けるかを選択できるときは，自分が確実に良い点がとれる簡単な模試，もしくはできなくても当たり前な非常に難しい模試を選ぶかもしれない．この例のように，信念から得られる効用は個人の行動に大きく影響を与えうる．以下では，Kőszegi (2006a) に基づくこれらの結果を，可能な限り簡単化して紹介する．

9.3.2 モデルの設定

個人が成功か失敗のどちらかの結果が生じるタスク (受験や資格試験など) を行うか否かを選択する状況を考える．このタスクは，能力が高ければ必ず成功し，能力が低ければ必ず失敗するとする．このタスクが成功する確率 (つまり，能力が高い確率) に関する信念の初期値を $q_0 \in (0, 1)$ とする．

この個人は，第 1 期に自身の能力に関する情報を費用 0 で収集することができる．情報収集を行った場合，ベイズの定理に基づいて信念がアップデートされる．第 1 期の終わりにもっている信念を q_1 と表記する．単純化のため，情報収集を行った場合，自分の能力を確実に知ることができるとする．つまり，情報収集を行った場合，この個人の自身の能力に対する信念は $q_1 = 0$ または $q_1 = 1$ にアップデートされる．情報収集を行わなかった場合，この個人の信念はアップデートされず $q_1 = q_0$ となる．

第 2 期に，個人はタスクを行うか否かを選択する．成功した場合は 1，失敗した場合は -1 の利得を得るとし，タスクを行わなかった場合の利得は 0 とす

図 9.2 Kőszegi (2006a) に基づくモデルのタイムライン

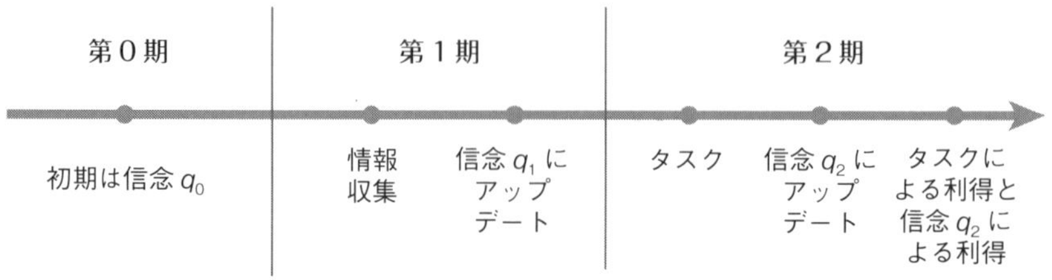

第 0 期	第 1 期		第 2 期		
初期は信念 q_0	情報収集	信念 q_1 にアップデート	タスク	信念 q_2 にアップデート	タスクによる利得と信念 q_2 による利得

る．この個人が第 2 期の終わりにもつ信念を q_2 と表記する．タスクを行った場合，「能力が高ければ必ず成功し，能力が低ければ必ず失敗する」ため，自身の能力に対する信念は $q_2 = 0$ または $q_2 = 1$ にアップデートされる．タスクを行わなかった場合，この個人の信念はアップデートされず $q_2 = q_1$ となる．

上記の利得に加え，この個人はタスクの成功確率に対する信念それ自体から直接的に得られる効用 $w \geq 0$ をもつとする．単純化のため，この個人は最終的に自身のタスクの成功確率が 50% 以上であると信じていれば（つまり $q_2 \geq 1/2$ であれば）w の心理的利得を得て，そうでなければ（つまり $q_2 < 1/2$ であれば）0 の心理的利得を得るとする．また，この個人はタスクから得られる利得に関してリスク中立的であると仮定する．なお，図 9.2 で上記のタイムラインをまとめている．

9.3.3 分析

まずは，信念から得られる効用を一切もたない個人（$w = 0$）を考える．タスクを行うこと自体からの期待利得は $q_1 \times 1 + (1 - q_1) \times (-1)$ のため，第 2 期において，この個人は $q_1 \geq \frac{1}{2}$ であればタスクを行い，$q_1 < \frac{1}{2}$ であればタスクを行わない．これをふまえたうえで，第 1 期においてこの個人は自身の能力に関する情報を得るため，情報収集を行うことを厳密に好む[3]．

次に，信念から得られる効用をもつ個人（$w > 0$）が，第 2 期にとる行動を分析する．まず，第 2 期のはじめにもっている信念が $q_1 \geq \frac{1}{2}$ である場合を考える．この場合，第 2 期にタスクを行ったときの期待利得は

---

3) 具体的な導出は，以下で行う第 1 期の行動の分析において $w = 0$ と置くと得られる．

$$q_1(1+w) + (1-q_1)(-1) = 2q_1 - 1 + q_1 w$$

であり，他方でタスクを行わない場合の期待利得は w である．これより，

$$w > 2q_1 - 1 + q_1 w \quad \Longleftrightarrow \quad q_1 < \frac{1+w}{2+w} \tag{9.1}$$

のとき，この個人はタスクを行わない．つまり，$q_1 \geq \frac{1}{2}$ であっても，タスクを行わない可能性がある．直観的には，失敗により自身の心理的利得を失うことを恐れるため，タスクを行うことそれ自体からの期待利得は正であるにもかかわらずタスクを行わないということである．このとき，この個人は成功確率が高いという信念をもっているにもかかわらず，実際には自信過剰な行動をとらないことに注意されたい．

　同様に，第 2 期のはじめにもっている信念が $q_1 < \frac{1}{2}$ である場合を考える．この場合，第 2 期にタスクを行ったときの期待利得は

$$q_1(1+w) + (1-q_1)(-1) = 2q_1 - 1 + q_1 w$$

であり，他方でタスクを行わない場合の期待利得は 0 である．これより，

$$2q_1 - 1 + q_1 w > 0 \quad \Longleftrightarrow \quad q_1 > \frac{1}{2+w}$$

の場合，この個人はタスクを行う．つまり，心理的利得の存在により，$q_1 < \frac{1}{2}$ であってもタスクを行う可能性がある．

　これらをふまえたうえで，信念から得られる効用をもつ個人 $(w > 0)$ が，第 1 期の行動を通じてどのような信念をもつかを導出する．

　まず，信念の初期値が $q_0 < \frac{1}{2}$ の状況を考える．この個人が情報収集を行う場合，確率 q_0 で信念は $q_1 = 1$，確率 $1 - q_0$ で信念は $q_1 = 0$ にアップデートされるため，期待利得は

$$q_0(1+w) + (1-q_0)0 = q_0 + q_0 w \tag{9.2}$$

である．他方で，情報収集を行わない場合の期待利得は，第 2 期にタスクを行う場合は

$$q_0(1+w) + (1-q_0)(-1) = q_0 + q_0 w - (1-q_0) \tag{9.3}$$

であり，第 2 期にタスクを行わない場合は 0 である．

よって，$q_0 < \frac{1}{2}$ である場合，この個人は第 1 期において必ず情報収集を行う．直観的には，この場合の個人は初期値の信念のままでは心理的利得を得ることができないため，情報収集を避けるインセンティブが存在しない．

他方で，信念の初期値が $q_0 \geq \frac{1}{2}$ である場合，第 1 期において情報収集を行わない場合が存在する．ここで，情報収集を行わず第 2 期にタスクも行わない場合の期待利得は w であることに注意されたい．また，情報収集を行った場合の利得は (9.2) 式，情報収集を行わずに第 2 期にタスクを行うことを選択した場合の利得は (9.3) 式である．よって

$$w > q_0 + q_0 w \iff q_0 < \frac{w}{1+w}$$

である場合，信念の初期値が $q_0 \geq \frac{1}{2}$ である個人は第 1 期において情報収集を行わない．これは，ネガティブな情報により信念が $q_1 < \frac{1}{2}$ にアップデートされることを恐れるがゆえである．また，第 1 期において情報収集を行わない場合は $q_1 = q_0$ のため，(9.1) 式よりこの個人は実際に第 2 期にタスクを行わない．

ここで，もし信念の初期値 q_0 の分布が区間 $(0,1)$ 上の一様分布に従っており，かつ w が非常に大きい場合，平均値 $\frac{1}{2}$ 以上の q_0 をもつ個人の割合は $\frac{1}{2}$ であるが，平均値 $\frac{1}{2}$ 以上の q_1 をもつ個人の割合は $\int_0^{\frac{1}{2}} q_0 dq_0 + \frac{1}{2} = \frac{5}{8}$ となることに注意されたい．つまり，信念が合理的に計算されるもとでも，「自分の能力は平均以上である」と考える人の割合は結果として半分より多くなる．他方で，$\frac{1}{2}$ 以上の q_0 をもつ個人は w が非常に大きい場合はタスクを行わない．これらより，自信過剰な信念と自信過剰な行動は同一に扱えないことが示された．

ここまで解説した予期や信念などの情報に対する選好に関連する理論としては，以下の研究がある．Caplin and Leahy (2001) は 9.2 節で紹介した「予期から得られる効用」が，ポートフォリオ選択などの不確実下の意思決定にどのような影響を与えるかを分析した．Caplin and Leahy (2004) と Kőszegi (2006b) は，「予期から得られる効用」を感じる個人 (たとえば重病の患者) に対し，より精確な情報をもつ他者 (たとえば担当医) はどのように情報を提供するかについて分析した．Kőszegi (2010) は，「予期から得られる効用」をもつ個人の行動の性質を一般的に分析した．Ishida (2012) は，「自身の能力に対する信念それ自体から直接的に得られる効用」をもつ個人に対して契約を提示するモラ

ルハザードのモデルを分析した．そして，伝統的なモラルハザードのモデルの分析結果とは異なり，より不確実な環境の方が個人への期待支払額が低くなりうることを示した[4]．

9.4 自己欺瞞の理論

9.4.1 導入

前節のモデルでは，個人の信念はベイズの定理に基づき合理的に計算されるものと仮定していた．信念から得られる効用を考える場合，個人はもし自分に都合の良い思い込みをもつことができるのであれば，そのこと自体により自身の効用を上げることができる．本節では，認知や記憶自体が選択可能な理論として，「自分で自分を騙す」という**自己欺瞞** (self-deception) のモデルを紹介する．前節までとは異なり，ここでは個人が合理的期待から外れた信念をもつこと，つまり「自分勝手な思い違い」をすることが許容されていることに注意されたい[5]．

まずは前節と同じ具体例を考えよう．自身の英語能力に対する信念から直接的に得られる効用をもつ学生を考える．ここで，客観的に考えればこの学生は英語の試験に合格しないと予想される場合でも，学生自身は心理的利得を得るために自分の能力を過剰に高く思い込むインセンティブがある．たとえば，この学生は自分に都合の悪い模試の結果は記憶から抹消しようとするかもしれない．あるいは，過去の良い結果の模試のことしか考えないようにするかもしれない．悪い結果の模試について言い訳を無理やり捻り出すかもしれない．

これらの自己欺瞞は，もちろん長期的には自身に害をもたらす可能性がある．他方で Bénabou and Tirole (2002) は，たとえ信念から得られる効用が一切ない場合でも，このような自己欺瞞を行うインセンティブがあることを示した．

---

4) なお，情報に対する選好についての実証を含めた概説論文としては，Golman et al. (2017) を参照されたい．

5) ただし，これらの理論では，認知や記憶に関するモデル内での整合性について，伝統的なモデルよりもはるかに注意深く入念な定義が必要となる．詳しくは Bénabou and Tirole (2002) および Bénabou and Tirole (2004) を参照されたい．

以下では，Bénabou and Tirole (2002) に基づく自己欺瞞の理論を，可能な限り簡単化して紹介する．

9.4.2 モデルの設定と分析

第 1 期にタスクを行うか否かを選択する個人を考える．このタスクを行う場合，直ちに $c > 0$ のコストがかかるが，第 2 期に $a > 0$ の利得が得られるものとする．ここで，将来の利得 $a > 0$ は個人の能力に依存すると考える．タスクを行わない場合の利得は常に 0 とする．単純化のため，伝統的な時間割引因子は $\delta = 1$ であるとする．

第 2 章で扱ったように，この個人は近視眼性 $\beta \in (0, 1]$ をもち，かつ自身の将来の近視眼性について正しく予想している $(\hat{\beta} = \beta)$ とする．つまり，この個人は事前 (第 0 期) には $\beta(-c + a) \geq 0$，つまり $a \geq c$ であればタスクを行いたいと考えている．しかし，第 1 期に実際にタスクを行う条件は $-c + \beta a \geq 0$ となるため，$a < \frac{c}{\beta}$ の場合は実際にはタスクを行わない．これらをまとめると，$c < a < \frac{c}{\beta}$ である場合，この個人は近視眼性により，事前には行うことが望ましいタスクを行えないという問題に直面している．

ここで，この個人は第 0 期に $c^d \geq 0$ のコスト (例：自分を騙すための認知コストなど) を払うことにより，自身の能力に対する信念が $a^d \geq \frac{c}{\beta}$ であると思い込む (つまり，自分で自分を騙す) ことが可能であるとする．この自己欺瞞を行いタスクを行った際の第 0 期の利得は $-c^d + \beta(-c + a)$ であるため，$a > c + \frac{c^d}{\beta}$ かつ $a < \frac{c}{\beta}$ の場合，この個人は自身の将来のセルフコントロール問題に対処するため，自己欺瞞を行うことを選択する．より一般的に，Bénabou and Tirole (2002) は，自己欺瞞を行うことによりセルフコントロール問題に対処するという個人内のゲームを理論的に分析した．なお，図 9.3 で上記のタイムラインをまとめている．

このセルフコントロール問題に関連し，Bénabou and Tirole (2004) では，自身の近視眼性が不確実な場合において，過去の自身の行動から自身の近視眼性の度合を推測するという，個人内のゲームにおける**将来の自己への評判** (self-reputation) のモデルを構築し，内的なコミットメントとして**自分ルール** (personal rule) を設定することの効果などについて分析した．Battaglini et al. (2005) は，自身だけでなく周囲の行動も観察したうえで自分の近視眼性を推測するというモデ

図 **9.3**　Bénabou and Tirole (2002) に基づくモデルのタイムライン

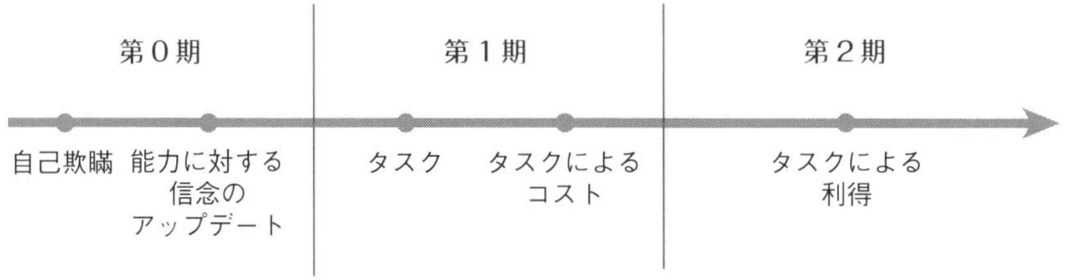

第 0 期	第 1 期	第 2 期
自己欺瞞　能力に対する 信念の アップデート	タスク　タスクによる コスト	タスクによる 利得

ルを構築し，周囲の行動が自身のセルフコントロール問題に与える影響を分析
した．

　次に，上記の自己欺瞞に関連した研究をいくつか紹介する．Bénabou and
Tirole (2006a) は，公正さや宗教に対する信念について各個人が自己欺瞞を行
うことができる場合，それがどのように全体としての政策に影響を及ぼすかを分
析した．Bénabou (2008) は，政府による (公教育や年金への) 公共投資の価値
の高さについて各個人が自己欺瞞を行うことができる場合，それが投票行動や
集団のイデオロギーの発生にどう影響するかを分析した．Bénabou and Tirole
(2011) は，倫理的な行動をとることにより，自身の倫理性やアイデンティティ
に対して「投資」する理論を分析した[6]．Bénabou (2013) は，ある集団全体
の将来の見込みや生産性に対して各個人がそれぞれ独立に自己欺瞞を行うこと
が可能なモデルを分析し，それが集団妄想 (collective delusion) や希望的観測
(wishful thinking) にいかにつながりうるかについて議論した[7]．

6) なお一般に「Bénabou-Tirole モデル」とよばれるものには，本節で紹介した自己欺瞞の
　モデルの他にも，内発的動機に焦点を当てた一連のモデルである Bénabou and Tirole
　(2003, 2006b, 2010) や，マルチタスクとスクリーニングを組み合わせたモデルである
　Bénabou and Tirole (2016a) などがあるため，どの類のモデルを指しているか注意さ
　れたい．
7) 関連する理論モデルとして，自身の信念が直接選択可能であると仮定している Brunner-
　meier and Parker (2005) などがある．自己欺瞞に関する概説論文としては，Bénabou
　(2015) と Bénabou and Tirole (2016b) を参照されたい．

9.5 信念から得られる効用の新展開

9.5.1 導入

本節では，信念から得られる効用における近年の進展として，Kőszegi, Loewenstein and Murooka (2022) による**そのときの気分に記憶が影響される** (mood-congruent memory) という認知バイアスを導入し，自尊心の脆さを分析した理論モデルを紹介する．

ここでも，まずは前節までと同様の具体例で考えよう．英語の試験で悪い点数をとってしまった場合，この個人は過去の他の悪い経験 (別の英語の試験で悪い点数をとった記憶など) が思い出されてしまい，さらに自尊心が損なわれてしまうかもしれない．そして，自尊心が損なわれてしまったことで，過去の悪い経験をさらに思い出してしまい，さらに自尊心が失われるという，負のスパイラルにはまってしまうかもしれない．

例として，2005 年にノーベル経済学賞を受賞したシェリングは，次のように述べている (筆者が和訳および要約).

> 「私はこれまで無数に研究報告を行ってきたため，ある 1 回の報告がうまくいったか否かは，自身のキャリア全体の評価にはほとんど影響しないはずである．しかし実際には，ある 1 回の報告で聴衆の反応が悪かっただけで，あたかも私のキャリア全体が悪かったかのように感じてしまう.」(Schelling, 1987)

Kőszegi, Loewenstein and Murooka (2022) では，このような自尊心の不安定性・脆さに焦点を当て分析した．

9.5.2 モデルの設定と分析

個人は，自身の経験 $\{s_1, \ldots, s_n\}$ から自身の主観的な能力評価を行うとする．各経験 s_i は $s_i = 0$ (失敗) または $s_i = k > 0$ (成功) のどちらかであるとする．ここで k は，失敗を 0 と基準化した際の，成功することによる物質的な利得も

しくは心理的な重要性を表す．この個人の客観的な能力の評価 (成功の割合) を $a = \frac{1}{n} \sum_{i=1}^{n} \frac{s_i}{k} \in [0, 1]$ とする．他方で，この個人は自身の主観的な能力評価 $\tilde{a}$ をもつとする．ここで，$\tilde{a}$ はこのモデルにおける自信や自尊心を意味する．この個人の主観的な能力評価から計算される経験の期待値は $k\tilde{a}$ であることに注意されたい．

この個人は，そのときの**気分** (mood) に自身の能力の評価が影響されてしまう．以下では，個人の気分 $m \in [0, k]$ は主観的な経験の期待値 $k\tilde{a}$ で表される (つまり $m = k\tilde{a}$) とする．個人の気分が m のときに経験 s_i が想起される頻度は想起関数 $g(s_i - m)$ により定義され，$g(x)$ は $x = 0$ を頂点とする単峰型かつ正の値をとる関数であるとする．つまり，今の自分の気分に近い経験ほど想起しやすく，今の自分の気分とかけ離れた経験は想起されづらいということである．ここで $s_i \in \{0, k\}$ のため，m を固定した場合，成功の重要性 k が大きければ大きいほど想起される頻度のバイアスは大きくなることに注意されたい．直観的には，自身が大して気にしていない点については気分による記憶の歪みは小さいが，他方で自身が非常に気にしている点については気分により記憶が大きく歪んで認知される，という効果を表している．ここで，気分 m のときに想起される経験の期待値を

$$E[s \mid m] = \frac{\sum_{i=1}^{n} g(s_i - m) s_i}{\sum_{i=1}^{n} g(s_i - m)} \tag{9.4}$$

と定義する．

次に，このモデルにおける「均衡 (self-esteem personal equilibrium)」を定義する．このモデルでは気分 (＝主観的な経験の期待値) が記憶に影響し，他方で記憶が想起される経験の期待値に影響するため，気分と記憶の間に相乗効果が発生する．Kőszegi, Loewenstein and Murooka (2022) では，この相乗効果が収束する定常状態が均衡であると考える．具体的には，自身の気分 m が想起される経験の期待値 $E[s \mid m]$ と等しい局所安定的な状態，つまり

$$m = E[s \mid m] \tag{9.5}$$

という (9.5) 式の局所安定的な解を均衡と定義する．

ここで，(9.5) 式を主観的な能力評価 $\tilde{a}$ で表現し直そう．各経験における失敗は 0 かつ成功は $k > 0$ と基準化しているため，この個人の主観的な能力評価 $\tilde{a}$

図 9.4 想起関数の例

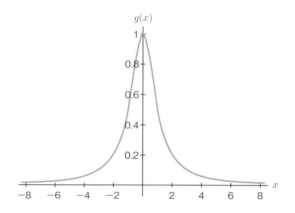

は自身が想起される成功経験の頻度となる．よって $m = k\tilde{a}$ より，均衡におけ
る自身の主観的な能力評価 (成功の割合) は

$$\tilde{a} = \frac{E[s \mid k\tilde{a}]}{k} = \frac{\sum_{i=1}^{n} g(s_i - k\tilde{a})\frac{s_i}{k}}{\sum_{i=1}^{n} g(s_i - k\tilde{a})}$$

の局所安定的な解となる．

簡単化のため，以下では客観的な能力評価が $a = \frac{1}{2}$ かつ図 9.4 のように想起
関数が $g(x) = 1/(1 + x^2)$ の場合に絞って分析する．ここで $a = \frac{1}{2}$ は経験のう
ち $\frac{1}{2}$ が失敗 $(s_i = 0)$ であり $\frac{1}{2}$ が成功 $(s_i = k)$ であることを意味し，また想起
関数 $g(x)$ の対称性より $g(-m) = g(m)$ のため，(9.4) 式より

$$E[s \mid m] = \frac{\frac{1}{2}g(0 - m)0 + \frac{1}{2}g(k - m)k}{\frac{1}{2}g(0 - m) + \frac{1}{2}g(k - m)} = \frac{g(k - m)k}{g(m) + g(k - m)} \quad (9.6)$$

となる．定常状態を求めるため，(9.6) 式を $m = k\tilde{a}$ および (9.5) 式と組み合わ
せると $\tilde{a}(g(k\tilde{a}) + g(k - k\tilde{a})) = g(k - k\tilde{a})$ となることから，上記の想起関数の
例では

$$\tilde{a}\left[\frac{1}{1 + k^2\tilde{a}^2} + \frac{1}{1 + (k - k\tilde{a})^2}\right] = \frac{1}{1 + (k - k\tilde{a})^2}$$

$$\iff \tilde{a}\left[\frac{1 + (k - k\tilde{a})^2}{1 + k^2\tilde{a}^2} + 1\right] = 1$$

図 9.5　成功の重要性 k が均衡に与える影響

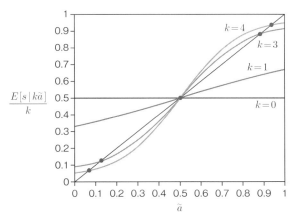

(注) 縦軸は，現在の気分 $m = k\tilde{a}$ から想起される主観的な能力評価．なお，
　　　均衡は 45 度線との交点のうち，局所安定的な点である．
(出所) Kőszegi, Loewenstein and Murooka (2022) の Figure 2 より．

$$\iff \quad \tilde{a}\left[1 + (k - k\tilde{a})^2 + 1 + k^2\tilde{a}^2\right] = 1 + k^2\tilde{a}^2$$

$$\iff \quad 2k^2\tilde{a}^3 - 3k^2\tilde{a}^2 + (k^2 + 2)\tilde{a} - 1 = 0$$

$$\iff \quad k^2(1 - 2\tilde{a})\left(-\tilde{a}^2 + \tilde{a} - \frac{1}{k^2}\right) = 0$$

となる．よって，この例における定常状態は $k \leq 2$ の場合は $\tilde{a} = \frac{1}{2}$ の 1 つ，$k > 2$ の場合はそれに加えて $\tilde{a}^{low} = \frac{1}{2}\left(1 - \sqrt{1 - \frac{4}{k^2}}\right)$ および $\tilde{a}^{high} = \frac{1}{2}\left(1 + \sqrt{1 - \frac{4}{k^2}}\right)$ の計 3 つが存在することがわかる．これらのうち，局所安定的なものが均衡となる．

　図 9.5 は，異なる k における均衡をまとめたものである．$k = 0$ のとき，つまり成功か失敗かがまったく重要でないときは，気分は記憶に影響せず，想起される主観的な能力評価 $\frac{E[s|m]}{k}$ は m によらず同じ値をとる．$k = 1$ のとき，気分 $m = k\tilde{a}$ が上がるほど $\frac{E[s|m]}{k}$ は上昇するが，均衡は $\tilde{a} = \frac{1}{2}$ にしか存在しない．しかし，$k = 3$ では，$\tilde{a} = \frac{1}{2}$ は不安定な定常状態になり，均衡は $\tilde{a}^{low}$ と $\tilde{a}^{high}$ の 2 つになる．$k = 4$ になると，これら 2 つの均衡はそれぞれの端点 (0 または 1) にさらに寄る．

　Kőszegi, Loewenstein and Murooka (2022) では，このように均衡が複数存在する場合を**脆い自尊心** (fragile self-esteem) をもつ場合であると定義し，脆い自尊心が生じる条件および含意を理論的に分析した．そして，このような自尊心の脆さが，どのようにトラウマ，ナルシシズム，インポスター症候群などの心理的状態と関連し，またワーカホリックや DV (Domestic Violence) などを生じさせるかについて説明した．さらに，求職活動や教育におけるインセンティブなど，経済学分野への応用について議論した．

_第 **10** _章

社会的選好 (1)
利得の結果のみに基づく感情

10.1 はじめに

　本章では，他者への感情を組み入れた経済理論の入門として，「(自分や他者の) 最終的な利得の結果のみに基づく社会的選好」の理論を紹介する．10.2 節では，導入として独裁者ゲームとよばれる実験およびその結果を説明する．10.3 節では，Fehr and Schmidt (1999) の不平等回避のモデルと関連理論を紹介する．10.4 節では，結果に基づく社会的選好の発展として，再分配政策を考えるうえで示唆をもたらす研究を紹介する．10.5 節では，所得比較に関する近年の実証研究を概説する．

10.2 社会的選好：独裁者ゲーム

　伝統的な経済理論の多くでは，各人の選好はその人の利得のみに依存するとされており，他者の利得を考慮に入れない．しかし現実には，自身の利得だけではなく他者の利得も考慮に入れるといった，**社会的選好** (social preferences, other-regarding preferences) を各人がもつ場合も多いだろう (Fehr and Schmidt, 2003)．本節では，社会的選好の導入として，他者への感情を測定するうえで最もよく用いられる実験の 1 つである**独裁者ゲーム** (dictator game)，およびその

代表的な実験結果を紹介する[1].

　独裁者ゲームには多くの種類と拡張があるが，ここでは Ellingsen et al. (2010) または Snowberg and Yariv (2021) などで行われている，次のような典型的な実験手法を説明する.

(1) 実験室実験に集められた被験者たちから 2 人 1 組のペアがランダムにつくられる.
(2) ペアのうち 1 人に配分者，もう 1 人に受益者の役割がランダムに与えられる.
(3) 配分者は一定の金額 T が実験者から与えられ，ペアの相手 (受益者) への配分割合 $s \in [0, 1]$ を選択する.

ここで，自身 (配分者) の取り分は $(1-s)T$，相手 (受益者) の取り分は sT である．総額 T は実験の目的および国により異なるが，多くの実験ではおおむね 1000 円程度である．また，実験室外の関係を持ち込まないため，誰がペアの相手であるかは実験中も実験後も匿名で実験が行われることが多い．さらに，受益者は自身の取り分 sT を受け取った際に，ペアの配分者が s の配分割合を選択し $(1-s)T$ を得たことを理解できるよう，実験のインストラクションは全員に向けて同じものが配布・説明される.

　ここで，自身の結果的な取り分しか考慮しない個人がいたとすると，その個人は $s=0$，つまり自身が金額 T を総取りし，相手にはまったく分けないという行動が最適になることに注意されたい．しかし，実際に上記のような独裁者ゲームの実験室実験を行うと，多くの被験者は $s>0$ を選ぶことが，多様な国・地域・環境で確認されている．たとえば Engel (2011) は，328 の試行，延べ 2 万回以上の独裁者ゲーム実験を対象としたメタ分析の結果をまとめた．約 36 ％の配分者が $s=0$ という相手にまったく分けない配分を選択した一方で，約 17 ％の配分者が $s=0.5$ という完全に平等な配分を選択し，また約 55 ％の配分者が総額の 2 割以上 ($s \geq 0.2$) を受益者に配分したと報告している (表 10.1). このような結果から，多くの参加者は「自身の結果的な取り分」以外の要素を

---

[1] なお，独裁者ゲームを含む社会的選好の実験およびそれに関連する理論については，洋書ではたとえば Camerer (2003)，和書では川越 (2007)，大垣・田中 (2018)，小林 (2021) を参照されたい.

表 **10.1** Engel (2011) による独裁者ゲーム実験のメタ分析の結果

受益者への 配分割合 (s)	0	0.1	0.2	0.3	0.4	0.5	0.6	0.7	0.8	0.9	1
配分者の 選択率 (%)	36	9	9	9	7	17	4	2	1	1	5

考慮することが強く示唆される[2)].

10.3 利得の結果のみに基づく社会的選好の理論

10.3.1　不平等回避の理論

　ここでは，社会的選好の中でも**最終的な利得の結果のみに基づく社会的選好**
(outcome-based social preferences) の理論を紹介する．具体的には，各個人
は「自分および他者の最終的な利得の結果のみを気にする」モデルをカバーす
る．なお，自身のイメージ (self image)，社会的イメージ (social image)，意
図 (intention)，互恵性 (reciprocity) などの感情は，第 11 章で取り上げる．

　経済学における他者への感情についての議論は，少なくとも 1759 年に出版さ
れたアダム・スミスの『道徳感情論』から存在する．他者への感情を経済学の理
論に組み入れた研究としては，次のような論文がある．Becker (1974) は，自身
の子孫をはじめとする周囲の人々の厚生を個人の効用関数に組み入れるという
形での**利他性** (altruism) の効果を分析した．Andreoni (1989, 1990) は，公共
財供給や寄付行動における温情を組み入れたモデルを分析した．Rabin (1993)
は，第 9 章で紹介した信念から得られる効用に基づき，同時手番ゲームに**公平
性** (fairness) の感情を組み入れて分析した．

　以下では，Fehr and Schmidt (1999) による**不平等回避** (inequity aversion)，
または公平性とよばれる感情を効用関数に組み入れたモデルを分析する．Fehr
and Schmidt (1999) では，各個人 i は他者 $j \neq i$ との利得の差から負の効用

----

2) ただし，独裁者ゲームでどのような感情が測れているのかについては，注意が必要であ
る．詳しくは 11.2 節を参照されたい．

を得るとする. 具体的には, $i \in \{1, 2, \ldots, n\}$ をプレイヤーの集合とし, x_i を
プレイヤー i の金銭的利得とする. 利得の結果を $x = (x_1, x_2, \ldots, x_n)$ と表す.
Fehr and Schmidt (1999) では, プレイヤー i の効用関数を以下に定義する.

$$u_i(x) := x_i - \alpha_i \frac{1}{n-1} \sum_{j \neq i} \max\{x_j - x_i, 0\}$$
$$- \beta_i \frac{1}{n-1} \sum_{j \neq i} \max\{x_i - x_j, 0\}.$$

ただし, α_i は相手の利得が自分よりも高い場合の感情の度合, β_i は相手の利
得が自分よりも低い場合の感情の度合を表している. ここで, $\beta_i \in [0, 1)$ (相
手の利得が自分よりも低い場合の感情は, 自身の利得の増分よりは弱い) かつ
$\alpha_i \in [\beta_i, +\infty)$ (相手の利得が自分よりも高い場合の感情は, 低い場合の感情と
同じかそれよりも強い) と仮定する.

　説明の簡単化のため, 2 人ゲームを考えよう. この場合, プレイヤー i の効用
関数は以下のように表される.

$$u_i(x) = x_i - \alpha_i \max\{x_j - x_i, 0\} - \beta_i \max\{x_i - x_j, 0\}.$$

　Fehr and Schmidt (1999) では, 最後通牒ゲームや公共財供給ゲームをはじ
めとする多様なゲームにおいて, 上記のモデルで数多くの実験室実験の結果を
統一的に説明できることを議論した[3]. 以下では, Fehr and Schmidt (1999)
では直接分析されていない, 独裁者ゲームと囚人のジレンマゲームの分析を紹
介する.

■ **独裁者ゲーム** 　まずは, 独裁者ゲームにおける配分者の行動を分析しよう.
独裁者ゲームでは, 行動を選択するのは配分者のみであるため, 配分者 i の効
用は相手 j への配分割合 $s \in [0, 1]$ および利得の結果 $x = ((1-s)T, sT)$ に応
じて以下のようになる.

---

3) 精確には Fehr and Schmidt (1999) では, 最後通牒ゲームと公共財供給ゲームに加
　え, Roth et al. (1991) などで実験された最後通牒ゲームの提案者または応答者のどち
　らか一方のそれぞれに競争を導入したゲーム, および他者を事後的に罰することが可能
　な公共財供給ゲームを, 理論的に分析している. なお, 最後通牒ゲームについては 11.4
　節で紹介する.

$$u_i(x) = \begin{cases} (1-s)T - \alpha_i[sT - (1-s)T] \\ \quad = T(1+\alpha_i) - T(1+2\alpha_i)s \quad \text{if } s > 0.5, \\ (1-s)T - \beta_i[(1-s)T - sT] \\ \quad = T(1-\beta_i) - T(1-2\beta_i)s \quad \text{if } s \le 0.5. \end{cases}$$

ここで，$s > 0.5$ のとき配分者 i の効用は s について単調減少のため，Fehr and Schmidt (1999) のモデルに基づく配分者は $s > 0.5$ を選択しない．また，$s \le 0.5$ のときの配分者 i の効用から，Fehr and Schmidt (1999) のモデルに基づく配分者は次の配分割合を選択することが導出できる．

$$s^* = \begin{cases} 0.5 & \text{if } \beta_1 > 0.5, \\ s \in [0, 0.5] & \text{if } \beta_1 = 0.5, \\ 0 & \text{if } \beta_1 < 0.5. \end{cases}$$

ここで，Fehr and Schmidt (1999) のモデルでは $s = 0.5$ という完全に平等な配分については説明が可能な一方で，$s \in (0, 0.5)$ または $s \in (0.5, 1]$ という配分は（$\beta_1 = 0.5$ という特定のパラメータの場合を除き）説明できないことに注意されたい．$s \in (0, 0.5)$ という配分は，後述する Bolton and Ockenfels (2000) など，または Fehr and Schmidt (1999) の効用を非線形に拡張することにより説明が可能になる．

■ **囚人のジレンマゲーム**　次に，囚人のジレンマゲームを分析しよう．表 10.2 の左側は，典型的な囚人のジレンマゲームの金銭的な利得を表している．この金銭的な利得を Fehr and Schmidt (1999) のモデルに基づくプレイヤーの効用に置き換えたものが，表 10.2 の右側の表になる．

　右側の表から，純粋戦略ナッシュ均衡は，$\beta_1 < \frac{1}{3}$ または $\beta_2 < \frac{1}{3}$ の場合は (D, D) の 1 つのみであり，$\beta_1 \ge \frac{1}{3}$ かつ $\beta_2 \ge \frac{1}{3}$ の場合は (D, D) と (C, C) の 2 つあることがわかる．直観的には，後者の場合は不平等な利得を避けるインセンティブが生じるため，(D, D) に加えて (C, C) もナッシュ均衡として達成可能になる．ここで，他者への感情の度合が十分に大きい場合でも，(C, C) という互いに協力する結果が必ずしも達成されないことに注意されたい．

表 **10.2** Fehr and Schmidt (1999) のモデルに基づく囚人のジレンマの利得表

1\2	C	D
C	2, 2	0, 3
D	3, 0	1, 1

1\2	C	D
C	2, 2	$-3\alpha_1, 3-3\beta_2$
D	$3-3\beta_1, -3\alpha_2$	1, 1

10.3.2 Fehr and Schmidt (1999) の貢献とは何か

今日，Fehr and Schmidt (1999) はきわめて有名なモデルとなっている[4]．ただし注意として，本節の最初で述べた通り，Fehr and Schmidt (1999) は他者への感情や公平性をモデル化した最初の論文というわけではない．Fehr and Schmidt (1999) の具体的な貢献については，Binmore and Shaked (2010) のコメント論文に対する返答として，Fehr and Schmidt (2010, pp. 101–102) で次のように述べている (筆者が和訳および要約)．

「ゲーム理論の実験室実験において，なぜいくつかのゲームでは被験者は非常に利己的に行動するのに対し，その他のゲームでは公平な行動をとるのだろうか．Fehr and Schmidt (1999) の理論は，このような一見矛盾したエビデンスを説明する一般的な原則について考究した．Fehr and Schmidt (1999) は簡単で扱いやすく，かつ定量的に検証可能な予測をもたらすモデルを探した．
…（中略）…それまでの実験経済学の論文の多くは，ある特定の実験結果について事後的な説明を与えるにとどまり，その特定の実験を超えた一般的な含意は限定的にしかもたらされていなかった．それゆえ Fehr and Schmidt (1999) は (いくつかのゲームの実験による) 社会的選好が存在することを示すエビデンスと (別のゲームの実験による) 社会的選好が存在しないことを示すエビデンスを統一的に説明する一般的なモデルの提示を目的とし，またこの目的を最初に試みた論文の 1 つであった．」

----

4) 一例として，2022 年 11 月 7 日時点での Google Scholar の被引用件数は 1 万 4000 回以上である．

10.3.3　関連した理論

Bolton and Ockenfels (2000) は，Fehr and Schmidt (1999) と同時期に同様の目的で，次のようなモデルを提示した．$i \in \{1, 2, \ldots, n\}$ をプレイヤーの集合とし，x_i をプレイヤー i の金銭的利得とする．プレイヤー i の金銭的利得の配分割合を $s_i = \frac{x_i}{\sum_{k=1}^{n} x_k}$ と表す．ここで，プレイヤー i の効用関数を $u_i(x_i, s_i)$ と定義する．ただし，$\frac{\partial u_i}{\partial x_i} \geq 0$, $\frac{\partial^2 u_i}{\partial x_i^2} \leq 0$, $\frac{\partial u_i}{\partial s_i}|_{s_i = \frac{1}{n}} = 0$, および $\frac{\partial^2 u_i}{\partial s_i^2} < 0$ を仮定する．以下は，2 人ゲームの場合におけるプレイヤー $i \in \{1, 2\}$ の効用関数の例である．

$$u_i(x_i, s_i) = a_i x_i - \frac{b_i}{2} \left(s_i - \frac{1}{2} \right)^2.$$

ただし，$a_i \geq 0$ かつ $b_i > 0$ である．この例は，効用関数が非線形であることを別とすると，基本的に Fehr and Schmidt (1999) と同種の予測をもたらす．

Charness and Rabin (2002) は，Fehr and Schmidt (1999) のケースを包含したより一般的な 2 人ゲームの効用関数を提示した．その中でも「simple model」とよばれるモデルでは，プレイヤー i の効用関数を以下のように定義している（ただし，以下では simple model 内で定義されている互恵性のパラメータは捨象している）[5]．

$$u_i(x) := x_i + \sigma_i \max\{x_j - x_i, 0\} - \rho_i \max\{x_i - x_j, 0\}.$$

パラメータ σ_i, ρ_i の値により，Fehr and Schmidt (1999) で分析されたような不平等回避に加えて，以下のような多様な選好が表現できる．

- 利己的 (selfish) ： $\sigma_i = \rho_i = 0$. このとき $u_i(x) = x_i$.
- 不平等回避 (inequity aversion) ： $\sigma_i < 0 < \rho_i < 1$.
- 社会比較選好 (psychology of status, competitive preferences) ： $\sigma_i \leq \rho_i < 0$.

---

5) Charness and Rabin (2002) の simple model では，プレイヤー j が社会余剰の最大化に反するような「良くない」行動をとった場合，プレイヤー i の効用に $\theta_i(x_i - x_j)$ が加えられると仮定し（ただし $\theta_i > 0$），このとき θ_i はプレイヤー j に対する負の互恵性とみなせると議論している．詳しくは Charness and Rabin (2002) を参照されたい．

- 社会余剰選好 (social-welfare preferences)： $0 \leq \sigma_i \leq \rho_i \leq 1$.
  - ▸ マキシミン (maximin, Rawlsian)： $\sigma_i = 0, \rho_i = 1$. このとき $u_i(x) = \min\{x_i, x_j\}$.
  - ▸ 社会余剰最大化 (total-surplus maximization)： $\sigma_i = \rho_i = \frac{1}{2}$. このとき $u_i(x) = x_i + x_j$.

10.3.1 項で紹介した Andreoni (1989, 1990) は，公共財や寄付において，プレイヤー i の効用は自身が貢献した額に依存するという**温情** (warm glow) を効用関数に組み入れたモデルを分析した．具体的には，プレイヤー i の効用関数は $u_i = u_i(x_i, g_i, Y)$ と定義される．ここで，x_i はプレイヤー i の金銭的利得，g_i はプレイヤー i の公共財への貢献額，Y は公共財の総量を表す[6)]．このモデルでは，利他性や不平等回避とは異なり，たとえ社会全体で十分な量の公共財供給があったとしても，自身も公共財を供給するインセンティブが生じうることに注意されたい[7)]．

Levine (1998) は，プレイヤー i の効用は自身の利他性および相手プレイヤー j の利他性に基づき，かつ相手の利他性は直接には観察できないという，不完備情報ゲームのモデルを分析した．そのモデルに基づき，他の論文で行われた最後通牒ゲームなどの実験結果から，利他的 (altruistic)，利己的 (selfish)，意地悪 (spiteful) と分類されるプレイヤーがそれぞれどの程度の割合で存在するかを求めた．

10.4 再分配政策への含意と発展

本節では，社会的選好に関する近年の発展として，特に再分配政策において重要となる研究を紹介する．

第 1 に，前節でも軽く触れたように，社会的選好において個人間の異質性は特に重要となる．また，たとえば独裁者ゲームで「他者へ分配する」という行

---

6) たとえば，公共財が各人の寄付のみから提供される場合は，$Y = \sum_{i=1}^{n} g_i$ である．

7) なお Andreoni (1989, 1990) のモデルでは，Fehr and Schmidt (1999) や Bolton and Ockenfels (2000) のモデルとは異なり，たとえば最後通牒ゲームにおいて相手の提案を拒絶することを説明できないことに注意されたい．

動が社会的選好から生じているのか，それとも不注意など他の要因から生じているのかについては古くから議論があった．Andreoni and Miller (2002) は，独裁者ゲームを以下のように修正した実験を行った．配分者は金額 T が実験者から与えられ，交換レート $p > 0$ でペアの相手 (受益者) にどれだけ配分するかを決定する．ここで相手への配分割合を $s \in [0, 1]$ と表すと，自身 (配分者) の取り分は $(1 - s)T$，相手 (受益者) の取り分は spT となり，$p = 1$ のとき 10.2 節の独裁者ゲームと一致する．Andreoni and Miller (2002) は，このゲームにおいて T と p を変動させた修正独裁者ゲームを，各被験者に複数回行わせた．その結果，多くの配分者は，自身の利得と相手の利得という 2 次元のベクトルにて顕示選好の一般化公理 (Generalized Axiom of Revealed Preference：GARP) を満たすという意味において，T と p が異なるゲーム間で整合的な行動をとっていることが報告された[8]．

Andreoni and Miller (2002) を発展させた Fisman et al. (2007) は，コンピュータ上の図形表示を用いて実験することにより，各被験者に膨大な回数の修正独裁者ゲームを行わせることを可能とした．各被験者がどの程度 GARP の意味で整合的な行動をとるかを求め，また同様にして 3 人プレイヤー間の分配を決めるゲームを行い，各被験者がどのような社会的選好に基づき行動しているかについて詳細に切り分けた分析を行った．

第 2 に，現実の社会や政策では，1 対 1 の関係ではなく，税金をもとにした公共財の提供など，多数の人が広く薄くコストを負担することにより少数の人が大きな得をする状況も多い．Schumacher et al. (2017) は，少数の便益を得る人が大きな金銭的利得を得て，代わりに一定の交換レートのもとで $n = 1, 4, 8, 16, 32$ 人が損失を被るという状況への分配額を，分配者または第三者が選択するという実験を行った．

ここでは，1 人が分配額 1 を得るごとに n 人がそれぞれ 1 を失う場合を考えよう．この分配額を第三者が決定する場合，$n = 1$ では平均的に約 5 割の金額が便益を得る人へ分配された．驚くべきことに，同じ状況で n のみが増えた場合，分配割合はさほど変わらず約 3 割の金額が便益を得る人へ分配された．つ

----

8) Andreoni and Miller (2002) では，ある個人の行動を描写する何らかの「自身と相手の利得の結果のみに基づく社会的選好」の効用関数が存在することは，GARP を満たすことと同値になる．

まり，1 人が分配額 1 を得るごとに 4 人がそれぞれ 1 を失う場合でも，1 人が
分配額 1 を得るごとに 32 人がそれぞれ 1 を失う場合でも，約 3 割の分配額が
選択された．$n = 4$ の場合と $n = 32$ の場合では，便益を得る人へ分配するこ
との社会余剰のコストは 8 倍にもなっているため，この結果は注目に値する．
Schumacher et al. (2017) は，少なくない割合の被験者は，参加者それぞれの
利得を考慮はするものの，損失を被る人の総数にはきわめて鈍感であるという
実験結果について報告し，その含意について議論している．

　第 3 に，**機会の平等** (事前の公平性，ex-ante fairness) と**結果の平等** (事後の
公平性，ex-post fairness) の違いについての研究がある．たとえば独裁者ゲー
ムの簡略化版として，1 個しかない分割不可能な財をどちらが受け取るかという
問題を考えよう．この場合，配分者は $x = (1, 0)$ または $x = (0, 1)$ のどちらか
しか選択できない．ここで，歪みのないコインを投げてどちらが財を受け取る
かを決めることは，事前の意味では完全に平等な選択であるが，事後的には不
可避的に大きな不平等が生じる．つまり，コインで決めるという方法は，機会
の平等は達成されているが，結果は完全に不平等となっている．Saito (2013)
は，このような分配結果が確率的に決まりうる不確実性下の選択における不平
等回避の理論を公理的に分析した．この分析は，結果が不確実な再分配政策を
人々がどのように評価するかという問題を考えるうえでも，有益な示唆を与え
ていると筆者は考える．

　関連して，Andreoni et al. (2020) は，被験者が機会の平等と結果の平等の
うちどちらを好むかを，状況に応じて意図的に変えることを実験した．上記の
ようにある被験者が他の 2 人の受益者への分配額を選択できるが，分配結果は
コイン投げの結果で確率的に決まるようなゲームを考える．具体例として，コ
インの表が出たときのみ 100 円の価値をもつチケット A と，コインの裏が出た
ときのみ 100 円の価値をもつチケット B の 2 つがあるとしよう．最初の段階で
受益者 1 がチケット A のみ 10 枚を与えられ，受益者 2 がチケットをまったく
与えられていないとする．ここで，被験者は 10 枚のチケット B をどのように
2 人の受益者に分配するかを選択する．このような実験の結果として，多くの
被験者は「コイン投げの結果が出る前」は機会の平等を達成するよう選択した
(受益者 2 にチケット B を 10 枚分配する) ことが観察された．他方で，「コイ
ン投げの結果が出た後」は結果の平等を選択した (コインの裏が出た場合，受

益者 1 と 2 にそれぞれチケット B を 5 枚ずつ分配した．なお，コインの表が出た場合はチケット B に価値はない）．これは，被験者はチケット A の分配について選択することはできないため，事後的に「受益者 1 と 2 にそれぞれチケット B を 5 枚ずつ分配する」という行動は，「コインの表が出たら受益者 1 が 1000 円を得て受益者 2 が 0 円，コインの裏が出たら受益者 1 と受益者 2 がそれぞれ 500 円」という事前の意味において不平等な選択を行っていることになる．Andreoni et al. (2020) はこの実験結果について，「被験者が時間非整合的な選好」をもつからではなく，「目先のことだけを考えて平等を達成」しようとしているからであると議論している．

10.5 所得比較の実証研究

　社会的選好の実証は，時間選好やリスク選好と比べて，実験室実験によるものが多かった．しかし近年では，「近隣住民や同僚と自分の所得を比較する」など，社会比較が人々の嬉しさや行動にどう影響を与えるかについてのフィールド実験および観察データ分析が進んできている．本節では，所得比較に関する実際の労働者を対象とした実証研究を紹介する．

　先駆的な研究としては，Card et al. (2012) がある[9]．この論文では，カリフォルニア大学に勤務するカリフォルニア州の公務員を対象に，同僚の給与情報をランダムに開示し，その前後でどのように職業満足度や離職率が変化するかという，**ランダム化サーベイ実験** (randomized survey experiment) を行った[10]．具体的には，2008 年に開設された，カリフォルニア州のすべての公務員の給与が実名で公開されているウェブサイトを用いた[11]．まず，上記ウェブサ

---

9) この論文に関する一般向けの解説としては山田 (2020) を参照されたい．

10) ランダム化サーベイ実験を用いた関連研究として，Cruces et al. (2013) は，アメリカの家計における所得比較が再分配政策への支持に影響を与える効果を分析した．Bottan and Perez-Truglia (2022) は，配属される地域についてアメリカの研修医がもつ選好が，その地域で上位何パーセントの給与を得られるかにより影響することを実証した．

11) 関連して Mas (2017) は，カリフォルニア州における賃金情報の開示促進により，市長など最も高給を得ている立場にある公務員が自身の賃金を下げ，また退職を選択する確率が上昇したことを報告している．

イトの存在を，ランダムに選んだ対象者の一部へメールで伝えた．次に，メールを送った 3 日後から 10 日後の間に，すべての対象者へ職業満足度などのアンケート調査を行った．さらに約 2 年半後に，すべての対象者のうち誰が離職したかを確認した．その結果，平均的な同僚よりも高い給与を得ている公務員には統計的に有意な影響がなかったのに対し，平均的な同僚よりも低い給与を得ている公務員には職業満足度や離職率に負の影響があった．

　所得比較が離職率や労働生産性へ与える影響を分析した近年の研究としては，以下の論文がある．Breza et al. (2018) は，インドの日雇い労働者を対象に，「生産性に応じて高，中，低の賃金を払う」か「生産性に関わらず全員に同じ時給を払う」かをランダムに導入するフィールド実験を行った．同僚の生産性が観察し難い状況では，同僚が自分よりも高い時給を得ている場合，労働生産性や出勤率に負の影響があった．他方で，生産性の高い同僚が高い時給を得ていることが容易に観察される状況では，上記の負の影響は生じなかった．Dube et al. (2019) は，アメリカの卸売業者のデータから，同僚が自分よりも高い時給を得ている場合，その同僚との時給の差がさらに開くことが離職率を高めることを実証した．Cullen and Perez-Truglia (2022) は，支店を多くもつ銀行において，同僚と上司の給与をランダムに開示するというフィールド実験を行った．同僚の給与を開示した場合は Card et al. (2012) の結果と同様に労働生産性や離職率に負の影響があったのに対し，上司の給与を開示した場合は正の影響があった．理由として，対象となった行員は上司の給与を実際よりも低く予想しており，昇進することにより予想よりも高い給与を得られることがわかったからだと議論している．

　最後に，行政データの研究・政策形成への活用が比較的早くから進んでいる，北欧での研究を紹介する．所得情報は (納税記録などの) 行政データや業務データに精緻に記録されており，また国民への所得情報開示も進んでいるため，それらを活用した所得比較の分析がなされている．Perez-Truglia (2020) は，ノルウェーの全国民の税務データを用い，他者の所得を (公開されている納税記録から) 誰でも容易に確認できるようになったという制度変更が，幸福度や生活満足度にどのような影響を与えたかを分析した．Bennedsen et al. (2022) は，デンマークの行政データを用い，平均所得を男女別で開示するよう (従業員が 35 名より多い) 企業に義務付けた制度変更が，男女間の所得格差を縮めたという

効果を発見した．なお，この効果は (女性の所得上昇よりは) 主に男性の所得の伸びが鈍くなったことから生じていた．さらに，給与支払総額が減っているにもかかわらず，企業の総利潤は増加しなかった．この結果は，おそらくは労働生産性の減少によるものであろうと Bennedsen et al. (2022) は議論している．

第 11 章

社会的選好 (2)
利得の結果以外に基づく感情

11.1 はじめに

　本章では，社会的イメージ，自身から見た自分のイメージ，さらには相手の
意図に起因する感情などを考慮した社会的選好の理論・実験・実証研究を紹介
する．11.2 節では，10.2 節で紹介した独裁者ゲームを復習したうえで，その実
験結果の解釈について再考する．11.3 節では，独裁者ゲームに関連した近年の
実験室実験を紹介する．11.4 節では，最後通牒ゲーム，信頼ゲーム，およびそ
れらに関連した社会的選好の理論について概説する．11.5 節では，社会的選好
に関する近年の実験・実証研究として，寄付行動，投票行動，労働生産性，そ
して予防接種行動を分析した論文を紹介する．

11.2 独裁者ゲームは何を測っているのか

　まずは 10.2 節で解説した，「実験者から金額 T を与えられた配分者が，ペア
の相手 (受益者) への配分割合 $s \in [0, 1]$ を選択する」という独裁者ゲームを考
える．ここで，自身の結果的な取り分しか考慮しない個人がいたとすると，その
個人は $s = 0$，つまり相手にまったく分けないという行動が最適になることに注
意されたい．しかし独裁者ゲームの実験室実験を行うと，実際には多くの被験

者が $s > 0$ を選ぶことが，さまざまな国・地域・環境で確認されている．この結果は，多くの参加者が「自身の結果的な取り分以外」の要素を考慮することを強く示唆している．実際，独裁者ゲームで選択された s は，他者の結果的な取り分に関する利他性 (altruism)，公平性 (fairness)，相手への寛大さ (generosity) などのさまざまな感情の代理変数として，多くの論文で用いられている．

　しかし近年の実験室実験から，独裁者ゲームで平等な配分を選択している人は，必ずしも「他者の結果的な取り分」を気にしてそれを選択しているわけではないということが指摘されている．詳しくは 11.3 節で紹介するが，本節ではその一例として「配分者が，受益者に知られることなく独裁者ゲームに参加するか否かを決めることができる」実験を紹介する (Dana et al., 2006; Broberg et al., 2007; Lazear et al., 2012).

　以下では，Lazear et al. (2012) の実験を説明する．配分者は上記の独裁者ゲームを始める前に，「独裁者ゲームに参加する」か「独裁者ゲームに参加しない」かを選択する．「独裁者ゲームに参加する」を選択した場合，上記の独裁者ゲームが開始され，受益者にも独裁者ゲームについての情報が提供される．「独裁者ゲームに参加しない」を選択した場合，配分者は (実験の固定参加料に加え) T の取り分を得て，受益者は独裁者ゲームなどについての情報は一切知らされず実験の固定参加料のみを得る．

　ここで，第 10 章で紹介した Fehr and Schmidt (1999) などの「最終的な利得の結果のみに基づく社会的選好」のモデルを想定した場合，通常の独裁者ゲームで $s = 0$ を選択する人にとっては「独裁者ゲームに参加する」か「独裁者ゲームに参加しない」かは無差別であり，かつ通常の独裁者ゲームで $s > 0$ を選択する人は ($s = 0$ よりも $s > 0$ が望ましいという顕示選好より)「独裁者ゲームに参加する」方を厳密に好むことに注意されたい．そのため，配分者の選好が最終的な利得の結果のみに基づく場合は，「独裁者ゲームに参加しないという事前オプション」があったとしても，配分割合が減少することはない．

　Lazear et al. (2012) は，スペイン・バルセロナおよびアメリカ・バークレーのそれぞれで実験室実験を行った．「独裁者ゲームに参加しないという事前オプション」があるゲームでは，それぞれ 72％と 50％の配分者が参加しないことを選択した．受益者の平均的な配分割合についても，通常の独裁者ゲームに比べて「独裁者ゲームに参加しないという事前オプション」がある場合は，バルセ

ロナでは $s = 0.19$ から $s = 0.06$, バークレーでは $s = 0.20$ から $s = 0.12$ へと, それぞれ統計的に有意に減少した.

この実験結果は, 相手に知られることがないならば自身が取り分を独り占めしようとする傾向が見られること, つまり配分者が「相手の結果的な取り分」を気にして正の値を配分しているのではなく, 「相手がどう思うか, 相手からどう思われるか」を気にした結果, 本来であれば分けたくもないお金を相手に分けている可能性を示唆している. その意味において, 独裁者ゲームによって測られる s は, 経済理論で想定しているような利他性, 公平性, 相手への寛大さなどの感情を必ずしも測れていない可能性がある.

11.3 独裁者ゲーム関連の実験研究の発展

本節では, 独裁者ゲーム関連の実験研究の発展を紹介する. 前節で紹介した Lazear et al. (2012) の結果は, **社会的イメージ** (social image, 他者から見た自分のイメージ) や**他者がもつ感情** (たとえば, 独裁者ゲームで相手が不平等な選択をしたことを知ることにより生じる負の感情) が結果に影響したものであると考えられる. 関連する研究として, Andreoni and Bernheim (2009) がある. この研究では独裁者ゲームを拡張した実験が行われた. この実験では, 配分者は受益者への配分割合 s を 0.05 刻みで選択する. 典型的な独裁者ゲームと異なる点として, 配分者は一定の確率 p で自身の行動が外生的に強制される. 具体的には, 配分者の行動は確率 $1-p$ で自身の選択が実行されるが, 確率 $\frac{p}{2}$ で $s = 0.05$, 確率 $\frac{p}{2}$ で $s = 0.95$ が強制的に実行される[1]. 受益者は, 最終的な配分結果については知らされるが, 配分者の選択については直接的には知らされない. ここで $p > 0$ の場合, たとえば $s = 0$ という配分を観察した場合は配分者が確実に $s = 0$ を選択したことが受益者もわかるが, $s = 0.05$ という配分を観察した場合は配分者が意図的に選択したか強制された行動かが受益者から

---

1) Andreoni and Bernheim (2009) は確率 $1-p$ で配分者の選択が実行され, 確率 $\frac{p}{2}$ で $s = 0$, 確率 $\frac{p}{2}$ で $s = 1$ が強制的に実行されるという実験も行っている. なお, 機会の平等 (事前の公平性) を担保するために, 確率 p で強制される場合の配分割合が被験者間で対称になる実験デザインを採用したと議論している.

図 **11.1**　Andreoni and Bernheim (2009) 実験での確率 p ごとの配分割合 s の分布

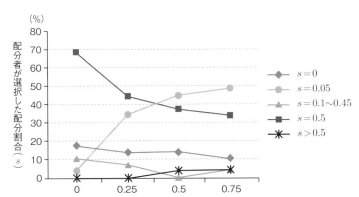

(出所) Andreoni and Bernheim (2009) の Figure 4 より.

はわからないことに注意されたい.

　11.2 節の議論と同様，配分者の選好が最終的な利得の結果のみに基づく場合は，確率 p が配分者の行動に影響することはない. しかし，$s = 0.05$ を選択した配分者は $p = 0$ (通常の独裁者ゲームと同一の状況) の場合では 3%であったにもかかわらず，$p = 0.25$ の場合では 34%，$p = 0.5$ の場合では 45%，$p = 0.75$ の場合では 48%であった (図 11.1 を参照). 他方で，$s = 0.5$ という平等な配分を選択する行動は $p = 0$ と比べ $p > 0$ の場合では大きく減少した[2]. Andreoni and Bernheim (2009) は，これらの結果から社会的イメージを組み入れた理論モデルを提唱し分析した.

　また，他者にもたらす情報は一切変化しなくとも，第 9 章で自身の能力に対する信念などを取り上げたように，人は**自身から見た自分のイメージ** (self image) を気にして行動を変える可能性がある. 独裁者ゲームの文脈において，自身から見た自分のイメージの実験を行った先駆的な研究が Dana et al. (2007) である. この論文では，配分者の選択肢を 2 択に狭めた独裁者ゲームの修正版，およびそれを拡張したゲームの実験を行った. まずは統制群の実験として，配分

---

2)　なお，図 11.1 にあるように，$s > 0.5$ ($s = 0.95$ を含む) を自発的に選択した被験者はほぼいなかった.

者は自身が 6 ドル得て相手が 1 ドル得る $(6, 1)$ という選択肢 A と，双方とも 5 ドル得る $(5, 5)$ という選択肢 B から 1 つを選択するという実験を行った．この実験の結果として，26%の人が選択肢 A つまり $(6, 1)$ を選んだ．次にメインの実験として，配分者は $(6, 1)$ および $(5, 5)$ という 2 つの選択肢か，$(6, 5)$ および $(5, 1)$ という 2 つの選択肢の，どちらかが同じ確率で与えられる状況での実験を行った．ここで重要なのは，「相手の取り分の情報」は初期設定では隠されているという点である．つまり，実験の当初に配分者は $(6, X)$ という選択肢 A，および $(5, X)$ という選択肢 B に直面する（ここで X は値が観察できないことを表している）．ただし配分者は，コンピュータ上の画面の指定された箇所をクリックすることにより，「相手の取り分の情報」を開示することができる．開示について金銭的なコストは一切発生しない．この実験では，44%の配分者が相手の取り分の情報を隠したまま行動を選択し，そのうち 95%が選択肢 A つまり $(6, X)$ を選んだ．結果として，全体で選択肢 A を選択した配分者は，上記の 26%から 63%に上昇した．

　Dana et al. (2007) の実験では，配分者が「相手の取り分の情報」を開示したかどうかは相手には知らされない．そのため，Dana et al. (2007) の実験結果は，社会的イメージや他者がもつ感情では（おそらく）説明できないことに注意されたい．「相手の取り分の情報」を開示せずに選択肢 A を選んだ場合，配分者からは「受益者の利得が高くなる選択をしたか否か」は不確定なまま実験が終わるため，通常の独裁者ゲームよりも配分者の行動の結果はより曖昧になる．よって，配分者は「自身から見た自分のイメージ」を，自身が不平等な選択をしたという事実から守るために，あえて相手の取り分の情報を開示しなかった可能性がある．

　ただし，先述のように Dana et al. (2007) では相手の取り分の情報は初期設定で隠されており，それを開示するためには「画面の指定された箇所をクリックする」という労力が発生する．そのため，画面の特定の箇所をクリックするという労力を厭う，あるいは相手の取り分の情報を隠しているという初期設定に従って行動した人もいるかもしれない．そこで，Grossman (2014) はこの初期設定を変更し，「相手の取り分の情報を開示するか否かを自発的に選択する」場合，および「相手の取り分の情報は初期設定では開示されるが，その画面を表示する直前に相手の取り分の情報を開示しないよう変更できる」場合の実験

を行った．結果として，Dana et al. (2007) と同様の設定において相手の取り分の情報を隠したまま行動を選択した配分者の割合は 45%であったのに対し，自発的に情報開示するか否か選択しなければならない場合は 25%，　情報開示が初期設定であった場合は 3%であった．関連して，Grossman (2015) およびGrossman and Van der Weele (2017) は，自身から見た自分のイメージと社会的イメージという 2 つを切り分ける実験を行った．

　さらに，独裁者ゲームの結果は，14.3 節で紹介するフレーミング効果にも依存しうることが知られている (Bardsley, 2008; List, 2007)．たとえば Krupkaand Weber (2013) では，「配分者に 10 ドルが与えられ，配分者は受益者へどの程度の額 $x \in [0, 10]$ を配分するかを選択する」という通常の独裁者ゲームと，「配分者と受益者の両方にそれぞれ 5 ドルが与えられ，配分者は受益者へどの程度の額 $x' \in [-5, 5]$ を配分するかを選択する (ただし，$x' < 0$ は受益者からお金をとることを表す)」というゲームの実験を行った．この 2 つのゲームは金銭的にはまったく同一のものであるが，配分者の選択は実際には大きく異なった．特に完全に平等な配分，つまり通常の独裁者ゲームにおいて $x = 5$ を選択した配分者の割合は 15%であったのに対し，後者のゲームにおいて $x' = 0$ を選択した配分者の割合は 33%であった．Krupka and Weber (2013) は，このような独裁者ゲームの実験結果を分析し，人々が想定する**社会規範** (social norm) の重要性について議論している．

　Exley (2016) では，自分または相手の取り分に関する不確実性が，独裁者ゲームの結果に与える影響を分析した．まず，5.2 節で紹介した「確率 p で 10 ドルを受け取り確率 $1 - p$ で 0 ドルを受け取るくじと，確率 1 で Y ドルを受け取るくじがある場合，どちらのくじを好むか？」といった質問による通常のリスク実験 (および相手の取り分のみについて選択するリスク実験) を行い，配分者の自身の取り分に関する (および相手の取り分に関する) リスク選好を測定した．次に，配分者の行動が自身の取り分と相手の取り分の両方に影響する，独裁者ゲームに似た状況でリスク実験を行った．その結果，「自身の取り分についてのみ不確実性がある」場合，配分者は通常のリスク実験で測定した場合よりもリスク愛好的な行動をとる傾向が見られた．他方で，「相手の取り分についてのみ不確実性がある」場合，配分者は通常のリスク実験で測定した場合よりもリスク回避的な行動をとる傾向が見られた．ここで，どちらの実験においても，配

分者は相対的に自分の取り分を優先する行動をとっていることに注意されたい．Exley (2016) はこの結果について，配分者が不確実性の存在を自分の取り分を増やす言い訳にしている可能性について議論している．

　Di Tella et al. (2015) は，配分者だけでなく受益者も (配分者と同時に) ある一定の額を相手に分けるかどうか選択するという，独裁者ゲームを拡張した実験を行った．この実験では，配分者は (受益者とは別の) ある一定の額の配分を選択するが，選択肢が少なくどの選択肢でも受益者へ多額を配分しなければならない状況か，もしくは選択肢が多く受益者への配分を少額にすることも可能な状況のどちらかがランダムで割り当てられる．重要な点として，どちらの状況が割り当てられたかは，受益者には伝えられない．実験の結果，「選択肢が多い状況」に割り当てられた配分者は，「選択肢が少ない状況」に割り当てられた配分者よりも，受益者が自身 (配分者) に配分する割合が少ないと予想していた．Di Tella et al. (2015) ではこの結果について，9.4 節で紹介した自己欺瞞の理論に基づき，「選択肢が多い状況」に割り当てられ実際に少額しか受益者へ配分しなかった配分者が「受益者も少額しか配分しないだろう」と自己欺瞞を行ったからだと議論している．一方，Ging-Jehli et al. (2020) はこの実験の追試および類似の実験を行い，上記の結果は「選択肢が多い状況」に割り当てられた配分者が受益者の配分割合を過小に予想したのではなく，「選択肢が少ない状況」に割り当てられた配分者が受益者の配分割合を過大に予想したからではないかと指摘している．

　本節で紹介した実験結果の共通点として，人は「自身の取り分を相手に分けない」ことを正当化するためのありとあらゆる理由を欲していると考えられる．11.2 節で述べたように，通常の独裁者ゲームにおいて配分者が正の値を配分するのは，「相手の結果的な取り分」を気にするというよりは，「自身から見た自分のイメージ，社会的イメージ，他者の反応，他者へ生じさせる感情」などを気にした結果である可能性がある．そのため，「自分が相手に不平等な選択をした」という事実が何らかの形で曖昧になる場合には，その曖昧さを言い訳にして，相手に配分しなくなる傾向がみられる．

　独裁者ゲームは，現実の**寄付行動** (charitable giving) の状況を最も単純化した実験であると考えられる．しかし一般に，実験室における通常の独裁者ゲームよりも，現実の寄付行動ははるかに曖昧で不確実な環境であろう．そのため，

前の段落で述べた点は「一般に現実の寄付割合は，独裁者ゲームなどの実験室
実験で観察される配分割合よりもはるかに低い」という事実と整合的である．

11.4 最後通牒ゲーム，信頼ゲーム，および関連理論

本節では，独裁者ゲームに戦略的行動が加わったものとして，**最後通牒ゲー
ム** (ultimatum game)，**信頼ゲーム** (trust game)，およびそれらに関連する理
論を順に紹介する[3]．

最後通牒ゲームは，交渉 (bargaining) の状況を最も単純化した実験である．
典型的なものでは，2 人 1 組のペアにおいて，1 人が提案者 (proposer)，もう
1 人が応答者 (responder) となる．ゲームの手順は以下の通りである．

(1) 提案者は一定の金額 T が与えられ，応答者にどの程度の割合 $s \in [0, 1]$ を
    配分するかを選択する (この部分は独裁者ゲームと同じ)．
(2) 応答者は提案者が選んだ s を観察した後，その提案を受諾する (accept)
    か拒絶する (reject) かを選択する．
(3) 応答者が提案を受諾した場合，提案者の取り分は $(1 - s)T$，応答者の取
    り分は sT となる．応答者が提案を拒絶した場合，双方とも取り分は 0 と
    なる．

ここで，各人が自身の結果的な取り分しか考慮しないとすると，応答者には任
意の s を拒絶するインセンティブがないことに注意されたい．これを提案者が
事前に正しく予想していた場合，提案者の最適な行動は $s = 0$ または最小単位
の s (たとえば $s = 0.01$) となる．

次に，信頼ゲームについて説明しよう．信頼ゲームは，投資 (investment) や
不完備契約 (incomplete contract) の状況を最も単純化した実験である．典型
的なものでは，2 人 1 組のペアにおいて，1 人が提案者，もう 1 人が応答者と
なる．ゲームの手順は以下の通りである．

----
3) これらの実験結果全般の詳しい解説については Camerer (2003) を参照されたい．加
えて，最後通牒ゲームについては小林 (2021)，信頼ゲームについては山岸 (1998) と川
越 (2020) も参照されたい．

⑴ 提案者は一定の金額 T が与えられ,応答者にどの程度の割合 $s \in [0,1]$ を配分するかを選択する (この部分は独裁者ゲームと同じ).

⑵ 応答者に配分された額が 3 倍になる.この時点における配分者の取り分は $(1-s)T$,応答者の取り分は $3sT$ となる.

⑶ 応答者は提案者が選んだ s を観察した後,自分の取り分から提案者に返す金額 $x \in [0, 3sT]$ を選択する.

⑷ 最終的な提案者の取り分は $(1-s)T + x$,応答者の取り分は $3sT - x$ となる.

ここで,各人が自身の結果的な取り分しか考慮しないとすると,応答者は任意の s について,提案者に取り分をまったく返さない $(x = 0)$ ことに注意されたい.これを提案者が事前に正しく予想していた場合,提案者の最適な行動は $s = 0$ となる.他方で,たとえば提案者が応答者に全額配分し $(s = 1)$ かつ応答者が取り分の半分を提案者に返した場合 $(x = 1.5T)$,最終的な取り分は 2 人とも $1.5T$ となり,これは先の状況よりも (パレート効率性の意味においても,被験者間の最終的な取り分の平等などの意味においても) 社会的に望ましい結果であると考えられる.

Fehr and Schmidt (1999) や Bolton and Ockenfels (2000) などの「最終的な利得の結果のみに基づく社会的選好」の理論論文では,最後通牒ゲームなどの結果がそれらの理論によってどのように説明可能かが分析された.しかし,ほぼ同時期における実験室実験から,不平等な配分だけが問題ではなく,提案者がそれを提案した**意図** (intention) が重要であることが示唆される結果が報告されている (Blount, 1995; Falk et al., 2003).たとえば Falk et al. (2003) では,提案者は $s = 0.2$ または s' のどちらかの配分からしか選択できないというように提案者の選択肢を 2 択に狭めたうえで,s' の値として 0,0.2,0.5,0.8 の 4 つの異なる値がそれぞれ与えられている最後通牒ゲームを行った (なお,応答者にも提案者と同じくゲームの構造が知らされている).ここで,$s' = 0.5$ のゲームでは完全に平等な提案が可能であるが,$s' = 0.8$ のゲームではどちらの選択肢を選んでも同じ値だけの不平等が発生し,$s' = 0.2$ のゲームでは提案者は実質的に選択肢は 1 つしか与えられておらず,$s' = 0$ のゲームではむしろ $s = 0.2$ がより平等な提案になっていることに注意されたい.つまり,$s' = 0.5$

のゲームにおいて $s = 0.2$ という提案をすることは「平等な提案をしない」という提案者の意図が行動から明らかなのに対し，たとえば $s' = 0.2$ のゲームにおいて $s = 0.2$ という提案をすることは (それ 1 つしか選択肢が与えられていないため) 提案者の意図をまったく反映していない．

ここで，最終的な利得の結果のみに基づく理論では，s' が何であろうと，$s = 0.2$ という提案を観察した際の応答者の行動は同じ予測になることに注意されたい．他方で Falk et al. (2003) の実験結果として，$s' = 0.5$ の (提案者が平等な配分を選択できる) ゲームにおいては $s = 0.2$ という提案を拒絶した応答者は 44%であったのに対し，$s' = 0.8$ のゲームにおいては $s = 0.2$ という提案を拒絶した応答者は 27%，$s' = 0.2$ のゲームにおいては $s = 0.2$ という提案を拒絶した応答者は 18%，$s' = 0$ のゲームにおいては $s = 0.2$ という提案を拒絶した応答者は 9%であった．Falk et al. (2003) は，この実験結果から，最後通牒ゲームにおいて提案者の意図が結果を左右する重要な要素となっている可能性を指摘している．

このような各プレイヤーの意図を経済理論に組み入れたものの 1 つとして，**信念に基づく社会的選好** (belief-based social preferences) の理論がある．これは Geanakoplos et al. (1989) によりフレームワークが提示され，Battigalli and Dufwenberg (2009) により一般化された．Rabin (1993) は，Geanakoplos et al. (1989) に基づき，同時手番ゲームに公平性の感情を組み入れた．Dufwenberg and Kirchsteiger (2004) は Rabin (1993) の理論を逐次手番ゲームに拡張した．Falk and Fischbacher (2006) は，Fehr and Schmidt (1999) のような「相手と自分の利得の差」に基づく公平性の感情を組み入れた逐次手番ゲームの理論を構築し，その性質を分析した[4]．

また，11.3 節で紹介した自身から見た自分のイメージや社会的イメージといった感情を組み入れた社会的選好の理論としては，内発的動機 (intrinsic motivation) に焦点を当てた一連のモデル (Bénabou and Tirole, 2003, 2006b, 2010)，社会規範 (social norm) を組み入れた Sliwka (2007)，プライドや偏見を組み入れた Ellingsen and Johannesson (2008)，および 11.3 節で紹介した社会的

---

[4] 信念に基づく社会的選好に関連する他の理論については，包括的な解説論文である Battigalli and Dufwenberg (2022) を参照されたい．

イメージを組み入れた Andreoni and Bernheim (2009) などがある[5].

なお，本節で紹介した論文は，社会的選好において提唱されている理論モデルおよび実験のごく一部であることに注意されたい．社会的選好の理論は，近年までにさまざまなものが提唱されてきた．しかし私見では，「最終的な利得の結果」以外を考慮する社会的選好において，広く普及している理論モデルは現時点では存在しない．筆者が考えるその理由としては，他者への感情を組み入れた理論は，一個人の意思決定について考える場合よりも飛躍的に複雑になるからである．11.2 節で紹介したように，独裁者ゲームという (配分者 1 人しか行動を選択しないという意味において，狭義ではゲームですらない) 最も単純な環境における人々の行動の動機すら，現在でも十分には解明されていない．他者への感情を分析する道のりは長い．

11.5 実証研究

ここまで本章では，主に実験室実験について議論してきた．最後に本節では，寄付行動，投票行動，労働生産性，予防接種行動という実社会の行動を分析した，近年の実証研究を紹介する．

11.3 節で述べたように，独裁者ゲームに最も近い現実の状況は，おそらく寄付であろう．アメリカでは日本よりも寄付行動がはるかに盛んなこともあり，寄付に関する実証研究は多い．DellaVigna et al. (2012) は，各家庭を直接訪問して寄付を集める状況において，一部の家庭にのみランダムに「事前に訪問する日時を伝えるチラシを配布する」というフィールド実験を行い，複数の感情を切り分けて分析した[6]．利他性や温情など，寄付することからポジティブな感情を得られるのであれば，その日時になるべく家にいるようにするはずで

---

5) このような理論モデルおよびインセンティブ設計などへの応用を解説した論文としては，伊藤 (2015) を参照されたい．関連する日本人研究者の業績としては，Kandori (2003)，Itoh (2004)，Chen et al. (2023) などがある．

6) Bursztyn et al. (2014) は，ブラジルの投資信託販売においてフィールド実験を行い，他者の行動からの学習 (social learning) と他者が購入した財を自分も購入することから得られる効用 (social utility) を切り分ける実験を行った．Butera et al. (2022) は，アメリカの YMCA への参加および赤十字への寄付行動に関して参加者の順位を公開す

ある．他方で，本来であれば寄付したくないけれども社会的イメージを気にして直接お願いされると断れないのであれば，その日時に家にいないようにすることもできる．実験結果として，事前に訪問日時を伝えるチラシを配布された家庭は，そのチラシが配布されなかった家庭と比べ，直接訪問の際に家のドアが開く確率が減少し，また統計的に有意ではないが平均寄付額も減少した．この結果は，11.3 節の議論と同様に，現実の寄付行動においても**社会的なプレッシャー** (social pressure) などの心理的なコストがかかるため，「本来であれば分けたくもないお金を相手に分けている」可能性を示唆している．

　投票行動における社会的イメージの影響を分析した研究として，DellaVigna et al. (2017b) がある．この論文では，投票行動のアンケート調査におけるフィールド実験を行った．人々が投票に行く理由の 1 つとして，社会的イメージを保つため，他の人に聞かれた際に「自分は投票に行った」と言えるようにしておきたい，ということが考えられる (なお，投票に行ったと嘘をつくには心理的なコストがかかるとする)．DellaVigna et al. (2017b) は，各家庭を直接訪問してアンケート調査を行う状況について，一部の家庭にのみランダムに「アンケート調査の内容は，あなたが 2010 年の選挙に行ったかどうかについてである」と事前に伝えるというフィールド実験を行った．その結果，2010 年の選挙に行かなかった人はこの事前情報により約 20％ほど回答率が減少した．

　社会的選好が労働生産性へ与える影響を分析した実証研究としては，Mas and Moretti (2009) がある．この論文では，スーパーマーケットにおけるレジ打ち作業について分析した．このスーパーマーケットのレジは同じ向きに並んでいるため，ある労働者 (レジを打っている人) は自身の前にいる労働者の生産性 (レジ打ちの速さなど) はよく見えるが，自分の後ろにいる労働者の生産性についてはよくわからない．Mas and Moretti (2009) は，自分を見ている労働者 (自分の後ろでレジを打っている人) の生産性が高いほど，見られている自分の生産性も上がる一方で，自分が見ている労働者 (自分の前でレジを打っている人) の生産性はその労働者を見ている自分の生産性に影響しないことを報告している．これは，他の労働者から見られているという社会的なプレッシャーが，現実の

　るというフィールド実験を行い，社会的イメージの効用関数の具体的な形状について構造推定を行った．

職場においても重要な要素となっていることを示唆している．また，Yamane and Hayashi (2015) は，日本の競泳選手を対象とした競技パフォーマンスの実証を行った．とくに，自由形 (クロール) では隣のレーンの競争相手が見えるのに対し，背泳ぎでは隣のレーンの競争相手が見えないという性質を活用することで，他の競争相手から見られることの効果を実証した．

　労働生産性の分析に関連し，Gneezy and List (2006) や Kube et al. (2012) などは，1 回限りの日雇いのアルバイトにおいて信頼ゲームを模したフィールド実験を行った．具体的には，アルバイトに当日来た人のうちランダムに，事前には知らせなかった追加の固定報酬 (もしくは包装された魔法瓶など) を渡した．利己的な個人の場合，追加の固定報酬は (すでにアルバイトに来たことを前提とすると) 影響しないはずである．他方で，「相手に対して報いたい」という互恵性などの感情が働いた場合，労働生産性へ正の影響が生じうる．これらの論文では，どのような条件のもとで互恵性が働くかを議論している[7]．

　最後に，医療行動のフィールド実験として，Karing (2021) はシエラレオネの (しばしば遠方にあり行くこと自体にコストがかかる) 診療所にて，子どもが予防接種を受けるごとに異なる色のブレスレットを渡すというフィールド実験を行った．このブレスレットを着けることにより，親がその子に何回予防接種を受けさせたかが，ブレスレットの色でわかるようになる．実験の結果として，ブレスレットの配布により予防接種の接種率が約 14％ほど増加した．Karing (2021) は接種率増加の理由として，ブレスレットの色による社会的イメージを親が気にすることから，自分の子どもにより予防接種を受けさせたと議論している．

---

7) 互恵性に関する近年の議論については，DellaVigna et al. (2022) を参照されたい．

第 **IV** 部

意思決定における歪み

第 **12** 章

行動ゲーム理論

12.1 はじめに

　本章では，**行動ゲーム理論** (behavioral game theory) について概説する．まず述べておきたいのは，行動ゲーム理論という用語には複数の定義があるという点である．たとえば，10.3 節で紹介した Fehr and Schmidt (1999) のように不平等回避を考慮に入れたプレイヤー同士のゲームも，行動経済学的な要素を入れたゲーム理論という意味で，行動ゲーム理論に含まれる場合がある．しかし本章では，**限定合理的な戦略的思考** (limited strategic thinking) という狭義のトピックを紹介する[1]．この定義に基づけば，Fehr and Schmidt (1999) のように各プレイヤーが合理的な意思決定を行うモデルは，(公平性という行動経済学的な要素が含まれていても) 本章では対象としない．他方で，これまでの章で扱ってきた OR モデル，投影バイアス，自己欺瞞の理論など，合理的期待形成を必ずしも行わないバイアスを組み入れた戦略的状況の分析は，本章の対象となる．たとえば 3.6 節で紹介した，OR モデルに基づく消費者へ企業が財を販売するモデルは，「合理的な企業と (OR モデルの意味で) ナイーブな消費者のゲーム」という意味で，限定合理的な戦略的思考の分析に含まれる．

　以下，12.2 節では，合理的な推論を行うことができない例を示した実験室実

---

[1] 限定合理的な戦略的思考という意味での行動ゲーム理論の展望論文としては，Crawford (2013), Rabin (2013b), および Eyster (2019) を参照されたい．

験を紹介する．12.3 節では，Eyster and Rabin (2005) に基づく誤った推論の理論を解説する．12.4 節では，限定合理的な戦略的思考に関連するその他の理論に触れる．

12.2 限定合理的な戦略的思考：情報開示実験

合理的な推論を行うことができない場合の例として，本節では Jin et al. (2021) による，**情報開示** (information disclosure) に関する実験室実験を紹介する．実験の手順は以下の通りである．

(1) 実験室実験に集められた被験者たちから 2 人 1 組のペアがランダムにつくられる．

(2) ペアのうち 1 人に情報の送り手 (sender)，もう 1 人に情報の受け手 (receiver) の役割がランダムに与えられる．

(3) コンピュータが $B = \{1, 2, 3, 4, 5\}$ の 5 つの数字の中から 1 つをランダムに送り手へ表示する．

(4) 送り手は，コンピュータに表示された数字を観察したのち，その数字を受け手に「伝える」か「伝えない」か（つまり，情報を開示するかしないか）のどちらかを選択する．送り手が「伝える」を選択した場合，送り手が観察した数字を受け手も観察する．送り手が「伝えない」を選択した場合，受け手は何も観察しない．

(5) 受け手は，画面に表示された $A = \{1, 1.5, 2, 2.5, 3, 3.5, 4, 4.5, 5\}$ の中から，送り手が観察した数字を推測して選択する．

以下，送り手が観察した数字を $b \in B$，受け手が推測し選択した数字を $a \in A$ と表記する．実験報酬は，受け手の取り分は受け手の選択 a が送り手が観察した数字 b に近いほど高く，送り手の取り分は a が大きいほど高くなるように設定されている[2]．つまり，受け手にはコンピュータの数字を正しく予測するイ

---

2) 具体的には，受け手の利得は $110 - 20|b - a|^{1.4}$，送り手の利得は $110 - 20|5 - a|^{1.4}$ と設定されている．

ンセンティブがあり，他方で送り手には受け手になるべく大きな数字を答えて
もらうインセンティブがある．なお，相手側のインセンティブを含めてゲーム
の仕組みを伝えるため，実験のインストラクションは全員に同じものが配布・
説明される．

まずはこのゲームにおける均衡を求めよう．送り手が「伝える」を選択した
場合，送り手が観察した数字 b を受け手も観察することになるため，それをそ
のまま答えればよい（つまり，受け手は $a = b$ と選択する）．よって，興味の対
象となる受け手の選択は，送り手が「伝えない」を選択した場合にどの数字を
答えるかである．

ここで，最も高い数字である $b = 5$ が表示された場合の送り手の行動を考えよ
う．この送り手は，「伝える」を選択した場合は受け手に $b = 5$ であることが確
実に伝わるが，「伝えない」を選択した場合は $b = 5$ 以外の可能性も受け手は考
慮してしまう．送り手は受け手になるべく高い数字を答えてほしいため，$b = 5$
が表示された場合の送り手は「伝える」を選択するインセンティブがある．

次に，$b = 4$ が表示された場合の送り手の行動を考えよう．この送り手が「伝
えない」を選択した場合，前段階の議論により，受け手は「$b = 5$ であれば送り
手は「伝える」を選択するはずである．よって，「伝えない」を選択している以
上 $b = 5$ ではない」と推測できる．この推測を前提とすると，前段階の議論と
同様，$b = 4$ が表示された場合の送り手は「伝える」を選択するインセンティ
ブがある．同様の議論を $b = 3$ および $b = 2$ の場合にも適用すると，送り手は
$b = 1$ 以外が表示された場合には「伝える」を選択するインセンティブがある
と推測できる．実際，このゲームでは「送り手は $b = 1$ 以外の場合は確率 1 で
「伝える」を選択し，受け手は送り手が「伝えない」を選択した場合は確率 1 で
$a = 1$ と答える」が唯一の逐次均衡 (sequential equilibrium) の結果となる[3]．

しかし，実際の実験結果は，上記の逐次均衡の結果とは大きく異なる．まず，
表 12.1 は，観察した数字 b ごとに，「伝える」を選択した送り手の割合である．
$b = 4, 5$ ではほぼすべての送り手が「伝える」を選択しているが，$b = 3$ では一
部の送り手が「伝えない」を選択しており，さらに $b = 2$ では過半数の受け手

---

3) なお，この逐次均衡において $b = 1$ が表示された送り手が「伝える」か「伝えない」か
は無差別である．

表 12.1　Jin et al. (2021) 実験での，「伝える」を選択した送り手の割合 (%)

$b=1$	$b=2$	$b=3$	$b=4$	$b=5$
11	42	82	95	97

表 12.2　Jin et al. (2021) 実験での，送り手が「伝えない」を選択したときに，受け手が選択した a の値の分布 (%)

$a=1$	$a=1.5$	$a=2$	$a=2.5$	$a=3$	$a=3.5$	$a>3.5$
11	19	27	10	23	7	3

が「伝えない」を選択している．なお，送り手が「伝えない」を選択したときの b の平均値は約 1.7 である．

　それでは，受け手の行動はどうだろうか．表 12.2 は，送り手が「伝えない」を選択したときに，受け手が選択した a の値の分布である．逐次均衡の結果である $a=1$，あるいは送り手が「伝えない」を選択した場合における b の平均値に近い $a=1.5$ や $a=2$ 以外を選択した受け手が少なからずいる．とくに，受け手の 23% が（コンピュータがランダムに表示する数字の平均値である）$a=3$ を選択していることに注目してほしい．この結果は，被験者の一部が「送り手の選択は，送り手が観察した数字に依存する」という合理的な推論を行うことができていないことを示唆している．Jin et al. (2021) は追加の実験と詳細な分析を行い，上記の結果は社会的選好や実験内容に対する理解不足ではなく，受け手が送り手の行動を間違って推論していることから主に生じていると議論している．

12.3　誤った推論の理論

　本節では，限定合理的な戦略的思考の理論の中でも 12.2 節に関連し，Eyster and Rabin (2005) で明示的に定義されている「相手プレイヤーがもつ私的情報

を，その相手がとる行動から合理的に推論することができない」というバイアスを紹介する．ここでは，アカロフの中古車市場に基づく逆選択のモデルを例に考えよう．ここでは 4 つのタイプの中古車が等確率で存在し，売り手がそれらの異なるタイプの中古車を保持した際の価値を $v = 0, 10, 20, 30$ とする．消費者はリスク中立的であり，それぞれの中古車のタイプに対して $1.5v$ の価値を得るとする．売り手は自身の中古車のタイプを知っているが，消費者は取引時に中古車のタイプを観察できないとする．ここで，消費者が合理的な推論を行う場合，以下のように市場の失敗が生じる (均衡において $v = 0$ 以外の車は取引されない) ことが示せる．

- 取引価格が $p \geq 30$ の場合，すべてのタイプの売り手が車を売ろうとする．この場合，消費者が購入した際の平均的な車の価値は $1.5 \times \frac{0+10+20+30}{4} = 22.5$ のため，消費者は $p \geq 30$ の取引価格では車を買おうとしない．
- 取引価格が $30 > p \geq 20$ の場合，$v = 0, 10, 20$ のタイプの売り手が車を売ろうとする．この場合，消費者が購入した際の平均的な車の価値は $1.5 \times \frac{0+10+20}{3} = 15$ のため，消費者は $30 > p \geq 20$ の取引価格では車を買おうとしない．
- 取引価格が $20 > p \geq 10$ の場合，$v = 0, 10$ のタイプの売り手が車を売ろうとする．この場合，消費者が購入した際の平均的な車の価値は $1.5 \times \frac{0+10}{2} = 7.5$ のため，消費者は $20 > p \geq 10$ の取引価格では車を買おうとしない．

これに対し，Eyster and Rabin (2005) は相手プレイヤーの行動を観察し相手の私的情報に関する予想を更新する際に，合理的期待よりも更新の程度が (誤って) 小さくなってしまう個人のモデルを構築した．この個人が行うゲームの均衡を cursed equilibrium と名付け，その性質を分析した[4]．以下では単純化のため，相手プレイヤーの行動から相手の私的情報に関する予想をまったく更新しない消費者 (fully cursed consumer) のモデルを考える．このような予想を更新しない消費者は，取引価格 p がいくらであろうと，車を購入した際の平均的な価値が $1.5 \times \frac{0+10+20+30}{4} = 22.5$ であると (誤って) 想定してしまう．そ

---

[4] ちなみに cursed equilibrium という用語は，共通価値オークションにおいてオークションの勝者がしばしば損をしてしまうという**勝者の呪い** (winner's curse) に由来する．勝者の呪いについてはセイラー (2007) を参照されたい．

のため，取引価格 $22.5 \geq p \geq 20$ のもとで，$v = 0, 10, 20$ の 3 タイプの中古車
が取引される均衡が存在する．なお，この消費者が車を購入した際の事後的な
期待利得は $1.5 \times \frac{0+10+20}{3} - p = 15 - p < 0$ である．つまり，予想を更新し
ない消費者と取引を行う場合，一方で市場の失敗が緩和される（均衡において
$v = 0$ 以外の車も取引される）が，他方でバイアスをもつ消費者は事後的に損
失を被ってしまう．

　Murooka and Yamashita (2022) は，相手の私的情報に関する予想を更新し
ない消費者と合理的な消費者の 2 タイプが存在する状況における，逆選択モデ
ルの理論分析を行った．そして，予想を更新しない消費者と一部の売り手が取
引することにより，合理的な消費者と残った売り手とのさらなる取引が生じる
という新たな効果を発見した．具体例として，上記の設定において，予想を更
新しない消費者と合理的な消費者がそれぞれ同数いる状況を考える．ここで，
予想を更新しない消費者は，$v = 0, 10, 20$ の 3 タイプの売り手と確率 1 かつ
$p = 22$ で取引するとしよう．このとき合理的な消費者は，$v = 30$ の売り手のみ
と確率 0.1 かつ $p = 30$ で取引することが均衡となる[5]．この均衡は，合理的な
消費者のみを扱った伝統的なモデルでも，誤った推論を行う同質的な消費者の
みを扱った Eyster and Rabin (2005) のモデルでも起こりえず，両方のタイプ
の消費者が存在するモデルでのみ新たに生じる均衡である．この均衡では，伝
統的なモデルにおいて市場の失敗が生じる状況であっても，すべてのタイプの
売り手と消費者が（正の確率で）取引していることに注目されたい．Murooka
and Yamashita (2022) はこのような逆選択モデルにおいて最適な市場メカニ
ズムを導出し，単一の取引価格を用いるよりも（パレート効率性の意味で）厳密

5) ここでは，「確率 1 かつ $p = 22$」と「確率 0.1 かつ $p = 30$」の 2 つの契約が存在する
場合，上記の戦略の組が均衡であることを確認する．まず，予想を更新しない消費者は，
価格が 22.5 以下の場合のみ取引を望む．合理的な消費者は，「確率 1 かつ $p = 22$」で
購入した際の平均的な車の価値は $1.5 \times \frac{0+10+20}{3} = 15$，また「確率 0.1 かつ $p = 30$」
で購入した際の平均的な車の価値は $1.5 \times 30 = 45$ であると正しく想定するため，後者
の契約でのみ取引を望む．これらの買い手の行動を前提とすると，$v = 20$ の売り手が
「確率 1 かつ $p = 22$」を提示した場合の期待利得は 22，「確率 0.1 かつ $p = 30$」を提
示した場合の期待利得は $0.1 \times 30 + 0.9 \times 20 = 21$ のため，$v = 20$ の売り手は「確率
1 かつ $p = 22$」の契約を提示する．他のタイプの売り手のインセンティブについては，
練習として，各自でぜひ確認してみてほしい．

に望ましい均衡が達成可能な条件やその性質を分析した⁶⁾.

アカロフの中古車市場以外の cursed equilibrium の応用としては，次のような研究がある．Eyster and Rabin (2005) は，共通価値オークション，投票行動，シグナリング，情報開示のモデルを分析した．Kondor and Kőszegi (2017) は，新たな金融商品を導入した際の影響を分析した．Ispano and Schwardmann (2023) は，複占市場のモデルを分析し，消費者保護政策への含意を議論した．Eyster et al. (2019) は，cursed equilibrium を異時点間のモデルに拡張したうえで，資産価格のモデルに応用した．

12.4 その他の限定合理的な戦略的思考の理論

本節では限定合理的な戦略的思考に関連する理論として，誤った推論に関連する他の理論，レベル k モデル，および質的応答均衡について順に簡潔に紹介する⁷⁾.

12.4.1 誤った推論に関連する他の理論

誤った推論についての他の理論として，Jehiel (2005) および Jehiel and Koessler (2008) は，ある個人にとって観察不可能な状態 (12.3 節の例では消費者にとっての中古車の価値 v) がある場合，その個人は (誤って) 複数の状態をひとまとめにして考慮してしまう，という**類推期待均衡** (analogy-based expectation equilibrium) を定義し分析した．12.3 節の例を用いると，「$v = 0, 10, 20, 30$ の 4 つのタイプの中古車が等確率に存在する」のではなく，たとえば「$v = \frac{0+10}{2} = 5$ と $v = \frac{20+30}{2} = 25$ の 2 つのタイプの中古車が等確率に存在する」など，複数の状態をひとまとめにして (誤って) 想定することが挙げられる．とくに，Jehiel

---

6) 関連して Murooka and Yamashita (2023) は，市場の失敗が生じる逆選択モデルにおいて，どのようなメカニズムや限定合理的な戦略的思考を考えたとしても，バイアスをもつ消費者に事後的な損失を与えずに追加的な取引を発生させることは不可能であることを理論的に示した．

7) なお本書では，**信念学習** (belief learning) や**強化学習** (reinforcement learning) などの学習の理論は扱っていない．これらについて詳しくは川越 (2007, 2020) を参照されたい．

and Koessler (2008) で定義されている private information analogy partition に基づく類推期待均衡は，Eyster and Rabin (2005) で定義され 12.3 節で紹介した「相手プレイヤーの行動から私的情報に関する予想をまったく更新しない」均衡と同一になる．ただし，Eyster and Rabin (2005) で定義された均衡は私的情報が存在しないゲームではナッシュ均衡と常に同一になるのに対し，類推期待均衡は類推の仕方により私的情報が存在しないゲームでもナッシュ均衡とは異なることがある[8]．

　また，第 4 章で紹介した投影バイアスのうち，プレイヤー間で生じる投影バイアスも誤った推論に基づく理論であると考えられる．たとえば，自身の情報を相手に投影してしまうバイアス (情報投影バイアス) をもつ個人は，自身と相手の情報の違いを正しく推論できていないとみなせる．あるいは，自身の嗜好を相手に投影してしまうバイアス (嗜好投影バイアス) をもつ個人は，自身と相手の嗜好の違いを正しく推論できていないとみなせる．

　Esponda (2008) は，12.3 節で紹介した逆選択のモデルに基づき，消費者が同じ市場で何回も結果を観察し学習する場合を分析した．具体例として，バイアスをもつ消費者が取引価格 $p = 22$ で購入する場合を考えよう．このとき，中古車の価値が $v = 0, 10, 20$ である売り手が車を売ろうとするため，車を購入した際の平均的な価値は $1.5 \times \frac{0+10+20}{3} = 15$ である．ここで，消費者が同じ市場で何回も v の価値を観察するのであれば，バイアスをもっていても長期的には「$p = 22$ で購入した際の平均的な価値は 15 である」と学習し，$p = 22$ で購入しなくなることが考えられる．ただし，12.3 節で紹介したようなバイアスをもつ消費者は「取引価格 p がいくらであろうと，車を購入した際の平均的な価値は同じである」と（誤って）想定しているため，この消費者は「取引価格 p によらず，車を購入した際の平均的な価値は 15 である」と (誤って) 想定してしまう．よって，この消費者は $p \le 15$ の取引価格なら車を購入しようとする．Esponda (2008) は，上記のような学習の結果，「平均的な価値の予想」と「実際に購入した際の平均的な価値」が等しくなる状態を均衡として定義し，その性質を分析した．たとえば，上記の例では「取引価格 p によらず，車を購入した

---

[8] 関連して，Spiegler (2016) はベイジアンネットワーク法に基づいた限定合理的な期待形成のモデルを提唱した．類推期待均衡やその関連理論についての概説論文としては，Eyster (2019) と Jehiel (2020) を参照されたい．

際の平均的な価値は 0 である」と (誤って) 想定した場合，この消費者は $p = 0$ でしか取引しようとしないため，$v = 0$ のタイプの売り手しか車を売ろうとせず，実際に購入した際の価値は $v = 0$ であることから，予想と実際の結果が一致するため均衡となる[9]．

12.4.2 レベル k モデル

限定合理的な戦略的思考の 1 つとして，レベル k モデルが挙げられる．Nagel (1995) は，**美人投票ゲーム** (beauty contest game) とよばれる，以下の手順で行われる実験室実験を行った．

(1) 実験室実験に多数の被験者を集める．

(2) 各被験者は，同時に 0 から 100 までの数字の中から 1 つを選択する．

(3) 被験者が選択した数字の平均値 Y に $0 < p < 1$ を掛けた値，つまり pY に一番近い数字を選択した被験者が勝者となり，その被験者のみ報酬を得る (同一の数字を複数の被験者が選択した場合は，報酬を均等に分割する)．

このゲームは「全員が 0 を選択する」が唯一のナッシュ均衡である．以下では $p = \frac{1}{2}$ という具体例を用いて説明しよう．まず，pY の上限は $\frac{1}{2} \times 100 = 50$ のため，50 以上の数字は最適反応に決してならないことに注意されたい (なお，以下では多数の被験者がいるため，自身が選択した数字が全体の平均値に与える影響は捨象してよい場合を考える)．これを前提とすると，各プレイヤーが選択する数字の上限は $\frac{1}{2} \times 50$ となるため，25 以上の数字は最適反応に決してならない．このような推論を重ねることにより，任意の $0 < p < 1$ において「全員が 0 を選択する」ことが唯一のナッシュ均衡であることが示せる．

しかし，実際の実験結果は，上記のナッシュ均衡とは大きく異なる．Nagel (1995) は，複数の p について上記の実験室実験を行い，被験者の選択が $p^k \times 50$ (ただし $k \geq 1$) に集まっていることに注目し，推論の段階が k の値により与えられる**レベル k モデル** (level-k model) を提唱した．まず，数字をランダムに

---

9) Esponda and Pouzo (2016) はより一般的な設定において，限定合理的な個人が学習する場合のモデルを定義し分析した．Murooka and Yamamoto (2023a, b) は Esponda and Pouzo (2016) に基づき，限定合理的な複数の個人が戦略的状況を通じて学習するモデルを分析した．後者について詳しくは 14.4 節を参照されたい．

選ぶプレイヤーをレベル 0 とよぶ．次に，もし他のすべての被験者が数字をランダムに選ぶのであれば，勝つためには $p \times 50$ を選択すればよい．このような行動をとるプレイヤーをレベル 1 とよぶ．また，もし他のすべての被験者がレベル 1 であれば，勝つためには $p^2 \times 50$ を選択すればよい．このような行動をとるプレイヤーをレベル 2 とよぶ．$k = 3$ 以降も同様に，レベル $k - 1$ のプレイヤーに勝つための行動をとるプレイヤーをレベル k とよぶ[10]．Nagel (1995) 以降，美人投票ゲームの拡張をはじめとして，レベル k モデルは多くの実験で検証され，またその拡張や応用が分析が行われてきた[11]．

12.4.3　質的応答均衡

最後に，限定合理的な戦略的思考とはやや趣が異なるが，McKelvey and Palfrey (1995, 1998) により提唱された**質的応答均衡** (quantal response equilibrium) について触れたい．質的応答均衡では，各プレイヤーの行動は，その行動を選択した際の期待利得に加えてランダムなノイズに基づいて決定される．行動がゲームの利得自体だけでなくランダムなノイズにも依存するため，すべての行動が正の確率で選択される．

以下，n 人標準型ゲームにおいてプレイヤー i の行動集合が $A_i = \{1, 2, \ldots, m\}$ である場合を考える．なお，プレイヤー i が行動 $x \in A_i$ を選択する確率を p_{ix}，プレイヤー i が各行動を選択する確率を並べたベクトルを $p_i = (p_{i1}, p_{i2}, \ldots, p_{im})$，プレイヤー全員の選択確率の組を $p = (p_1, p_2, \ldots, p_n)$，選択確率の組が p である場合にプレイヤー i が行動 x を選択した際の期待利得を $u_{ix}(p)$ と表記する[12]．

McKelvey and Palfrey (1995, 1998) は，プレイヤー i が行動 $x \in A_i$ を任意の行動 $y \in A_i$ よりも好む条件は

$$u_{ix}(p) + \varepsilon_{ix} \geq u_{iy}(p) + \varepsilon_{iy} \tag{12.1}$$

10) レベル k モデルの推論過程を発展させた理論論文としては，Camerer et al. (2004) や Koriyama and Ozkes (2021) を参照されたい．

11) 詳しくは川越 (2007, 2020) を参照されたい．とくに日本人研究者の業績としては，たとえば Kawagoe and Takizawa (2009, 2012)，Hanaki et al. (2019) などがある．

12) なお，p_i は p に含まれてはいるが，$u_{ix}(p)$ の値には無関係である．

で与えられると定義した. ここで $\varepsilon_{ix}, \varepsilon_{iy}$ はランダムなノイズであり, 一定の技術的な性質をもつ平均 0 の分布 F に従うものとする. これより, プレイヤー i が行動 x を選択する確率 p_{ix} は, プレイヤー i の任意の行動について (12.1) 式が成立するような $\varepsilon_i = (\varepsilon_{i1}, \varepsilon_{i2}, \ldots, \varepsilon_{im})$ を分布 F が与える確率となる. 選択確率の組 p を固定したうえで, すべての p_{ix} がこの条件を満たしている場合, p を質的応答均衡とよぶ. つまり, p は (分布 F に従うランダムなノイズを組み入れたうえでの) 各プレイヤーの最適反応の不動点である.

とくに, ノイズの分布がガンベル分布に従う場合, 質的応答均衡においてプレイヤー i が行動 x を選択する確率 p_{ix} は, 以下のような多項ロジット関数 (ただし $\lambda \geq 0$) により特徴付けられる[13].

$$p_{ix} = \frac{e^{\lambda u_{ix}(p)}}{\sum_{y \in A_i} e^{\lambda u_{iy}(p)}}.$$

これを**ロジット均衡** (logit equilibrium) とよぶ. 質的応答均衡は, とくに被験者が一定の確率でランダムに行動していると想定されるような実験室実験の結果の分析に広く用いられ, またその拡張や応用が行われてきた[14].

---

[13] この場合におけるガンベル分布は, 累積分布関数が $F(\varepsilon_{ix}) = e^{-e^{-\lambda \varepsilon_{ix}}}$ で与えられる分布である.

[14] 詳しくは川越 (2007, 2020) を参照されたい. とくに日本人研究者の業績としては, たとえば Kawagoe and Takizawa (2012), Kawagoe et al. (2018) などがある.

第 **13** 章

不注意の理論とその応用

13.1 はじめに

　本章では，個人の**不注意** (inattention) が市場競争や政策にもたらす含意を
解説する．13.2 節では，税制と公共政策への含意を紹介する．13.3 節では，消
費者が不注意な場合における市場競争への応用を説明する．13.4 節では，不注
意をデータから同定する理論と，不注意が消費者の購買行動に及ぼす影響を実
証した研究を紹介する．

13.2 税制と公共政策への応用

　私たち (少なくとも筆者とその周辺の人々) は，しばしば不注意で失敗する．
たとえば，商品や契約書の内容についてよく注意せずに選択し，失敗すること
がある．本節では，不注意に関連する税制や公共政策の分析例について紹介す
る[1]．

　まずは，消費税の表示方式に関するスーパーマーケットでのフィールド実験

---

1) 本節の内容について，詳しくは Bernheim and Taubinsky (2018) と Gabaix (2019)
　を参照されたい．

を紹介する．消費税の表示方式には，税抜価格 (値札に消費税が含まれていない) と税込価格 (値札に消費税が含まれている) の 2 つがある．Chetty et al. (2009) は，税抜価格の値札に，税込価格が記載された値札を付け加えることで，消費者の購買行動がどう変化するかを実証した．結果として，税込価格の値札を付け加えた場合の売上は平均 8% 減少した．需要の価格弾力性などから消費者の平均的な注意の度合を概算すると，税抜価格における消費税は，商品の本体価格に比べ約 4 分の 1 しか注意が払われていなかった[2]．これは，税込価格の表示を行うことにより，消費者の不注意の問題を緩和できることを示唆している (他方で，税込価格の表示により，店舗側の売上は減少することも示唆している).

Chetty et al. (2009) は人々の平均的な注意の度合について分析したが，行動経済学的なバイアスの中でも，とくに注意の度合は人により大きく異なる (異質性がある) ことが知られている．Taubinsky and Rees-Jones (2018) は，本体価格および (実験内での) 消費税をランダムに変化させる購買実験を，オンラインで行った．実験内での購買データと，実験後に「先ほどの実験で，もし消費税がなかったら，より高い本体価格でも買おうとしたか？」という質問を通じて消費税への注意の度合を自己申告させる質問を組み合わせることにより，各個人の注意の度合を測定し，注意の度合は人により大きく異なることを発見した．また，各個人の異質な注意の度合をもとにした社会厚生の損失を概算した．その結果，「全員が同一の平均的な注意の度合をもつ」と仮定した理論モデルのもとでの社会厚生の損失と比べて，3 倍以上の社会厚生の損失が生じていることが示された．これは，各個人の注意に異質性がある場合には，一部の消費者が (全員が同一の平均的な注意の度合をもつと仮定した場合よりも) 深刻な間違いをしてしまい，そのような消費者の厚生が大きく下がることによる.

関連して，3.6 節で解説した「携帯電話やインターネット契約の自動更新」では，(将来の自身の近視眼性に対するナイーブさに加えて) 不注意に起因する消費者の間違いもあるだろう．意図せず不注意になってしまう可能性のある消費者を保護する政策の 1 つとして，3.6 節で詳しく紹介した，消費者の適切な判断

---

2) 消費者の平均的な注意の度合の推定手法については，Chetty et al. (2009) や DellaVigna (2009) を参照されたい.

もしくは合理的な期待形成を促すための情報提供が考えられる．Murooka and Schwarz (2018) は，インターネット契約のような長期契約の自動更新について消費者の一部が不注意になる場合，携帯電話契約の開始前だけではなく契約が自動更新される直前にも情報提供を行う政策の重要性を理論的に分析した．実際，日本でも 2016 年に公表された「電気通信事業法の消費者保護ルールに関するガイドライン」等に基づき，契約更新前のプッシュ型通知 (メールなど) を企業に送付させる政策が施行された．

　次に，所得税および電気料金体系に関する研究を紹介する[3]．個人が追加的な所得を得る際の所得税がいくらになるかは，その個人が直面している限界税率に基づく．日本においては，課税所得金額 195 万円以上から 330 万円未満までは 10% (控除額 97,500 円)，330 万円以上から 695 万円未満までは 20% (控除額 427,500 円) などである．他方で，課税所得や控除額の計算方式は必ずしも広く認知されているわけではない．より簡単な (ただし必ずしも正しくない) 計算方法として，現在の平均所得税率を用いることが考えられる．平均所得税率とは，たとえば額面年収 500 万円で所得税が 14 万円であった場合は $14/500 \times 100 = 2.8\%$ (この場合における課税所得金額は約 238 万円のため，実際の限界税率は 10%)，額面年収 800 万円で所得税が 48 万円であった場合は $48/800 \times 100 = 6\%$ (この場合における課税所得金額は約 454 万円のため，実際の限界税率は 20%) などである[4]．Rees-Jones and Taubinsky (2020) のオンライン実験では，約 43%の人は実際の限界税率ではなく，平均所得税率に基づいて選択することが観察された．

　関連して，Ito (2014) はアメリカのカリフォルニア州における非線形な電気料金体系についての実証分析を行った．消費者は実際に直面している限界価格ではなく平均価格に基づいて行動していることを，電力サービス地域の地理的境界線を用いた操作変数法により発見した．

---

3) 日本における研究として，Kurokawa et al. (2020) は所得税と消費税の等価性について実験室実験を行っている．
4) 実際には，額面年収が同じであっても，社会保険料などの各種控除のため，人により課税所得金額と所得税額は異なることに注意されたい．

13.3 市場競争への応用

　伝統的な経済学では，各個人は合理的な存在として扱われる．これは，「決して不注意にならない個人」，もしくは「将来の帰結について合理的な期待を形成したうえで，（たとえば，より注意するためには認知コストが追加でかかるため）意図的に注意を払わない個人」を考えていることにほかならない[5]．このような合理性の仮定のもとでの経済分析に対し，個人が「意図せず不注意になってしまう」場合，企業はどのように価格や契約を設定するだろうか．また，不注意はどのように経済厚生に影響し，政策への含意をどう変えるだろうか．本節では，「意図せず不注意になってしまう」消費者がいる場合，企業はどのように価格や契約を設定するかについて説明する．以下では室岡 (2020) の説明を拡充する形で，Heidhues, Kőszegi and Murooka (2016, 2017) の理論モデルの市場競争への含意を解説する[6]．

　（不注意などの理由により）ナイーブな消費者を考慮した市場分析を行う枠組みとして，行動経済学の知見を市場理論に組み入れた分析が発展してきた．しかし Gabaix and Laibson (2006) など従来の研究では，将来の支払いや違約金など一部の価格を消費者が誤認していたとしても，企業間で価格競争がある場合は，ナイーブな消費者の誤認から企業が追加的な利潤を得る均衡が起きる状況は考慮されていなかった．これは，基本料金など他の価格への競争を通じて財全体の価格が下がるためである[7]．これに対し，Heidhues, Kőszegi and Murooka (2017) は，各企業が激しい価格競争（同質財のベルトラン型価格競争）を行っている状況でも，ナイーブな消費者を誤認させることで各企業が正の総利潤を得る均衡が存在することを理論的に示した．以下では Heidhues, Kőszegi and

---

5) 後者の例としては，**合理的不注意** (rational inattention) のモデルが挙げられる．詳しくは Maćkowiak et al. (2023) を参照されたい．

6) 本節の内容に興味をもたれた場合は，Heidhues and Kőszegi (2018) も参照されたい．

7) ただし，Gabaix and Laibson (2006) と Heidhues, Kőszegi and Murooka (2017) でそれぞれ議論しているように，各企業の利潤が 0 であったとしても，均衡において消費者厚生や社会厚生の歪みは生じる．

Murooka (2017) のモデルを簡略化して説明する.

13.3.1 設定

$N \geq 2$ 社の合理的な企業がベルトラン型の価格競争を行う状況を考える. 各企業は, 各消費者に価値 $v > 0$ をもたらす同質財 (例: クレジットカード) を提供する. 財を提供するための限界費用は $c > 0$ であるとする. 各企業は基本料金 $p \in [0, v]$ (例: クレジットカードの年会費) と追加料金 $a \in [0, \bar{a}]$ (例: クレジットカードのリボ払い利息) という 2 つの価格を設定する. なお, $\bar{a}$ は追加料金の上限を表し (例: クレジットカードの上限金利), $\bar{a} > c$ であるとする. 消費者が財を購入しなかった場合の留保効用を $\underline{u} \in [0, v]$ とする (例: 現金やデビットカードを支払いに用いる). また, 以下では $\bar{a} > v - \underline{u}$ と仮定する (例: クレジットカードの上限金利を払うくらいなら, そもそも他の支払い方法を用いた方がよい).

ナイーブな消費者は契約時に追加料金について完全に不注意になっており, 追加料金の支払いを避けることができないとする (例: クレジットカードの初期設定がリボ払いになっていることにまったく気付いていない)[8]. ここで, 企業側はどの消費者でも理解できる形で追加料金の仕組みを周知する (unshroud) ことにより, ナイーブな消費者に追加料金を気付かせることができる (例: 口座残高が十分ある場合は, クレジットカードを一括で支払う設定に変えることにより, 金利を一切払わなくて済むことを教える). 以下では簡単化のため, 1 社でも周知を行った場合, すべての消費者が追加料金に気付き合理的に行動するとする[9]. また, 消費者が無差別の場合, 企業側にとってより都合のよい行動をとると仮定する.

タイミングは以下の通りである.

⑴ 各企業は (p, a) の契約 (基本料金と追加料金の組) をすべての消費者に提

---

8) このような消費者の不注意について実証した論文としては, たとえば Stango and Zinman (2014) や Alan et al. (2018) を参照されたい.

9) 追加料金に関する説明は, 通常は約款などに記載されている. しかしここでは, ナイーブな消費者はそうした約款の内容や契約時における追加料金の説明に注意を払うことなく契約を結ぶものとする. そのため, 企業側から積極的に追加料金の仕組みを周知してもらわない限り, 追加料金の存在に気付かないという状況を想定している.

示し，同時に追加料金について周知するか否かを決定する．

(2) 各消費者はすべての企業のオファーを見たうえで，契約を 1 つ選択する．
ここで，すべての企業が追加料金を周知しなかった場合は消費者はナイー
ブなままであるが，1 社でも周知した場合はすべての消費者が追加料金を
考慮に入れるようになる．

(3) 各消費者は価値 v を得て，基本料金 p および追加料金 a を支払う．

以下，消費者の行動を前提とし，各企業が対称な戦略をとり需要を均等に集め
る純粋戦略ナッシュ均衡を求める．

13.3.2 消費者の行動

まずは消費者の行動を特徴付ける．(p, a) の契約を選択した場合における消
費者の実際の効用は

$$U = v - p - a$$

である．そのため，消費者が合理的に行動する場合は，$v - p - a \geq \underline{u}$ の場合，
またその場合のみに限り，総支払額 $p + a$ が最小になる契約を選択する．

他方で，ナイーブな消費者は a について完全に不注意になっているため，自
身の効用が以下のようになると予想している．

$$\hat{U} = v - p$$

そのため，ナイーブな消費者は，$v - p \geq \underline{u}$ の場合，またその場合のみに限り，
p が最小になる契約を選択する．

13.3.3 均衡

次に，対称均衡を導出する．以下の導出を追う際には，通常の同質財ベルト
ラン競争において「価格＝限界費用」がナッシュ均衡になること，および「価
格＝限界費用」以外はどれもナッシュ均衡にならないことを示す際のロジック
を思い出されたい．なお，消費者の総数は 1 に基準化して分析する．

第 1 に，各企業が追加料金を「周知する」場合を考える．

• この場合，1 社だけ「周知しない」に逸脱したとしても，他の企業が周知し

ているため，すべての消費者は合理的に行動する．そのため，ベルトラン競争と同様のロジックが総支払額 $p + a$ に働き，均衡で消費者が財を購入する場合は $p + a = c$ でなければならない．よって，消費者は $v - c \geq \underline{u}$ の場合に財を購入する．このとき，消費者の予想する効用と実際の効用はともに $v - c$，各企業の利潤は 0 である．

第 2 に，各企業が追加料金を「周知しない」場合を考える．

- この場合，各企業は a を上げることにより需要を一切失うことなく利潤を上げることができるため，均衡では $a = \bar{a}$ である．ここで仮定より $\bar{a} - c > 0$ かつ $p \geq 0$ のため，ナイーブな消費者を他社から集めることができれば常に利潤が増える．そのため，ベルトラン競争と同様のロジックが p に働き，消費者が財を購入する場合，均衡では $p = 0$ でなければならない．よって，均衡の候補は $(p, a) = (0, \bar{a})$ のみである．このとき，消費者の予想する効用は $v > 0$，実際の効用は $v - \bar{a} < \underline{u}$，各企業の利潤は $\frac{1}{N}(\bar{a} - c) > 0$ である．

- 次に，上記の均衡の候補から，ある企業が「周知する」という逸脱を行った場合を考える．ここで $\bar{a} > v - \underline{u}$ かつ $\underline{u} \geq 0$ の仮定より，合理的に行動する消費者は $(p, a) = (0, \bar{a})$ のもとでは財を購入しない．そのため，企業は周知すると同時に総支払額を $v - p' - a' = \underline{u}$ つまり $p' + a' = v - \underline{u}$ まで下げることにより，すべての消費者を集めることができる．よって，この企業は逸脱により最大で $v - c - \underline{u}$ の利潤を得ることができる[10]．

- これらの議論から，

$$\frac{1}{N}(\bar{a} - c) \geq v - c - \underline{u}$$

の場合，$(p, a) = (0, \bar{a})$ かつ各企業が追加料金を周知しないことが均衡になることがわかる．

---

10) なお，$\bar{a} \leq v - \underline{u}$ の場合，企業は周知すると同時に総支払額を $p + a = \bar{a}$ からほんの少し下げるだけで他企業からの消費者を集めることができる．そのため，この場合は各企業が追加料金を周知しないという均衡は存在しない．

13.3.4　市場競争への影響と含意

　以下では，後者の「$(p,a) = (0,\bar{a})$ かつ各企業が追加料金を周知しない」という均衡に焦点を当てて議論する．この均衡では，各企業は同質財の価格競争のもとでも正の利潤を得ている．この均衡における消費者の実際の効用は $v - \bar{a} < \underline{u}$ と留保効用よりも低い．つまり，追加料金への不注意，および各企業がそれを周知しないことは，消費者厚生に大きな負の影響を生じさせている．

　重要な点として，財がもたらす追加的な社会的価値 $v - c - \underline{u}$ が小さいほど，各企業が追加料金を周知しない均衡は存在しやすくなることに注意されたい．とくに，$v - c < \underline{u}$，つまり財 v の（$\underline{u}$ と比較した際の）社会的価値が負である場合には，どんなに多くの企業が市場で競争していようと，周知しない均衡が存在する．これは，財 v の社会的価値が低ければ低いほど，その企業は真っ当に財を売ることが難しくなるためである．またこの場合，本来であれば供給されるべきではない財が市場に出回ることで，社会厚生の損失も生じる．

　上記の周知しない均衡のうち，各企業は同質財の価格競争のもと正の利潤を得るという性質では，基本料金に下限が存在する（$p \geq 0$）という仮定が重要になっている．この仮定を正当化するメカニズムの 1 つとして，「追加料金にもともと気付いており，かつ追加料金の支払いを避けることができる」という，合理的な消費者の存在が挙げられる．このような合理的な消費者が存在すると，内生的に基本料金の下限が生じうる．直観的には，もし企業がマイナスの基本料金（例：契約時のキャッシュバック）を付けると，ナイーブな消費者に加え，追加料金を避ける合理的な消費者を大量に集めてしまうため，利潤を得られなくなる．よって，この場合では基本料金を下げる競争が十分に働かない[11]．

　Heidhues, Kőszegi and Murooka (2016) では，上記のように企業が正の利潤を得る均衡が存在する場合において，各企業は品質向上のためのイノベーションではなく，消費者からさらに搾取するための技術（例：新たな追加料金の導入）を開発することで利潤を高めるインセンティブをもつことを理論的に示した．この結果の直観を説明するため，あらゆるイノベーションは他企業に完全かつ即時に真似される場合を考える．このとき，品質を向上させるイノベーショ

---

11) 詳しくは 3.7 節および Heidhues, Kőszegi and Murooka (2012, 2017) を参照されたい．

ンは均衡における自社の利潤の増加をもたらさない．他方で，上記の周知しない均衡では，ナイーブな消費者からより搾取するイノベーションは (他企業に真似されたとしても) 均衡における自社の利潤を増加させる．結果として，企業の製品開発行動は大きく歪み，追加的な非効率性が生じてしまう．

　ここで，追加料金に関する消費者厚生への含意が通常と逆になることに注意されたい．伝統的な消費者厚生の分析では，追加料金が上昇した際に消費者の支払い頻度がほとんど減らない (その追加料金に対する需要の価格弾力性が低い) 場合，ほとんどの消費者にとって財の価値は (追加料金を含む) 総支払額よりも高いとみなされる．他方で，上記の均衡におけるナイーブな消費者の実際の効用は $v - \bar{a} < \underline{u}$ のため，この消費者はそもそも財を購入すべきでない．これは，需要の価格弾力性の低さから財の価値の高さへと一足飛びに結論付けるのではなく，行動経済学的な要素を考慮に入れることの重要性を示唆している[12]．

　それでは，上記のような搾取を防ぐために，どのような政策が考えられるだろうか．Gabaix and Laibson (2006) など従来の研究では，各企業が消費者の不注意から搾取することを阻止するには，企業間の競争を促進するだけでは十分でないことが明らかにされている．加えて，Heidhues, Kőszegi and Murooka (2016, 2017) では (たとえ他企業が真似したとしても) ナイーブな消費者を誤認させることで各企業が正の利潤を得ることから，さらに直接的な消費者保護が必要となることを指摘している．それでは，競争政策が必ずしも望ましい結果につながらない場合，どのような政策が考えられるだろうか．一例として，Heidhues, Kőszegi and Murooka (2016, 2017) では「消費者が明らかに誤認している価格や契約条項に対する規制」について議論している[13]．

---

12) 追加料金への不注意を組み入れた需要の価格弾力性の分析については，詳しくは Heidhues and Kőszegi (2018, p.542) を参照されたい．

13) Murooka (2015) は，投資信託のアドバイザーや保険の販売員などの仲介業者が，企業から販売手数料を受け取り消費者に財をすすめる状況を分析した．そして，消費者がある財の追加料金を誤認していた場合，どのような競争環境や規制のもとであれば，仲介業者がその誤認を正そうとするかを理論的に示した．

13.4　不注意の同定に関する理論と実証

　前節のように，消費者がある特定の要素や財について完全に不注意になっている場合，消費者の選好をデータから同定 (identification) することは一筋縄ではいかなくなる．たとえば，$\{a, b, c\}$ という 3 つの商品があり，消費者はこの中から b を選択したとしよう．伝統的な経済理論では，消費者が b を選択することは，顕示選好の理論より $b \succsim a$ および $b \succsim c$ を意味する．しかし，消費者が不注意になりうる場合，この消費者は c を考慮に入れていなかっただけで，本来は c の方が b より好ましかったのかもしれない．たとえば，この消費者はアルファベット順で最初の 2 つの商品，つまり $\{a, b, c\}$ において a と b しか見ていなかった可能性もある．このような，各選択肢の集合において考慮対象となる商品の範囲を**考慮集合** (consideration set) とよぶ．

　上記の状況において，消費者の注意と選好をどのようにデータから分析することができるだろうか．以下では，「考慮していなかった商品が (売り切れ等により) 除去されたとしても，考慮集合は常に変化しない」という**注意フィルター** (attention filter) の仮定を置く．たとえば，$\{a, b, c\}$ において c を考慮に入れていない消費者は，c が除去された $\{a, b\}$ においても考慮集合は同じ，という仮定である．実生活において当てはまりそうな例としては，インターネット検索でブラウザの 1 ページ目に表示された結果のみを確認する，スーパーマーケットでたくさんあるポテトチップスの種類のうちつねに一部の種類しか見ていない，自動車を買う際に燃費が最も良い数車種と最安値の数車種のみ考慮する，などがある．たとえば最初の例では，任意の考慮対象外の結果は 2 ページ目以降にしか現れないため，その結果が除去された状況でも 1 ページ目の検索結果は変わらず，そのため考慮集合も同一のままとなる[14]．

　Masatlioglu et al. (2012) は，注意フィルターの仮定から各商品に対する消費者の選好，注意，および不注意を同定する理論を構築した．消費者の本来の

---

14) 上記の仮定が成り立たない場合としては，たとえばインターネット検索の結果が全部で 3 ページ以上ある場合は 1 ページ目に表示された結果のみを確認するが，検索結果が全部で 2 ページの場合は 2 ページ目も確認するような場合が挙げられる．

選好が完備性と推移性を満たし，かつ任意の 2 つの選択肢において厳密な選好 $\succ$ をもつと仮定する[15]．以下では，ある消費者が $\{a,b,c\}$ という 3 つの中から b を選択し，$\{b,c\}$ という 2 つの中から c を選択した場合を考える．

- まず，a の有無で行動が変化しているため，注意フィルターの仮定から，この消費者は $\{a,b,c\}$ において a を考慮に入れていることが導ける（もし a を考慮に入れていなかったら，$\{a,b,c\}$ においても $\{b,c\}$ においても同じ商品を選択しているはずである）．したがって，この消費者は $\{a,b,c\}$ において a に注意を払っていることが顕示されている (revealed attention)．

- 次に，上記の結果からこの消費者は $\{a,b,c\}$ において a を考慮に入れているにもかかわらず，$\{a,b,c\}$ において b を選択していることになる．したがって，この消費者は a よりも b の方を好んでいる，つまり $b \succ a$ が顕示されている (revealed preference)．

- 加えて，a と b の両方を含む任意の選択肢の集合 X（たとえば $X = \{a,b,c,d,e\}$）について，X の中から a を選択した場合を考える．この消費者は上記の 2 つ目の結果から a よりも b の方を好んでいるにもかかわらず，X において a を選択している．したがって，X において b に注意を払っていなかったことが顕示されている (revealed inattention)．

なお Masatlioglu et al. (2012) は上記の 2 つ目の結果に関連し，消費者の意思決定モデルを特定化しないまま厚生評価を行うことへの危惧を示している．以下では意思決定モデルを特定化していない厚生評価の例として，Bernheim and Rangel (2009) において提唱されている「選択肢 x が含まれているときには選択肢 y は決して選択されず，かつ選択肢 y が含まれているときに選択肢 x が選択されることがある，という 2 つの条件を満たす場合は，選択肢 x は選択肢 y より望ましい」という一見もっともらしい厚生評価と比較しよう．ここで例として，「$d \succ c \succ b \succ a$ という選好をもつが，どの選択肢の集合においてもアルファベット順で最初の 2 つしか見ない．かつ，a が選択肢にある場合は c は常

---

15) ここでの完備性とは，任意の 2 つの選択肢 a, b において $a \succsim b$ もしくは $b \succsim a$ またはその両方が成立する性質のことである．推移性とは，任意の 3 つの選択肢 a, b, c において $a \succsim b$ かつ $b \succsim c$ である場合に $a \succsim c$ が成立する性質のことである．

に見落とされる」という消費者を想像してほしい[16]．この消費者が，$\{a, c\}$ という 2 つの中から a を選択し，$\{c, d\}$ という 2 つの中から d を選択し，$\{b, c, d\}$ という 3 つの中から c を選択し，$\{a, b, c, d\}$ という 4 つの中から b を選択した場合を考える[17]．

- この場合，「選択肢 a が含まれているときには選択肢 c は決して選択されず，かつ（$\{a, c\}$ において）選択肢 c が含まれているときに選択肢 a が選択されている」ことに注意されたい．そのため，意思決定モデルを特定化していない Bernheim and Rangel (2009) の厚生評価に基づくと，a は c より望ましいという（この消費者の本来の選好からは誤った）結論が導かれてしまう．

- 他方で Masatlioglu et al. (2012) の注意フィルターからは，$c \succ b$（$\{c, d\}$ という 2 つの中から d を選択し，$\{b, c, d\}$ という 3 つの中から c を選択していることによる），および $b \succ a$（$\{b, c, d\}$ という 3 つの中から c を選択し，$\{a, b, c, d\}$ という 4 つの中から b を選択していることによる）が顕示される．よって，選好の推移性より $c \succ a$ が導ける．

この例で示されているように，Masatlioglu et al. (2012) では消費者の厚生評価の際に意思決定モデルを特定化することの重要性を主張している[18]．

　また，上記のそれぞれの結果は，消費者の首尾一貫しない行動（$\{a, b, c\}$ において b を選択，$\{b, c\}$ において c を選択）から同定されていることに注目されたい．一般的に，消費者が首尾一貫した行動を取り続けている限りにおいては，その消費者の選好を同定できない．例として，ある消費者が $\{a, b, c\}$ という 3 つの中から b を選択し，$\{b, c\}$ という 2 つの中からも b を選択した場合を考え

---

16) 現実の例として，次のような状況が考えられる．ある商品棚の前側には高々 2 つしか商品を置けず，店側は在庫をアルファベット順に前側から陳列する．消費者は棚の前側しか見ない．さらに，商品サイズから a と c は前側に一緒に置けないとしよう（これより，a がある限り c は常に棚の後ろ側に隠れてしまう）．

17) この消費者の他の意思決定が追加で観察されている場合においても，以下の結果は変わらない．つまり，仮にすべての意思決定問題を観察していたとしても，以下の議論は成立することに注意されたい．

18) 消費者が不注意になりうる場合における厚生評価の基準については，Masatlioglu and Nakajima (2015) も参照されたい．

よう．この場合，b よりも本来は a や c の方がこの消費者にとって好ましかったが，この消費者は a や c を常に見落としていたという可能性が排除できないため，この消費者の選好について結論付けることはできない[19]．つまり，上記の方法で消費者の不注意を分析するためには，首尾一貫しない行動が観察されているデータが必要になる[20]．

　不注意が購買行動に与える影響を日本のデータで実証した研究として，Kawaguchi et al. (2021) がある．自販機によっては，多数の飲料の中から特定の飲料をおすすめされることがある．Kawaguchi et al. (2021) は，JR 東日本管内のエキナカ自販機において，ディスプレイ上のおすすめ飲料をランダムに表示させるというフィールド実験を行うことにより，消費者の注意の度合と選好を同時に実証した[21]．また，電車が出発するまでの時間的制約が，どのように消費者の注意を変化させるかを実証した．結果として，おすすめの表示を行うことは，消費者の注意と選好の両方に影響を与えることを発見した．また，おすすめの表示を行うことにより，おすすめされた飲料だけではなく，おすすめされなかった飲料についても，販売量は増加していた．これは，おすすめの表示が消費者の注意に与える効果には（おすすめされていない商品への）波及効果があることを示唆している．これらの結果をもとに，時間的制約に応じて自販機の販売量を最大化する，最適なおすすめ戦略について反実仮想分析を計算した．最適なおすすめ戦略は，飲料価格の 10％ の値下げよりも販売量を増やすと推計された[22]．

---

19) この例から同定できることは，$\{a, b, c\}$ と $\{b, c\}$ の両方において消費者は b を考慮に入れていることのみである（考慮に入れていないものは選択できないため）．

20) 消費者の行動が確率的に決まる場合でも，注意と選好の同定は（一定の仮定のもとで）可能である．たとえば Manzini and Mariotti (2014) を参照されたい．

21) 具体的には，まずはおすすめ飲料をランダムに決定しておいたうえで，特定の時間帯にはおすすめ飲料を（これもランダムに決定しておいた）一部の自販機のみに表示し，それ以外の時間帯にはおすすめ飲料をどの自販機にも表示しないという実験を行った．

22) 関連して，Kawaguchi et al. (2019) はエキナカ自販機のデータを用い，電車が出発するまでの時間的制約や混雑の度合が，どのようにおすすめされた飲料とおすすめされなかった飲料のそれぞれの販売量に影響を与えるかを実証した．

第 **14** 章

その他の理論

確率計算・フレーミング効果・自信過剰

14.1 はじめに

　本章では，ここまで本書で紹介してこなかった行動経済学の理論について，それぞれ簡潔に紹介する．14.2 節では，限定合理的な確率計算の理論を紹介する．14.3 節では，フレーミング効果とそれに関連した理論を紹介する．14.4 節では，自信過剰に関する理論を紹介する．

14.2 限定合理的な確率計算

　確率の計算は難しい．とくに，人は条件付き確率を考える場合，しばしば間違った方法で計算してしまう．本節は，ベイズの定理 (条件付き確率の定理) から予測可能な形で乖離した計算を行ってしまうという意味における，**限定合理的な確率計算** (non-Bayesian updating) の理論を紹介する[1]．

　以下では**基準比率の無視** (base-rate neglect) という，限定合理的な確率計算の中でも代表的なバイアスに焦点を当てて説明する．具体的な例として，以下の質問を考えてみてほしい．

---

　1) 詳しくは Benjamin (2019) を参照されたい．

> **問 1** ある人が感染症 C を引き起こすウイルスを検出する検査を受けるとしよう．人口 1 億人のうち，1 万人がこのウイルスに感染しているとする．検査の結果は陽性か陰性のどちらかであり，感染している人が検査を受けると 99.9%で陽性と出る．また，無感染の人が検査を受けると 99.9%で陰性と出る．この検査で陽性と出た場合，実際にこのウイルスに感染している確率はどれくらいか？

　問 1 を細かく計算せずに考えてもらうと，多くの人は 90%以上と答えるのではないだろうか．しかし，ここで事前確率では 1 万人に 1 人 (つまり 0.01%) しかウイルスに感染していないことに注意してほしい．もし 1 億人全員が検査を受けたとすると，実際に感染している 1 万人のうち 9990 人が陽性と出る一方で，実際に感染していない 9999 万人のうち 9 万 9990 人が陽性と出る．よって，検査で陽性と出た場合に実際に感染している確率は

$$\frac{9990}{9990 + 99990} \approx 0.09$$

つまり，約 9%であることがわかる．問 1 で 90%以上と答えた人は，基準となる事前確率の比率を無視，あるいは過小評価して計算を行ってしまった可能性がある．

　Benjamin et al. (2019) は，このように基準比率を過小評価して条件付き確率を計算してしまう理論モデルを提示し分析した．問 1 の例に則し，感染の事前確率を $p(C) \in (0, 1)$，無感染の事前確率を $p(NC) = 1 - p(C)$，感染者 C が検査を受けた際の陽性確率を $p(Y \mid C) \in (0, 1)$，無感染者 NC が検査を受けた際の陽性確率を $p(Y \mid NC) \in (0, 1)$ とすると，ベイズの定理より「検査で陽性と出た場合，実際に感染している確率」は以下になる．

$$\frac{p(Y \mid C) \times p(C)}{p(Y \mid C) \times p(C) + p(Y \mid NC) \times p(NC)}$$

たとえば，問 1 の確率をベイズの定理から直接計算すると，上で求めたものと同じ値

$$\frac{0.999 \times 0.0001}{0.999 \times 0.0001 + 0.001 \times 0.9999} = \frac{9990}{9990 + 99990} \approx 0.09$$

が求められる．これに対し Benjamin et al. (2019) は，個人はある $\alpha \in [0, 1]$ をもち

$$\frac{p(Y \mid C) \times p(C)^{\alpha}}{p(Y \mid C) \times p(C)^{\alpha} + p(Y \mid NC) \times p(NC)^{\alpha}}$$

に基づいて条件付き確率を計算するという理論モデルを分析した．α は基準比率を過小評価する度合を表し，$\alpha = 1$ はベイズの定理に基づく合理的な確率計算，$\alpha = 0$ は事前確率を完全に無視した確率計算 (問 1 の例では $\frac{0.999}{0.999+0.001} = 0.999$，つまり 99.9%と計算される)，$\alpha \in (0, 1)$ は事前確率を過小評価している個人を描写している．Benjamin et al. (2019) はこのモデルを分析した結果として，基準比率を過小評価する個人は情報を逆の意味に捉えてしまう場合があること (つまり，実際はある事象の事後確率を高める情報であるにもかかわらず，その事象の事後確率を低める情報だと誤って計算してしまう)，情報が複数得られる場合は直近の情報に偏った計算をしてしまうこと，無限に情報を得たとしても事後確率の計算が収束しない可能性があること，などを示した．

　なお，限定合理的な確率計算に関する他の理論としては，確証バイアス (confirmatory bias)[2)]，代表性バイアス (representativeness)[3)]，少数の法則 (law of small numbers)[4)]，大数の法則への疑念 (non-belief in the law of large numbers)[5)]，確率の過剰更新 (excess movement)[6)]，などがある．

　近年のこの分野の潮流としては，「間違った計算を行う」という仮定を直接的に置くよりも，「別の行動経済学的な要素の結果として，限定合理的な確率計算が生じる」といった分析の方がより広く行われている印象がある．たとえば，第 9 章で紹介した信念から得られる効用のモデルを用いて，自身の能力についてどのように事後確率の計算が誤ってくるのかを分析することなどが挙げられる[7)]．

---

2) Rabin and Schrag (1999).

3) Gennaioli and Shleifer (2010), Bordalo et al. (2016).

4) Rabin (2002b), Miller and Sanjurjo (2018).

5) Benjamin et al. (2016).

6) Augenblick and Rabin (2021).

7) 関連した実験室実験としてはたとえば Eil and Rao (2011) や Zimmermann (2020) を，理論モデルとしてはたとえば Bénabou and Tirole (2002) や Kőszegi, Loewenstein and Murooka (2022) を参照されたい．

14.3 フレーミング効果とその関連理論

本節では，フレーミング効果とそれに関連する理論を簡潔に紹介する．

14.3.1 フレーミング効果

まずは例として，次の質問について，読者は自分だったらどちらを選ぶかを考えてみてほしい．

> **問2** 何の対策もとらないと 600 人が亡くなる感染症が発生したとする．以下 2 つの対処法のうち，あなたはどちらがより好ましいと思うか？
> - 対処 A：確率 1 で 200 人が助かる
> - 対処 B：確率 $\frac{1}{3}$ で 600 人が助かり，確率 $\frac{2}{3}$ で 0 人が助かる

Tversky and Kahneman (1981) の調査によると，問 2 では 72％の人が対処 A をより好ましいと答えた．それでは，次の質問についてはどうだろうか．

> **問3** 何の対策もとらないと 600 人が亡くなる感染症が発生したとする．以下 2 つの対処法のうち，あなたはどちらがより好ましいと思うか？
> - 対処 C：確率 1 で 400 人が亡くなる
> - 対処 D：確率 $\frac{1}{3}$ で 0 人が亡くなり，確率 $\frac{2}{3}$ で 600 人が亡くなる

Tversky and Kahneman (1981) の調査によると，問 3 では 22％の人が対処 C をより好ましいと答えた．ここで，問 2 と問 3 では，実質的には同一の内容を聞いていることに注意してほしい．問 2 では人が「助かる」という利益について，問 3 では人が「亡くなる」という損失について，文章の内容を変えることにより各選択肢の印象を変えているのである．このように，選択肢の提示の仕方や本来関係のない情報などにより，人の選択に影響を与える効果を**フレーミング効果** (framing effect) とよぶ．Tversky and Kahneman (1981) は第 6 章で紹介したプロスペクト理論に基づき，利益か損失かのフレーミング効果に

よってリスク態度が変わる可能性について議論している.

　フレーミング効果の研究は非常に多岐にわたっており，少なくとも筆者はまだ統一的な見解を持ち合わせていない.また，2018 年および 2019 年に計 2 冊刊行された *Handbook of Behavioral Economics* でも，筆者が確認した限りではフレーミング効果一般を直接的に扱っている箇所はない[8].私見では，この分野は統一的な理論を構築するためのエビデンスがまだ足りないように思う.とくに，13.4 節で紹介した不注意の同定のように，「人は現実の状況下でどのように各選択肢に意識を向けているか」を解明するフィールド実験，および観察データによる実証研究の蓄積が重要だと筆者は考えている.

14.3.2　範囲狭隘バイアス

　ここではフレーミング効果のうち，選択肢の提示の仕方により行動が変わる特定のバイアスに焦点を当てて紹介する.まずは例として，次の質問について，読者は自分だったらそれぞれどちらを選ぶかを考えてみてほしい.

> **問 4** 以下のくじ A と B から 1 つ，かつ同時にくじ C と D から 1 つ，計
> 　　　2 つ選択する場合を考える.それぞれどちらのくじを選ぶか？
> - 「100％の確率で 240 円を受け取る」くじ A と，「25％の確率で 1000
> 　円を受け取り，75％の確率で 0 円を受け取る」くじ B
> - 「100％の確率で 750 円を支払う」くじ C と，「75％の確率で 1000
> 　円を支払い，25％の確率で 0 円を支払う」くじ D

　ここで，くじ A とくじ D の 2 つを選ぶと考えた読者もいるのではないだろうか.それでは，次の質問ではどうだろうか.

> **問 5** 以下の 4 つのくじから 1 つ選択する場合を考える.どのくじを選ぶか.
> - 「100％の確率で 510 円を支払う」くじ AC
> - 「75％の確率で 760 円を支払い，25％の確率で 240 円を受け取る」

---

8) ただし，Benjamin (2019) は 14.2 節で紹介した限定合理的な確率計算との関連で，また Gabaix (2019) は第 13 章で紹介した不注意との関連で，それぞれ間接的にフレーミング効果について触れている.

> くじ *AD*
> - 「75％の確率で 750 円を支払い，25％の確率で 250 円を受け取る」
>   くじ *BC*
> - 「56.25％の確率で 1000 円を支払い，37.5％の確率で 0 円を受け取り，6.25％の確率で 1000 円を受け取る」くじ *BD*

　問 5 において，くじ *AD* はくじ *BC* よりも明らかに好ましくないくじである[9]．他方で，問 4 の 2 つの選択をそれぞれまとめて考えると，問 5 の各選択肢とまったく同じになっていることに注意されたい．ここで，問 4 でくじ *A* とくじ *D* の 2 つを選んだ個人は，総合的な結果ではなく，くじ 1 つひとつの結果を分けて考えてしまっていた可能性が高い．Tversky and Kahneman (1981) および Rabin and Weizsäcker (2009) は，問 4 と問 5 のようなアンケート調査および実験室実験を行った．このような，本来であれば関連している損得を別々に分けて意思決定を行ってしまうことを範囲狭隘バイアス (narrow bracketing) とよぶ．Rabin and Weizsäcker (2009) は範囲狭隘バイアスの理論モデルを提示し，どのような選好をもっている場合に「問 4 でくじ *A* とくじ *D* の 2 つを選ぶ」といった間違いが生じうるかを分析した．

　各結果を総合して評価するか別々に評価するかは，さまざまなトピックで重要となる．たとえば，7.4 節で紹介した Daido, Morita, Murooka and Ogawa (2013) の作業割当の例で，労働者の効用が参照点依存の理論に基づく場合においても，給与についての心理的な損得と労働時間についての心理的な損得を別々に評価することが，期待効用理論とは異なる結果を導く肝になっている．

　さらに，異時点間の選択に関しても，どの時点までの結果を一括りにして考えるかが重要な場合がある．たとえば，「31 日後から 60 日後まで毎日 550 円もらえる」という提示をするよりも「60 日後までに計 1 万 6500 円もらえる」と提示する方が，より人を惹き付けるかもしれない（ここで $30 \times 550 = 16500$ であることに注意されたい）．このような「実質的に同じ利得であったとしても，結果の散らばり方や提示の仕方が人の選択に影響を与える」という理論モデルが，

---

9) 精確には，くじ *AD* はくじ *BC* に first-order stochastically dominated されている．

近年複数の研究で提唱されている (Bordalo et al., 2012; Kőszegi and Szeidl, 2013; Bushong et al., 2021).

14.4 自信過剰とその関連理論

本節では，**自信過剰** (overconfidence) とそれに関連する近年の理論を簡潔に紹介する．Moore and Schatz (2017) は自信過剰を以下の 3 つに分類している．

- **過大絶対評価** (overestimation)：自身の絶対的な能力などを過大に評価すること
- **過大相対評価** (overplacement)：他者と比べた際の自身の相対的な能力や順位などを過大に評価すること
- **精度過剰** (overprecision)：自身の予想の正確さを過剰に高く評価すること

経済学における自信過剰の実験室実験としては，たとえば Camerer and Lovallo (1999) を参照されたい[10]．自信過剰の応用および実証分析の概説としては，個人投資家を対象とした Daniel and Hirshleifer (2015)，CEO や企業経営を対象とした Malmendier and Tate (2015)，および消費者を対象とした Grubb (2015) をそれぞれ参照されたい．これらの概説論文でカバーされているように，主にファイナンス分野において，自信過剰の市場均衡[11]や最適契約設計への含意[12]などが理論的に分析されている．

以下では，近年のこの分野の潮流において代表的な理論研究を 2 つ紹介する．1 つは，14.2 節での説明と同様，「自信過剰である」という仮定を直接的に置くよりも，「別の行動経済学的な要素の結果として，自信過剰が生じる」という理論分析である．たとえば，第 9 章で紹介した信念から得られる効用のモデルか

---

10) なお Benoît and Dubra (2011) は，Camerer and Lovallo (1999) など従来の研究で過大相対評価とみなされていた実験結果が，行動経済学的なバイアスではなく，環境の不確実性をもとにした合理的な推論の結果としても起こりうることを理論的に示した．他方で，Benoît et al. (2015) はその理論をふまえた新しい実験室実験を行い，結果として合理的推論では説明できない過大相対評価が確認された．

11) DeLong et al. (1990), Shleifer and Vishny (1997), Kyle and Wang (1997).

12) de la Rosa (2011), Gervais et al. (2011).

ら，自身の能力への自信過剰が内生的に生じるという理論分析が挙げられる[13]．

　もう 1 つは，自信過剰な個人が自身の経験を通じ，どんな要素を学習してい
くかという理論である．たとえば，自身の能力を過大絶対評価している個人が，
営業成績を通じて自身の能力や営業している商品の質などを学習していく状況
を考えてほしい．伝統的な経済理論では，経験を通じて自身の能力を学習する
結果，一般に自信過剰の程度は減少していく．しかし自信過剰な個人は，たと
え自分の能力の低さを示す情報を得ても，自身の能力以外の要因に原因を転嫁
し，自身の能力以外の要素を (誤って) 学習していくかもしれない．上の例でい
えば，自分の営業成績が悪いのは，そもそも自分が営業している商品の質が良
くないせいだと (誤って) 学習することが考えられる．実際に，自信過剰な労働
者や事業主は，学習の機会を十分に得た後も依然として自信過剰のままである
傾向があることが，Hoffman and Burks (2020) や Huffman et al. (2022) な
ど観察データを用いた近年の実証研究で報告されている．

　Heidhues et al. (2018) は，自信過剰な個人がそれ以外の要因に原因を転嫁
して学習する理論モデルを分析した．例として，自信過剰であるために営業努
力を怠り，結果として営業成績が悪かった労働者が，営業している商品の質に
責任を転嫁するとしよう．このとき，商品の質が良くないと思うことが，営業
努力をさらに怠る理由となってしまうことに注意されたい．営業努力をさらに
怠った結果，営業成績がさらに悪くなるため，この労働者はその商品にますま
す責任を転嫁し，結果としてますます営業努力を怠るようになる．このような
学習を通じた負のスパイラルを**自滅的な学習** (self-defeating learning) とよぶ．
Heidhues et al. (2018) は，どのような場合に自信過剰な個人が自滅的な学習
に陥るのかを分析した[14]．

　Ba and Gindin (2023) と Murooka and Yamamoto (2023a, b) は，複数の
自信過剰なプレイヤーが戦略的関係にある場合における学習の理論を分析した．
とくに Murooka and Yamamoto (2023a, b) は，「自身の能力への自信過剰」だ
けでなく，「相手プレイヤーが自信過剰であることに気付いていない」など「他
のプレイヤーが想定している状況」へのバイアスも組み入れた理論モデルを構

---

13)　具体的には，第 9 章で紹介した Bénabou and Tirole (2002)，Kőszegi (2006a)，
　　Kőszegi, Loewenstein and Murooka (2022) などを参照されたい．
14)　上記のような学習の理論の解説書としては，山本 (2021) を参照されたい．

築し，戦略的関係の存在が長期的な学習の結果に影響を及ぼす条件を導出した．また，学習が生じる場合における寡占競争，チーム生産，世代を超えた偏見の伝播の可能性などを，理論的に分析した．

参考文献

Abito, Jose Miguel and Yuval Salant (2019) "The Effect of Product Misperception on Economic Outcomes: Evidence from the Extended Warranty Market," *Review of Economic Studies*, Vol. 86, No. 6, pp. 2285–2318.

Acland, Dan and Matthew R. Levy (2015) "Naivete, Projection Bias, and Habit Formation in Gym Attendance," *Management Science*, Vol. 61, No. 1, pp. 146–160.

Akerlof, George A. (1991) "Procrastination and Obedience," *American Economic Review*, Vol. 81, No. 2, pp. 1–19.

Alan, Sule, Mehmet Cemalcılar, Dean Karlan, and Jonathan Zinman (2018) "Unshrouding: Evidence from Bank Overdrafts in Turkey," *Journal of Finance*, Vol. 73, No. 2, pp. 481–522.

Allcott, Hunt, Benjamin B. Lockwood, and Dmitry Taubinsky (2019a) "Regressive Sin Taxes, with an Application to the Optimal Soda Tax," *Quarterly Journal of Economics*, Vol. 134, No. 3, pp. 1557–1626.

——— (2019b) "Should We Tax Sugar-Sweetened Beverages? An Overview of Theory and Evidence," *Journal of Economic Perspectives*, Vol. 33, No. 3, pp. 202–227.

Andreoni, James (1989) "Giving with Impure Altruism: Applications to Charity and Ricardian Equivalence," *Journal of Political Economy*, Vol. 97, No. 6, pp. 1447–1458.

——— (1990) "Impure Altruism and Donations to Public Goods: A Theory of Warm-Glow Giving," *Economic Journal*, Vol. 100, No. 401, pp. 464–477.

Andreoni, James, Deniz Aydin, Blake Barton, B. Douglas Bernheim, and Jeffrey Naecker (2020) "When Fair Isn't Fair: Understanding Choice Reversals Involving Social Preferences," *Journal of Political Economy*, Vol. 128, No. 5, pp. 1673–1711.

Andreoni, James and B. Douglas Bernheim (2009) "Social Image and the 50âĂŞ-50 Norm: A Theoretical and Experimental Analysis of Audience Effects," *Econometrica*, Vol. 77, No. 5, pp. 1607–1636.

Andreoni, James and John Miller (2002) "Giving According to GARP: An Experimental Test of the Consistency of Preferences for Altruism," *Econometrica*, Vol. 70, No. 2, pp. 737–753.

Ariely, Dan and Klaus Wertenbroch (2002) "Procrastination, Deadlines, and Performance: Self-Control by Precommitment," *Psychological Science*, Vol. 13, No. 3, pp. 219–224.

Armstrong, Mark (2015) "Search and Ripoff Externalities," *Review of Industrial Organization*, Vol. 47, No. 3, pp. 273–302.

Ashraf, Nava, Dean Karlan, and Wesley Yin (2006) "Tying Odysseus to the Mast: Evidence From a Commitment Savings Product in the Philippines," *Quarterly Journal of Economics*, Vol. 121, No. 2, pp. 635–672.

Augenblick, Ned and Matthew Rabin (2019) "An Experiment on Time Preference and Misprediction in Unpleasant Tasks," *Review of Economic Studies*, Vol. 86, No. 3, pp. 941–975.

———— (2021) "Belief Movement, Uncertainty Reduction, and Rational Updating," *Quarterly Journal of Economics*, Vol. 136, No. 2, pp. 933–985.

Ba, Cuimin and Alice Gindin (2023) "A Multi-Agent Model of Misspecified Learning with Overconfidence," *Games and Economic Behavior*, Vol.142, pp. 315–338.

Barberis, Nicholas (2012) "A Model of Casino Gambling," *Management Science*, Vol. 58, No. 1, pp. 35–51.

———— (2013) "Thirty Years of Prospect Theory in Economics: A Review and Assessment," *Journal of Economic Perspectives*, Vol. 27, No. 1, pp. 173–196.

———— (2018) "Psychology-Based Models of Asset Prices and Trading Volume," in Bernheim, B. Douglas, Stefano DellaVigna, and David Laibson eds. *Handbook of Behavioral Economics: Foundations and Applications 1*: North Holland, Chap. 2, pp. 79–175.

Barberis, Nicholas and Ming Huang (2008) "Stocks as Lotteries: The Implications of Probability Weighting for Security Prices," *American Economic Review*, Vol. 98, No. 5, pp. 2066–2100.

Bardsley, Nicholas (2008) "Dictator Game Giving: Altruism or Artefact?" *Experimental Economics*, Vol. 11, pp. 122–133.

Barseghyan, Levon, Francesca Molinari, Ted O'Donoghue, and Joshua C. Teitelbaum (2013a) "Distinguishing Probability Weighting from Risk Misperceptions in Field Data," *American Economic Review: Papers & Proceedings*, Vol. 103, No. 3, pp. 580–585.

———— (2013b) "The Nature of Risk Preferences: Evidence from Insurance Choices," *American Economic Review*, Vol. 103, No. 6, pp. 2499–2529.

Battaglini, Marco, Roland Bénabou, and Jean Tirole (2005) "Self-Control in Peer Groups," *Journal of Economic Theory*, Vol. 123, No. 2, pp. 105–134.

Battigalli, Pierpaolo and Martin Dufwenberg (2009) "Dynamic Psychological Games," *Journal of Economic Theory*, Vol. 144, No. 1, pp. 1–35.

———— (2022) "Belief-Dependent Motivations and Psychological Game Theory," *Journal of Economic Literature*, Vol. 60, No. 3, pp. 833–882.

Becker, Gary S. (1974) "A Theory of Social Interactions," *Journal of Political Economy*, Vol. 82, No. 6, pp. 1063–1093.

Bell, David E. (1985) "Disappointment in Decision Making under Uncertainty," *Operations Research*, Vol. 33, No. 1, pp. 1–27.

Bénabou, Roland (2008) "Joseph Schumpeter Lecture: Ideology," *Journal of the European Economic Association*, Vol. 6, No. 2-3, pp. 321–352.

———— (2013) "Groupthink: Collective Delusions in Organizations and Markets," *Review of Economic Studies*, Vol. 80, No. 2, pp. 429–462.

———— (2015) "The Economics of Motivated Beliefs," *Revue d'Economie Politique*, Vol. 125, No. 5, pp. 665–685.

Bénabou, Roland and Jean Tirole (2002) "Self-Confidence and Personal Motivation," *Quarterly Journal of Economics*, Vol. 117, No. 3, pp. 871–915.

———— (2003) "Intrinsic and Extrinsic Motivation," *Review of Economic Studies*, Vol. 70, No. 3, pp. 489–520.

———— (2004) "Willpower and Personal Rules," *Journal of Political Economy*, Vol. 112, No. 4, pp. 848–886.

———— (2006a) "Belief in a Just World and Redistributive Politics," *Quarterly Journal of Economics*, Vol. 121, No. 2, pp. 699–746.

———— (2006b) "Incentives and Prosocial Behavior," *American Economic Review*, Vol. 96, No. 5, pp. 1652–1678.

———— (2010) "Individual and Corporate Social Responsibility," *Economica*, Vol. 77, No. 305, pp. 1–19.

———— (2011) "Identity, Morals, and Taboos: Beliefs as Assets," *Quarterly Journal of Economics*, Vol. 126, No. 2, pp. 805–855.

———— (2016a) "Bonus Culture: Competitive Pay, Screening, and Multitasking," *Journal of Political Economy*, Vol. 124, No. 2, pp. 305–370.

———— (2016b) "Mindful Economics: The Production, Consumption, and Value of Beliefs," *Journal of Economic Perspectives*, Vol. 30, No. 3, pp. 141–164.

Benartzi, Shlomo and Richard H. Thaler (1995) "Myopic Loss Aversion and the Equity Premium Puzzle," *Quarterly Journal of Economics*, Vol. 110, No. 1, pp. 73–92.

Benjamin, Daniel J. (2019) "Errors in Probabilistic Reasoning and Judgment Biases," in Bernheim, B. Douglas, Stefano DellaVigna, and David Laibson eds. *Handbook of Behavioral Economics: Foundations and Applications 2*: North Holland, Chap. 2, pp. 69–186.

Benjamin, Daniel J., Aaron Bodoh-Creed, and Matthew Rabin (2019) "Base-Rate Neglect: Foundations and Implications," Working Paper.

Benjamin, Daniel J., Matthew Rabin, and Collin Raymond (2016) "A Model of Nonbelief in the Law of Large Numbers," *Journal of the European Economic Association*, Vol. 14, No. 2, pp. 515–544.

Bennedsen, Morten, Elena Simintzi, Margarita Tsoutsoura, and Daniel Wolfenzon (2022) "Do Firms Respond to Gender Pay Gap Transparency?" *Journal of Finance*, Vol. 77, No. 4, pp. 2051–2091.

Benoît, Jean-Pierre and Juan Dubra (2011) "Apparent Overconfidence," *Econometrica*, Vol. 79, No. 5, pp. 1591–1625.

Benoît, Jean-Pierre, Juan Dubra, and Don A. Moore (2015) "Does the Better-than-Average Effect Show that People are Overconfident?: Two Experiments," *Journal of the European Economic Association*, Vol. 13, No. 2, pp. 293–329.

Bernheim, B. Douglas, Andrey Fradkin, and Igor Popov (2015) "The Welfare Economics of Default Options in 401(k) Plans," *American Economic Review*, Vol. 105, No. 9, pp. 2798–2837.

Bernheim, B. Douglas and Antonio Rangel (2004) "Addiction and Cue-triggered Decision Processes," *American Economic Review*, Vol. 94, No. 5, pp. 1558–1590.

———— (2009) "Beyond Revealed Preference: Choice-Theoretic Foundations for Behavioral Welfare Economics," *Quarterly Journal of Economics*, Vol. 124, No. 1, pp. 51–104.

Bernheim, B. Douglas and Charles Sprenger (2020) "On the Empirical Validity of Cumulative Prospect Theory: Experimental Evidence of Rank-Independent Probability Weighting," *Econometrica*, Vol. 88, No. 4, pp. 1363–1409.

Bernheim, B. Douglas and Dmitry Taubinsky (2018) "Behavioral Public Economics," in Bernheim, B. Douglas, Stefano DellaVigna, and David Laibson eds. *Handbook of Behavioral Economics: Foundations and Applications 1*: North Holland, Chap. 5, pp. 381–516.

Binmore, Ken and Avner Shaked (2010) "Experimental Economics: Where Next?" *Journal of Economic Behavior & Organization*, Vol. 73, No. 1, pp. 87–100.

Blount, Sally (1995) "When Social Outcomes Aren't Fair: The Effect of Causal Attributions on Preferences," *Organizational Behavior and Human Decision Processes*, Vol. 63, No. 2, pp. 131–144.

Bolton, Gary E. and Axel Ockenfels (2000) "ERC: A Theory of Equity, Reciprocity, and Competition," *American Economic Review*, Vol. 90, No. 1, pp. 166–193.

Bordalo, Pedro, Katherine Coffman, Nicola Gennaioli, and Andrei Shleifer (2016) "Stereotypes," *Quarterly Journal of Economics*, Vol. 131, No. 4, pp. 1753–1794.

Bordalo, Pedro, Nicola Gennaioli, and Andrei Shleifer (2012) "Salience Theory of Choice Under Risk," *Quarterly Journal of Economics*, Vol. 127, No. 3, pp. 1243–1285.

Bottan, Nicolas Luis and Ricardo Perez-Truglia (2022) "Choosing Your Pond: Location Choices and Relative Income," *Review of Economics and Statistics*, Vol. 104, No. 5, pp. 1010–1027.

Bowman, David, Deborah Minehart, and Matthew Rabin (1999) "Loss Aversion in a Consumption-Savings Model," *Journal of Economic Behavior & Organization*, Vol. 38, No. 2, pp. 155–178.

Breza, Emily, Supreet Kaur, and Yogita Shamdasani (2018) "The Morale Effects of Pay Inequality," *Quarterly Journal of Economics*, Vol. 133, No. 2, pp. 611–663.

Broberg, Tomas, Tore Ellingsen, and Magnus Johannesson (2007) "Is Generosity Involuntary?" *Economics Letters*, Vol. 94, No. 1, pp. 32–37.

Brocas, Isabelle and Juan D. Carrillo (2008) "The Brain as a Hierarchical Organization," *American Economic Review*, Vol. 98, No. 4, pp. 1312–1346.

Brown, Alexander L., Taisuke Imai, Ferdinand M. Vieider, and Colin F. Camerer (2022) "Meta-Analysis of Empirical Estimates of Loss Aversion," *Journal of Economic Literature*, Forthcoming.

Brune, Lasse, Eric Chyn, and Jason Kerwin (2021) "Pay Me Later: Savings Constraints and the Demand for Deferred Payments," *American Economic Review*, Vol. 111, No. 7, pp. 2179–2212.

Brunnermeier, Markus K. and Jonathan A. Parker (2005) "Optimal Expectations," *American Economic Review*, Vol. 95, No. 4, pp. 1092–1118.

Bryan, Gharad, Dean Karlan, and Scott Nelson (2010) "Commitment Devices," *Annual Reviews of Economics*, Vol. 2, No. 1, pp. 671–698.

Buchheim, Lukas and Thomas Kolaska (2017) "Weather and the Psychology of Purchasing Outdoor Movie Tickets," *Management Science*, Vol. 63, No. 11, pp. 3718–3738.

Bursztyn, Leonardo, Florian Ederer, Bruno Ferman, and Noam Yuchtman (2014) "Understanding Mechanisms Underlying Peer Effects: Evidence From a Field Experiment on Financial Decisions," *Econometrica*, Vol. 82, No. 4, pp. 1273–1301.

Bushong, Benjamin, Matthew Rabin, and Joshua Schwartzstein (2021) "A Model of Relative Thinking," *Review of Economic Studies*, Vol. 88, No. 1, pp. 162–191.

Busse, Meghan R., Devin G. Pope, Jaren C. Pope, and Jorge Silva-Risso (2012) "Projection Bias in the Car and Housing Markets," Working Paper.

——— (2015) "The Psychological Effect of Weather on Car Purchases," *Quarterly Journal of Economics*, Vol. 130, No. 1, pp. 371–414.

Butera, Luigi, Robert Metcalfe, William Morrison, and Dmitry Taubinsky (2022) "Measuring the Welfare Effects of Shame and Pride," *American Economic Review*, Vol. 112, No. 1, pp. 122–168.

Camerer, Colin F. (2003) *Behavioral Game Theory: Experiments in Strategic Interaction*: Princeton University Press.

Camerer, Colin F., Linda Babcock, George Loewenstein, and Richard H. Thaler (1997) "Labor Supply of New York City Cabdrivers: One Day at a Time," *Quarterly Journal of Economics*, Vol. 112, No. 2, pp. 407–441.

Camerer, Colin F., Teck-Hua Ho, and Juin-Kuan Chong (2004) "A Cognitive Hierarchy Model of Games," *Quarterly Journal of Economics*, Vol. 119, No. 3, pp. 861–898.

Camerer, Colin F. and Dan Lovallo (1999) "Overconfidence and Excess Entry: An Experimental Approach," *American Economic Review*, Vol. 89, No. 1, pp. 306–318.

Caplin, Andrew and John Leahy (2001) "Psychological Expected Utility Theory and Anticipatory Feelings," *Quarterly Journal of Economics*, Vol. 116, No. 1, pp. 55–79.

———— (2004) "The Supply of Information by a Concerned Expert," *Economic Journal*, Vol. 114, No. 497, pp. 487–505.

Card, David, Alexandre Mas, Enrico Moretti, and Emmanuel Saez (2012) "Inequality at Work: The Effect of Peer Salaries on Job Satisfaction," *American Economic Review*, Vol. 102, No. 6, pp. 2981–3003.

Carrillo, Juan D. and Thomas Mariotti (2000) "Strategic Ignorance as a Self-Disciplining Device," *Review of Economic Studies*, Vol. 67, No. 3, pp. 529–544.

Carroll, Gabriel D., James J. Choi, David Laibson, Brigitte C. Madrian, and Andrew Metrick (2009) "Optimal Defaults and Active Decisions," *Quarterly Journal of Economics*, Vol. 124, No. 4, pp. 1639–1674.

Casaburi, Lorenzo and Rocco Macchiavello (2019) "Demand and Supply of Infrequent Payments as a Commitment Device: Evidence from Kenya," *American Economic Review*, Vol. 109, No. 2, pp. 523–555.

Chabris, Christopher F., David Laibson, and Jonathon P. Schuldt (2008) "Intertemporal Choice," in *Palgrave Dictionary of Economics*.

Chakraborty, Anujit, Yoram Halevy, and Kota Saito (2020) "The Relation between Behavior under Risk and over Time," *American Economic Review: Insights*, Vol. 2, No. 1, pp. 1–16.

Chang, Chia-Lin, Michael McAleer, and Les Oxley (2011) "Great Expectatrics: Great Papers, Great Journals, Great Econometrics," *Econometric Reviews*, Vol. 30, No. 6, pp. 583–619.

Charness, Gary and Uri Gneezy (2009) "Incentives to Exercise," *Econometrica*, Vol. 77, No. 3, pp. 909–931.

Charness, Gary and Matthew Rabin (2002) "Understanding Social Preferences with Simple Tests," *Quarterly Journal of Economics*, Vol. 117, No. 3, pp. 817–869.

Chen, Yi-Chun, Richard Holden, Takashi Kunimoto, Yifei Sun, and Tom Wilkening (2023) "Getting Dynamic Implementation to Work," *Journal of Political Economy*, Vol. 131, No. 2, pp. 285–387.

Chetty, Raj (2009) "Sufficient Statistics for Welfare Analysis: A Bridge Between Structural and Reduced-Form Methods," *Annual Review of Economics*, Vol. 1, No. 1, pp. 451–488.

———— (2015) "Behavioral Economics and Public Policy: A Pragmatic Perspective," *American Economic Review: Papers & Proceedings*, Vol. 105, No. 5, pp. 1–33.

Chetty, Raj, Adam Looney, and Kory Kroft (2009) "Salience and Taxation: Theory and Evidence," *American Economic Review*, Vol. 99, No. 4, pp. 1145–1177.

Cohen, Jonathan D., Keith M. Marzilli Ericson, David Laibson, and John Myles White (2020) "Measuring Time Preferences," *Journal of Economic Literature*, Vol. 58, No. 2, pp. 299–347.

Conlin, Michael, Ted O'Donoghue, and Timothy J. Vogelsang (2007) "Projection Bias in Catalog Orders," *American Economic Review*, Vol. 97, No. 4, pp. 1217–1249.

Corgnet, Brice, Camille Cornand, and Nobuyuki Hanaki (2020) "Negative Tail Events, Emotions, and Risk Taking," *Economic Journal*, Forthcoming.

Crawford, Vincent P. (2013) "Boundedly Rational versus Optimization-Based Models of Strategic Thinking and Learning in Games," *Journal of Economic Literature*, Vol. 51,

No. 2, pp. 512–527.

Crawford, Vincent P. and Juanjuan Meng (2011) "New York City Cab Drivers' Labor Supply Revisited: Reference-Dependent Preferences with Rational-Expectations Targets for Hours and Income," *American Economic Review*, Vol. 101, No. 5, pp. 1912–1932.

Cruces, Guillermo, Ricardo Perez-Truglia, and Martin Tetaz (2013) "Biased Perceptions of Income Distribution and Preferences for Redistribution: Evidence from a Survey Experiment," *Journal of Public Economics*, Vol. 98, pp. 100–112.

Cullen, Zoë and Ricardo Perez-Truglia (2022) "How Much Does Your Boss Make? The Effects of Salary Comparisons," *Journal of Political Economy*, Vol. 130, pp. 766–822.

Daido, Kohei, Kimiyuki Morita, Takeshi Murooka, and Hiromasa Ogawa (2013) "Task Assignment under Agent Loss Aversion," *Economics Letters*, Vol. 121, No. 1, pp. 35–38.

Dana, Jason, Daylian M. Cain, and Robyn M. Dawes (2006) "What You Don't Know Won't Hurt Me: Costly (but Quiet) Exit in Dictator Games," *Organizational Behavior and Human Decision Processes*, Vol. 100, No. 2, pp. 193–201.

Dana, Jason, Roberto A. Weber, and Jason Xi Kuang (2007) "Exploiting Moral Wiggle Room: Experiments Demonstrating an Illusory Preference for Fairness," *Economic Theory*, Vol. 33, No. 1, pp. 67–80.

Daniel, Kent and David Hirshleifer (2015) "Overconfident Investors, Predictable Returns, and Excessive Trading," *Journal of Economic Perspectives*, Vol. 29, No. 4, pp. 61–88.

de la Rosa, Leonidas Enrique (2011) "Overconfidence and Moral Hazard," *Games and Economic Behavior*, Vol. 73, No. 2, pp. 429–451.

DellaVigna, Stefano (2009) "Psychology and Economics: Evidence from the Field," *Journal of Economic Literature*, Vol. 47, No. 2, pp. 315–372.

DellaVigna, Stefano and Matthew Gentzkow (2019) "Uniform Pricing in U.S. Retail Chains," *Quarterly Journal of Economics*, Vol. 134, No. 4, pp. 2011–2084.

DellaVigna, Stefano, Attila Lindner, Balázs Reizer, and Johannes F. Schmieder (2017a) "Reference-Dependent Job Search: Evidence from Hungary," *Quarterly Journal of Economics*, Vol. 132, No. 4, pp. 1969–2018.

DellaVigna, Stefano, John A. List, and Ulrike Malmendier (2012) "Testing for Altruism and Social Pressure in Charitable Giving," *Quarterly Journal of Economics*, Vol. 127, No. 1, pp. 1–56.

DellaVigna, Stefano, John A. List, Ulrike Malmendier, and Gautam Rao (2017b) "Voting to Tell Others," *Review of Economic Studies*, Vol. 84, No. 1, pp. 143–181.

——— (2022) "Estimating Social Preferences and Gift Exchange at Work," *American Economic Review*, Vol. 112, No. 3, pp. 1038–1074.

DellaVigna, Stefano and Ulrike Malmendier (2004) "Contract Design and Self-Control: Theory and Evidence," *Quarterly Journal of Economics*, Vol. 119, No. 2, pp. 353–402.

——— (2006) "Paying Not to Go to the Gym," *American Economic Review*, Vol. 96, No. 3, pp. 694–719.

DellaVigna, Stefano and M. Daniele Paserman (2005) "Job Search and Impatience," *Journal of Labor Economics*, Vol. 23, No. 3, pp. 527–588.

DeLong, J. Bradford, Andrei Shleifer, Lawrence H. Summers, and Robert J. Waldmann (1990) "Noise Trader Risk in Financial Markets," *Journal of Political Economy*, Vol. 98, No. 4, pp. 703–738.

Di Tella, Rafael, Ricardo Perez-Truglia, Andres Babino, and Mariano Sigman (2015) "Conveniently Upset: Avoiding Altruism by Distorting Beliefs about Others' Altruism," *American Economic Review*, Vol. 105, No. 11, pp. 3416–3442.

Diamond, Peter and Botond Kőszegi (2003) "Quasi-hyperbolic Discounting and Retirement," *Journal of Public Economics*, Vol. 87, No. 9, pp. 1839–1872.

Dube, Arindrajit, Laura Giuliano, and Jonathan Leonard (2019) "Fairness and Frictions: The Impact of Unequal Raises on Quit Behavior," *American Economic Review*, Vol. 109, No. 2, pp. 620–663.

Duflo, Esther, Michael Kremer, and Jonathan Robinson (2011) "Nudging Farmers to Use Fertilizer: Theory and Experimental Evidence from Kenya," *American Economic Review*, Vol. 101, No. 6, pp. 2350–2390.

Dufwenberg, Martin and Georg Kirchsteiger (2004) "A Theory of Sequential Reciprocity," *Games and Economic Behavior*, Vol. 47, No. 2, pp. 268–298.

Echenique, Federico, Taisuke Imai, and Kota Saito (2020) "Testable Implications of Models of Intertemporal Choice: Exponential Discounting and Its Generalizations," *American Economic Journal: Microeconomics*, Vol. 12, No. 4, pp. 114–143.

Eil, David and Justin M. Rao (2011) "The Good News-Bad News Effect: Asymmetric Processing of Objective Information about Yourself," *American Economic Journal: Microeconomics*, Vol. 3, No. 2, pp. 114–138.

Eliaz, Kfir and Ran Spiegler (2006) "Contracting with Diversely Naive Agents," *Review of Economic Studies*, Vol. 73, No. 3, pp. 689–714.

Ellingsen, Tore and Magnus Johannesson (2008) "Pride and Prejudice: The Human Side of Incentive Theory," *American Economic Review*, Vol. 98, No. 3, pp. 990–1008.

Ellingsen, Tore, Magnus Johannesson, Sigve Tjøtta, and Gaute Torsvik (2010) "Testing Guilt Aversion," *Games and Economic Behavior*, Vol. 68, No. 1, pp. 95–107.

Ellsberg, Daniel (1961) "Risk, Ambiguity, and the Savage Axioms," *Quarterly Journal of Economics*, Vol. 75, No. 4, pp. 643–669.

Engel, Christoph (2011) "Dictator Games: A Meta Study," *Experimental Economics*, Vol. 14, No. 4, pp. 583–610.

Ericson, Keith M. Marzilli and David Laibson (2019) "Intertemporal Choice," in Bernheim, B. Douglas, Stefano DellaVigna, and David Laibson eds. *Handbook of Behavioral Economics: Foundations and Applications 2*: North Holland, Chap. 1, pp. 1–67.

Esponda, Ignacio (2008) "Behavioral Equilibrium in Economies with Adverse Selection," *American Economic Review*, Vol. 98, No. 4, pp. 1269–1291.

Esponda, Ignacio and Demian Pouzo (2016) "Berk-Nash Equilibrium: A Framework for Modeling Agents with Misspecified Models," *Econometrica*, Vol. 84, No. 3, pp. 1093–1130.

Exley, Christine L. (2016) "Excusing Selfishness in Charitable Giving: The Role of Risk," *Review of Economic Studies*, Vol. 83, No. 2, pp. 587–628.

Eyster, Erik (2019) "Errors in Strategic Reasoning," in Bernheim, B. Douglas, Stefano DellaVigna, and David Laibson eds. *Handbook of Behavioral Economics: Foundations and Applications 2*: North Holland, Chap. 3, pp. 187–259.

Eyster, Erik and Matthew Rabin (2005) "Cursed Equilibrium," *Econometrica*, Vol. 73, No. 5, pp. 1623–1672.

Eyster, Erik, Matthew Rabin, and Dimitri Vayanos (2019) "Financial Markets Where Traders Neglect the Informational Content of Prices," *Journal of Finance*, Vol. 74, No. 1, pp. 371–399.

Falk, Armin, Ernst Fehr, and Urs Fischbacher (2003) "On the Nature of Fair Behavior," *Economic Inquiry*, Vol. 41, No. 1, pp. 20–26.

Falk, Armin and Urs Fischbacher (2006) "A Theory of Reciprocity," *Games and Economic*

Behavior, Vol. 54, No. 2, pp. 293–315.

Falk, Armin and Florian Zimmermann (2022) "Attention and Dread: Experimental Evidence on Preferences for Information," *Management Science*, Forthcoming.

Farber, Henry S. (2005) "Is Tomorrow Another Day? The Labor Supply of New York City Cabdrivers," *Journal of Political Economy*, Vol. 113, No. 1, pp. 46–82.

——— (2008) "Reference-Dependent Preferences and Labor Supply: The Case of New York City Taxi Drivers," *American Economic Review*, Vol. 98, No. 3, pp. 1069–1082.

——— (2015) "Why You Can't Find a Taxi in the Rain and Other Labor Supply Lessons from Cab Drivers," *Quarterly Journal of Economics*, Vol. 130, No. 4, pp. 1975–2026.

Fehr, Ernst and Lorenz Goette (2007) "Do Workers Work More if Wages Are High? Evidence from a Randomized Field Experiment," *American Economic Review*, Vol. 97, No. 1, pp. 298–317.

Fehr, Ernst and Klaus M. Schmidt (1999) "A Theory of Fairness, Competition, and Cooperation," *Quarterly Journal of Economics*, Vol. 114, No. 3, pp. 817–868.

——— (2003) "Theories of Fairness and Reciprocity: Evidence and Economic Applications," in *Advances in Economics and Econometrics: Eighth World Congress (Econometric Society Monographs)*, Vol. 1, pp. 208–257.

——— (2010) "On Inequity Aversion: A Reply to Binmore and Shaked," *Journal of Economic Behavior & Organization*, Vol. 73, No. 1, pp. 101–108.

Fisman, Raymond, Shachar Kariv, and Daniel Markovits (2007) "Individual Preferences for Giving," *American Economic Review*, Vol. 97, No. 5, pp. 1858–1876.

Frederick, Shane, George Loewenstein, and Ted O'Donoghue (2002) "Time Discounting and Time Preference: A Critical Review," *Journal of Economic Literature*, Vol. 40, No. 2, pp. 351–401.

Freeman, David J. (2019) "Expectations-Based Reference-Dependence and Choice under Risk," *Economic Journal*, Vol. 129, No. 622, pp. 2424–2458.

Fudenberg, Drew and David K. Levine (2006) "A Dual-Self Model of Impulse Control," *American Economic Review*, Vol. 96, No. 5, pp. 1449–1476.

Gabaix, Xavier (2019) "Behavioral Inattention," in Bernheim, B. Douglas, Stefano DellaVigna, and David Laibson eds. *Handbook of Behavioral Economics: Foundations and Applications 2*: North Holland, Chap. 4, pp. 261–343.

Gabaix, Xavier and David Laibson (2006) "Shrouded Attributes, Consumer Myopia, and Information Suppression in Competitive Markets," *Quarterly Journal of Economics*, Vol. 121, No. 2, pp. 505–540.

Gagnon-Bartsch, Tristan (2016) "Taste Projection in Models of Social Learning," Working Paper.

Gagnon-Bartsch, Tristan, Marco Pagnozzi, and Antonio Rosato (2021) "Projection of Private Values in Auctions," *American Economic Review*, Vol. 111, No. 10, pp. 3256–3298.

Ganguly, Ananda and Joshua Tasoff (2017) "Fantasy and Dread: The Demand for Information and the Consumption Utility of the Future," *Management Science*, Vol. 63, No. 12, pp. 4037–4060.

Geanakoplos, John, David Pearce, and Ennio Stacchetti (1989) "Psychological Games and Sequential Rationality," *Games and Economic Behavior*, Vol. 1, No. 1, pp. 60–79.

Genesove, David and Christopher Mayer (2001) "Loss Aversion and Seller Behavior: Evidence from the Housing Market," *Quarterly Journal of Economics*, Vol. 116, No. 4, pp. 1233–1260.

Gennaioli, Nicola and Andrei Shleifer (2010) "What Comes to Mind," *Quarterly Journal of*

Economics, Vol. 125, No. 4, pp. 1399–1433.

Gervais, Simon, J. B. Heaton, and Terrance Odean (2011) "Overconfidence, Compensation Contracts, and Capital Budgeting," *Journal of Finance*, Vol. 66, No. 5, pp. 1735–1777.

Gilboa, Itzhak and David Schmeidler (1989) "Maxmin Expected Utility with Non-Unique Prior," *Journal of Mathematical Economics*, Vol. 18, No. 2, pp. 141–153.

Gine, Xavier, Dean Karlan, and Jonathan Zinman (2010) "Put Your Money Where Your Butt Is: A Commitment Contract for Smoking Cessation," *American Economic Journal: Applied Economics*, Vol. 2, No. 4, pp. 213–235.

Ging-Jehli, Nadja R., Florian H. Schneider, and Roberto A. Weber (2020) "On Self-Serving Strategic Beliefs," *Games and Economic Behavior*, Vol. 122, pp. 341–353.

Gneezy, Uri and John A. List (2006) "Putting Behavioral Economics to Work: Testing for Gift Exchange in Labor Markets Using Field Experiments," *Econometrica*, Vol. 74, No. 5, pp. 1365–1384.

Golman, Russell, David Hagmann, and George Loewenstein (2017) "Information Avoidance," *Journal of Economic Literature*, Vol. 55, No. 1, pp. 96–135.

Grossman, Zachary (2014) "Strategic Ignorance and the Robustness of Social Preferences," *Management Science*, Vol. 60, No. 11, pp. 2659–2665.

———— (2015) "Self-Signaling and Social-Signaling in Giving," *Journal of Economic Behavior & Organization*, Vol. 117, pp. 26–39.

Grossman, Zachary and Joël J. Van der Weele (2017) "Self-Image and Willful Ignorance in Social Decisions," *Journal of the European Economic Association*, Vol. 15, No. 1, pp. 173–217.

Grubb, Michael D. (2009) "Selling to Overconfident Consumers," *American Economic Review*, Vol. 99, No. 5, pp. 1770–1807.

———— (2015) "Overconfident Consumers in the Marketplace," *Journal of Economic Perspectives*, Vol. 29, No. 4, pp. 9–36.

Gruber, Jonathan and Botond Kőszegi (2001) "Is Addiction "Rational"? Theory and Evidence," *Quarterly Journal of Economics*, Vol. 116, No. 4, pp. 1261–1303.

———— (2004) "Tax Incidence When Individuals Are Time-Inconsistent: The Case of Cigarette Excise Taxes," *Journal of Public Economics*, Vol. 88, No. 9, pp. 1959–1987.

Gul, Faruk (1991) "A Theory of Disappointment Aversion," *Econometrica*, Vol. 59, No. 3, pp. 667–686.

Gul, Faruk and Wolfgang Pesendorfer (2001) "Temptation and Self-Control," *Econometrica*, Vol. 69, No. 6, pp. 1403–1435.

Haggag, Kareem, Devin G. Pope, Kinsey B. Bryant-Lees, and Maarten W. Bos (2019) "Attribution Bias in Consumer Choice," *Review of Economic Studies*, Vol. 86, No. 5, pp. 2136–2183.

Halevy, Yoram (2008) "Strotz Meets Allais: Diminishing Impatience and the Certainty Effect," *American Economic Review*, Vol. 98, No. 3, pp. 1145–1162.

———— (2015) "Time Consistency: Stationarity and Time Invariance," *Econometrica*, Vol. 83, No. 1, pp. 335–352.

Hanaki, Nobuyuki, Yukio Koriyama, Angela Sutan, and Marc Willinger (2019) "The Strategic Environment Effect in Beauty Contest Games," *Games and Economic Behavior*, Vol. 113, pp. 587–610.

Heidhues, Paul and Botond Kőszegi (2008) "Competition and Price Variation When Consumers Are Loss Averse," *American Economic Review*, Vol. 98, No. 4, pp. 1245–1268.

———— (2010) "Exploiting Naivete about Self-Control in the Credit Market," *American*

Economic Review, Vol. 100, No. 5, pp. 2279–2303.

———— (2014) "Regular Prices and Sales," *Theoretical Economics*, Vol. 9, No. 1, pp. 217–251.

———— (2017) "Naivete-Based Discrimination," *Quarterly Journal of Economics*, Vol. 132, No. 2, pp. 1019–1054.

———— (2018) "Behavioral Industrial Organization," in Bernheim, B. Douglas, Stefano DellaVigna, and David Laibson eds. *Handbook of Behavioral Economics: Foundations and Applications 1*: North Holland, Chap. 6, pp. 517–612.

Heidhues, Paul, Botond Kőszegi, and Takeshi Murooka (2012) "Deception and Consumer Protection in Competitive Markets," in Sjöblom, Dan ed. *The Pros and Cons of Consumer Protection*, Stockholm: Swedish Competition Authority, pp. 44–76.

———— (2016) "Exploitative Innovation," *American Economic Journal: Microeconomics*, Vol. 8, No. 1, pp. 1–23.

———— (2017) "Inferior Products and Profitable Deception," *Review of Economic Studies*, Vol. 84, No. 1, pp. 323–356.

———— (2021) "Procrastination Markets," Working Paper.

Heidhues, Paul, Botond Kőszegi, and Philipp Strack (2018) "Unrealistic Expectations and Misguided Learning," *Econometrica*, Vol. 86, No. 4, pp. 1159–1214.

Heidhues, Paul and Philipp Strack (2021) "Identifying Present Bias from the Timing of Choices," *American Economic Review*, Vol. 111, No. 8, pp. 2594–2622.

Herweg, Fabian and Konrad Mierendorff (2013) "Uncertain Demand, Consumer Loss Aversion, and Flat-Rate Tariffs," *Journal of the European Economic Association*, Vol. 11, No. 2, pp. 399–432.

Herweg, Fabian and Daniel Müller (2021) "A Comparison of Regret Theory and Salience Theory for Decisions under Risk," *Journal of Economic Theory*, Vol. 193, 105226.

Hoffman, Mitchell and Stephen V. Burks (2020) "Worker Overconfidence: Field Evidence and Implications for Employee Turnover and Firm Profits," *Quantitative Economics*, Vol. 11, No. 1, pp. 315–348.

Huffman, David, Collin Raymond, and Julia Shvets (2022) "Persistent Overconfidence and Biased Memory: Evidence from Managers," *American Economic Review*, Vol. 112, No.10, pp. 3141–3175.

Ishida, Junichiro (2012) "Contracting with Self-Esteem Concerns," *Journal of Economic Behavior & Organization*, Vol. 81, No. 2, pp. 329–340.

Ispano, Alessandro and Peter Schwardmann (2023) "Cursed Consumers and the Effectiveness of Consumer Protection Policies," *Journal of Industrial Economics*, Vol. 71, No. 2, pp. 407–440.

Ito, Koichiro (2014) "Do Consumers Respond to Marginal or Average Price? Evidence from Nonlinear Electricity Pricing," *American Economic Review*, Vol. 104, No. 2, pp. 537–563.

Itoh, Hideshi (2004) "Moral Hazard and Other-Regarding Preferences," *Japanese Economic Review*, Vol. 55, No. 1, pp. 18–45.

Jehiel, Philippe (2005) "Analogy-Based Expectation Equilibrium," *Journal of Economic Theory*, Vol. 123, No. 2, pp. 81–104.

———— (2020) "Analogy-Based Expectation Equilibrium and Related Concepts: Theory, Applications, and Beyond," prepared for the World Congress of the Econometric Society, Milan 2020.

Jehiel, Philippe and Frédéric Koessler (2008) "Revisiting Games of Incomplete Information with Analogy-Based Expectations," *Games and Economic Behavior*, Vol. 62, No. 2, pp.

533–557.

Jin, Ginger Zhe, Michael Luca, and Daniel Martin (2021) "Is No News (Perceived As) Bad News? An Experimental Investigation of Information Disclosure," *American Economic Journal: Microeconomics*, Vol. 13, No. 2, pp. 141–173.

Kahneman, Daniel and Amos Tversky (1979) "Prospect Theory: An Analysis of Decision under Risk," *Econometrica*, Vol. 47, No. 2, pp. 263–291.

Kandori, Michihiro (2003) "The Erosion and Sustainability of Norms and Morale," *Japanese Economic Review*, Vol. 54, No. 1, pp. 29–48.

Karing, Anne (2021) "Social Signaling and Childhood Immunization: A Field Experiment in Sierra Leone," Working Paper.

Karle, Heiko and Heiner Schumacher (2017) "Advertising and Attachment: Exploiting Loss Aversion through Prepurchase Information," *RAND Journal of Economics*, Vol. 48, No. 4, pp. 927–948.

Katona, George (1968) "On the Function of Behavioral Theory and Behavioral Research in Economics," *American Economic Review*, Vol. 58, No. 1, pp. 146–150.

Kaufmann, Marc (2022) "Projection Bias in Effort Choices," *Games and Economic Behavior*, Vol. 135, pp. 368–393.

Kaur, Supreet, Michael Kremer, and Sendhil Mullainathan (2015) "Self-Control at Work," *Journal of Political Economy*, Vol. 123, No. 6, pp. 1227–1277.

Kawagoe, Toshiji, Taisuke Matsubae, and Hirokazu Takizawa (2018) "Quantal Response Equilibria in a Generalized Volunteer's Dilemma and Step-Level Public Goods Games with Binary Decision," *Evolutionary and Institutional Economics Review*, Vol. 15, No. 1, pp. 11–23.

Kawagoe, Toshiji and Hirokazu Takizawa (2009) "Equilibrium Refinement vs. Level-k Analysis: An Experimental Study of Cheap-Talk Games with Private Information," *Games and Economic Behavior*, Vol. 66, No. 1, pp. 238–255.

———— (2012) "Level-k Analysis of Experimental Centipede Games," *Journal of Economic Behavior & Organization*, Vol. 82, No. 2, pp. 548–566.

Kawaguchi, Kohei, Kosuke Uetake, and Yasutora Watanabe (2019) "Effectiveness of Product Recommendations Under Time and Crowd Pressures," *Marketing Science*, Vol. 38, No. 2, pp. 253–273.

———— (2021) "Designing Context-Based Marketing: Product Recommendations Under Time Pressure," *Management Science*, Vol. 67, No. 9, pp. 5642–5659.

Kinari, Yusuke, Fumio Ohtake, and Yoshiro Tsutsui (2009) "Time Discounting: Declining Impatience and Interval Effect," *Journal of Risk and Uncertainty*, Vol. 39, No. 1, pp. 87–112.

Kondor, Péter and Botond Kőszegi (2017) "Financial Choice and Financial Information," Working Paper.

Koriyama, Yukio and Ali I. Ozkes (2021) "Inclusive Cognitive Hierarchy," *Journal of Economic Behavior & Organization*, Vol. 186, pp. 458–480.

Kőszegi, Botond (2006a) "Ego Utility, Overconfidence, and Task Choice," *Journal of the European Economic Association*, Vol. 4, No. 4, pp. 673–707.

———— (2006b) "Emotional Agency," *Quarterly Journal of Economics*, Vol. 121, No. 1, pp. 121–155.

———— (2010) "Utility from Anticipation and Personal Equilibrium," *Economic Theory*, Vol. 44, No. 3, pp. 415–444.

———— (2014) "Behavioral Contract Theory," *Journal of Economic Literature*, Vol. 52,

No. 4, pp. 1075–1118.

Kőszegi, Botond, George Loewenstein, and Takeshi Murooka (2022) "Fragile Self-Esteem," *Review of Economic Studies*, Vol. 89, No. 4, pp. 2026–2060.

Kőszegi, Botond and Matthew Rabin (2006) "A Model of Reference-Dependent Preferences," *Quarterly Journal of Economics*, Vol. 121, No. 4, pp. 1133–1165.

———— (2007) "Reference-Dependent Risk Attitudes," *American Economic Review*, Vol. 97, No. 4, pp. 1047–1073.

———— (2009) "Reference-Dependent Consumption Plans," *American Economic Review*, Vol. 99, No. 3, pp. 909–936.

Kőszegi, Botond and Adam Szeidl (2013) "A Model of Focusing in Economic Choice," *Quarterly Journal of Economics*, Vol. 128, No. 1, pp. 53–104.

Krupka, Erin L. and Roberto A. Weber (2013) "Identifying Social Norms Using Coordination Games: Why Does Dictator Game Sharing Vary?" *Journal of the European Economic Association*, Vol. 11, No. 3, pp. 495–524.

Kube, Sebastian, Michel André Maréchal, and Clemens Puppe (2012) "The Currency of Reciprocity: Gift Exchange in the Workplace," *American Economic Review*, Vol. 102, No. 4, pp. 1644–1662.

Kurokawa, Hirofumi, Tomoharu Mori, and Fumio Ohtake (2020) "A Choice Experiment on Taxes: Are Income and Consumption Taxes Equivalent?" *Journal of Behavioral Economics and Finance*, Vol. 13, pp. 53–70.

Kyle, Albert S. and F. Albert Wang (1997) "Speculation Duopoly with Agreement to Disagree: Can Overconfidence Survive the Market Test?" *Journal of Finance*, Vol. 52, No. 5, pp. 2073–2090.

Laibson, David (1994) "Hyperbolic Discounting and Consumption," Ph.D. Dissertation, Massachusetts Institute of Technology.

———— (1997) "Golden Eggs and Hyperbolic Discounting," *Quarterly Journal of Economics*, Vol. 112, No. 2, pp. 443–478.

———— (2015) "Why Don't Present-Biased Agents Make Commitments?" *American Economic Review: Papers & Proceedings*, Vol. 105, No. 5, pp. 267–272.

———— (2018) "Private Paternalism, the Commitment Puzzle, and Model-Free Equilibrium," *AEA Papers and Proceedings*, Vol. 108, pp. 1–21.

Landry, Peter (2019) "Bad Habits and the Endogenous Timing of Urges," *Review of Economic Studies*, Vol. 86, No. 2, pp. 785–806.

Lazear, Edward P., Ulrike Malmendier, and Roberto A. Weber (2012) "Sorting in Experiments with Application to Social Preferences," *American Economic Journal: Applied Economics*, Vol. 4, No. 1, pp. 136–163.

Le Yaouanq, Yves and Peter Schwardmann (2022) "Learning about One's Self," *Journal of the European Economic Association*, jvac012.

Levine, David K. (1998) "Modeling Altruism and Spitefulness in Experiments," *Review of Economic Dynamics*, Vol. 1, No. 3, pp. 593–622.

Linnemer, Laurent and Michael Visser (2016) "The Most Cited Articles from the Top-5 Journals (1991-2015)," CESifo Working Paper Series No. 5999.

List, John A. (2007) "On the Interpretation of Giving in Dictator Games," *Journal of Political Economy*, Vol. 115, No. 3, pp. 482–493.

Loewenstein, George (1987) "Anticipation and the Valuation of Delayed Consumption," *Economic Journal*, Vol. 97, No. 387, pp. 666–684.

Loewenstein, George, Ted O'Donoghue, and Matthew Rabin (2003) "Projection Bias in Predicting Future Utility," *Quarterly Journal of Economics*, Vol. 118, No. 4, pp. 1209–1248.

Loomes, Graham and Robert Sugden (1986) "Disappointment and Dynamic Consistency in Choice under Uncertainty," *Review of Economic Studies*, Vol. 53, No. 2, pp. 271–282.

———— (1987) "Some Implications of a More General Form of Regret Theory," *Journal of Economic Theory*, Vol. 41, No. 2, pp. 270–287.

Maćkowiak, Bartosz, Filip Matějka, and Mirko Wiederholt (2023) "Rational Inattention: A Review," *Journal of Economic Literature*, Vol. 61, No. 1, pp. 226–273.

Madarász, Kristóf (2012) "Information Projection: Model and Applications," *Review of Economic Studies*, Vol. 79, No. 3, pp. 961–985.

Madrian, Brigitte C. and Dennis F. Shea (2001) "The Power of Suggestion: Inertia in 401(k) Participation and Savings Behavior," *Quarterly Journal of Economics*, Vol. 116, No. 4, pp. 1149–1187.

Malmendier, Ulrike and Geoffrey Tate (2015) "Behavioral CEOs: The Role of Managerial Overconfidence," *Journal of Economic Perspectives*, Vol. 29, No. 4, pp. 37–60.

Manzini, Paola and Marco Mariotti (2014) "Stochastic Choice and Consideration Sets," *Econometrica*, Vol. 82, No. 3, pp. 1153–1176.

März, Oliver (2019) "Comment on 'Naiveté, Projection Bias, and Habit Formation in Gym Attendance'," *Management Science*, Vol. 65, No. 5, pp. 2442–2443.

Mas, Alexandre (2017) "Does Transparency Lead to Pay Compression?" *Journal of Political Economy*, Vol. 125, No. 5, pp. 1683–1721.

Mas, Alexandre and Enrico Moretti (2009) "Peers at Work," *American Economic Review*, Vol. 99, No. 1, pp. 112–145.

Masatlioglu, Yusufcan and Daisuke Nakajima (2015) "Completing Incomplete Revealed Preference under Limited Attention," *Japanese Economic Review*, Vol. 66, No. 3, pp. 285–299.

Masatlioglu, Yusufcan, Daisuke Nakajima, and Erkut Y. Ozbay (2012) "Revealed Attention," *American Economic Review*, Vol. 102, No. 5, pp. 2183–2205.

Masatlioglu, Yusufcan, Daisuke Nakajima, and Emre Ozdenoren (2020) "Willpower and Compromise Effect," *Theoretical Economics*, Vol. 15, No. 1, pp. 279–317.

Masatlioglu, Yusufcan and Collin Raymond (2016) "A Behavioral Analysis of Stochastic Reference Dependence," *American Economic Review*, Vol. 106, No. 9, pp. 2760–2782.

Mastrobuoni, Giovanni and Matthew Weinberg (2009) "Heterogeneity in Intra-monthly Consumption Patterns, Self-Control, and Savings at Retirement," *American Economic Journal: Economic Policy*, Vol. 1, No. 2, pp. 163–189.

McKelvey, Richard D. and Thomas R. Palfrey (1995) "Quantal Response Equilibria for Normal Form Games," *Games and Economic Behavior*, Vol. 10, No. 1, pp. 6–38.

———— (1998) "Quantal Response Equilibria for Extensive Form Games," *Experimental Economics*, Vol. 1, No. 1, pp. 9–41.

Miller, Joshua B. and Adam Sanjurjo (2018) "Surprised by the Hot Hand Fallacies? A Truth in the Law of Small Numbers," *Econometrica*, Vol. 86, No. 6, pp. 2019–2047.

Moore, Don A. and Derek Schatz (2017) "The Three Faces of Overconfidence," *Social and Personality Psychology Compass*, Vol. 11, No. 8.

Murooka, Takeshi (2015) "Deception under Competitive Intermediation," Working Paper.

Murooka, Takeshi and Marco A. Schwarz (2018) "The Timing of Choice-Enhancing Policies," *Journal of Public Economics*, Vol. 157, pp. 27–40.

———— (2019) "Consumer Exploitation and Notice Periods," *Economics Letters*, Vol. 174, pp. 89–92.

Murooka, Takeshi and Yuichi Yamamoto (2023a) "Higher-Order Misspecification and Equilibrium Stability," Working Paper.

———— (2023b) "Convergence and Steady-State Analysis under Higher-Order Misspecification," Working Paper.

Murooka, Takeshi and Takuro Yamashita (2022) "Optimal Trade Mechanisms with Adverse Selection and Inferential Naivety," Working Paper.

———— (2023) "Adverse Selection and Bounded Rationality: An Impossibility Theorem," *Japanese Economic Review*, Vol. 74, No. 3, pp. 439–444.

Nagel, Rosemarie (1995) "Unraveling in Guessing Games: An Experimental Study," *American Economic Review*, Vol. 85, No. 5, pp. 1313–1326.

Noor, Jawwad and Norio Takeoka (2022) "Optimal Discounting," *Econometrica*, Vol. 90, No. 2, pp. 585–623.

O'Donoghue, Ted and Matthew Rabin (1999) "Doing It Now or Later," *American Economic Review*, Vol. 89, No. 1, pp. 103–124.

———— (2001) "Choice and Procrastination," *Quarterly Journal of Economics*, Vol. 116, No. 1, pp. 121–160.

———— (2003) "Studying Optimal Paternalism, Illustrated by a Model of Sin Taxes," *American Economic Review: Papers & Proceedings*, Vol. 93, No. 2, pp. 186–191.

———— (2006) "Optimal Sin Taxes," *Journal of Public Economics*, Vol. 90, pp. 1825–1849.

O'Donoghue, Ted and Charles Sprenger (2018) "Reference-Dependent Preferences," in Bernheim, B. Douglas, Stefano DellaVigna, and David Laibson eds. *Handbook of Behavioral Economics: Foundations and Applications 1*: North Holland, Chap. 1, pp. 1–77.

Oster, Emily, Ira Shoulson, and E. Ray Dorsey (2013) "Optimal Expectations and Limited Medical Testing: Evidence from Huntington Disease," *American Economic Review*, Vol. 103, No. 2, pp. 804–830.

———— (2016) "Optimal Expectations and Limited Medical Testing: Evidence from Huntington Disease: Corrigendum," *American Economic Review*, Vol. 106, No. 6, pp. 1562–1565.

Palacios-Huerta, Ignacio and Roberto Serrano (2006) "Rejecting Small Gambles under Expected Utility," *Economics Letters*, Vol. 91, pp. 250–259.

Payzan-LeNestour, Elise and Michael Woodford (2022) "Outlier Blindness: A Neurobiological Foundation for Neglect of Financial Risk," *Journal of Financial Economics*, Vol. 143, Issue 3, pp. 1316–1343.

Perez-Truglia, Ricardo (2020) "The Effects of Income Transparency on Well-Being: Evidence from a Natural Experiment," *American Economic Review*, Vol. 110, No. 4, pp. 1019–1054.

Phelps, E. S. and R. A. Pollak (1968) "On Second-Best National Saving and Game-Equilibrium Growth," *Review of Economic Studies*, Vol. 35, No. 2, pp. 185–199.

Prelec, Drazen (1998) "The Probability Weighting Function," *Econometrica*, Vol. 66, No. 3, pp. 497–527.

Quiggin, John (1982) "A Theory of Anticipated Utility," *Journal of Economic Behavior & Organization*, Vol. 3, No. 4, pp. 323–343.

Rabin, Matthew (1993) "Incorporating Fairness into Game Theory and Economics," *American Economic Review*, Vol. 83, No. 5, pp. 1281–1302.

———— (1998) "Psychology and Economics," *Journal of Economic Literature*, Vol. 36, No. 1, pp. 11–46.

———— (2000a) "Diminishing Marginal Utility of Wealth Cannot Explain Risk Aversion," in Kahneman, Daniel and Amos Tversky eds. *Choices, Values, and Frames*: Cambridge University Press, Chap. 11, pp. 202–208.

———— (2000b) "Risk Aversion and Expected-Utility Theory: A Calibration Theorem," *Econometrica*, Vol. 68, No. 5, pp. 1281–1292.

———— (2002a) "A Perspective on Psychology and Economics," *European Economic Review*, Vol. 46, No. 4, pp. 657–685.

———— (2002b) "Inference by Believers in the Law of Small Numbers," *Quarterly Journal of Economics*, Vol. 117, No. 3, pp. 775–816.

———— (2013a) "An Approach to Incorporating Psychology into Economics," *American Economic Review: Papers & Proceedings*, Vol. 103, No. 3, pp. 617–622.

———— (2013b) "Incorporating Limited Rationality into Economics," *Journal of Economic Literature*, Vol. 51, No. 2, pp. 528–543.

Rabin, Matthew and Joel L. Schrag (1999) "First Impressions Matter: A Model of Confirmatory Bias," *Quarterly Journal of Economics*, Vol. 114, No. 1, pp. 37–82.

Rabin, Matthew and Richard H. Thaler (2001) "Anomalies: Risk Aversion," *Journal of Economic Perspectives*, Vol. 15, No. 1, pp. 219–232.

———— (2002) "Response from Matthew Rabin and Richard H. Thaler," *Journal of Economic Perspectives*, Vol. 16, No. 2, pp. 229–230.

Rabin, Matthew and Georg Weizsäcker (2009) "Narrow Bracketing and Dominated Choices," *American Economic Review*, Vol. 99, No. 4, pp. 1508–1543.

Read, Daniel and Barbara Van Leeuwen (1998) "Predicting Hunger: The Effects of Appetite and Delay on Choice," *Organizational Behavior and Human Decision Processes*, Vol. 76, No. 2, pp. 189–205.

Rees-Jones, Alex (2018) "Quantifying Loss-Averse Tax Manipulation," *Review of Economic Studies*, Vol. 85, No. 2, pp. 1251–1278.

Rees-Jones, Alex and Dmitry Taubinsky (2020) "Measuring "Schmeduling"," *Review of Economic Studies*, Vol. 86, No. 4, pp. 1159–1214.

Rosato, Antonio (2016) "Selling Substitute Goods to Loss-Averse Consumers: Limited Availability, Bargains and Rip-offs," *RAND Journal of Economics*, Vol. 47, No. 3, pp. 709–733.

Rosato, Antonio and Agnieszka Tymula (2019) "Loss Aversion and Competition in Vickrey Auctions: Money Ain't No Good," *Games and Economic Behavior*, Vol. 115, pp. 188–208.

Roth, Alvin E., Vesna Prasnikar, Masahiro Okuno-Fujiwara, and Shmuel Zamir (1991) "Bargaining and Market Behavior in Jerusalem, Ljubljana, Pittsburgh, and Tokyo: An Experimental Study," *American Economic Review*, Vol. 81, No. 5, pp. 1068–1095.

Royer, Heather, Mark Stehr, and Justin Sydnor (2015) "Incentives, Commitments, and Habit Formation in Exercise: Evidence from a Field Experiment with Workers at a Fortune-500 Company," *American Economic Journal: Applied Economics*, Vol. 7, No. 3, pp. 51–84.

Ru, Hong and Antoinette Schoar (2016) "Do Credit Card Companies Screen for Behavioral Biases?" Working Paper.

Sadoff, Sally, Anya Samek, and Charles Sprenger (2020) "Dynamic Inconsistency in Food Choice: Experimental Evidence from Two Food Deserts," *Review of Economic Studies*, Vol. 87, No. 4, pp. 1954–1988.

Saito, Kota (2013) "Social Preferences under Risk: Equality of Opportunity versus Equality of Outcome," *American Economic Review*, Vol. 103, No. 7, pp. 3084–3101.

Schelling, Thomas C. (1987) "The Mind as a Consuming Organ," in *The Multiple Self*:

Cambridge University Press, Chap. 7, pp. 177–196.

Schilbach, Frank (2019) "Alcohol and Self-Control: A Field Experiment in India," *American Economic Review*, Vol. 109, No. 4, pp. 1290–1322.

Schumacher, Heiner, Iris Kesternich, Michael Kosfeld, and Joachim Winter (2017) "One, Two, Many — Insensitivity to Group Size in Games with Concentrated Benefits and Dispersed Costs," *Review of Economic Studies*, Vol. 84, No. 3, pp. 1346–1377.

Schwardmann, Peter, Egon Tripodi, and Joël J. van der Weele (2022) "Self-Persuasion: Evidence from Field Experiments at International Debating Competitions," *American Economic Review*, Vol. 112, No. 4, pp. 1118–1146.

Schwardmann, Peter and Joël J. Van der Weele (2019) "Deception and Self-Deception," *Nature Human Behaviour*, Vol. 3, pp. 1055–1061.

Shalev, Jonathan (2000) "Loss Aversion Equilibrium," *International Journal of Game Theory*, Vol. 29, No. 2, pp. 269–287.

Shapiro, Jesse M. (2005) "Is There a Daily Discount Rate? Evidence from the Food Stamp Nutrition Cycle," *Journal of Public Economics*, Vol. 89, No. 2-3, pp. 303–325.

Shleifer, Andrei and Robert W. Vishny (1997) "The Limits of Arbitrage," *Journal of Finance*, Vol. 52, No. 1, pp. 35–55.

Simon, Herbert A. (1955) "A Behavioral Model of Rational Choice," *Quarterly Journal of Economics*, Vol. 69, No. 1, pp. 99–118.

Simonsohn, Uri (2010) "Weather to Go to College," *Economic Journal*, Vol. 120, No. 543, pp. 270–280.

Sliwka, Dirk (2007) "Trust as a Signal of a Social Norm and the Hidden Costs of Incentive Schemes," *American Economic Review*, Vol. 97, No. 3, pp. 999–1012.

Snowberg, Erik and Leeat Yariv (2021) "Testing the Waters: Behavior across Participant Pools," *American Economic Review*, Vol. 111, No. 2, pp. 687–719.

Spiegler, Ran (2016) "Bayesian Networks and Boundedly Rational Expectations," *Quarterly Journal of Economics*, Vol. 131, No. 3, pp. 1243–1290.

Stango, Victor and Jonathan Zinman (2014) "Limited and Varying Consumer Attention: Evidence from Shocks to the Salience of Bank Overdraft Fees," *Review of Financial Studies*, Vol. 27, No. 4, pp. 990–1030.

Strotz, Robert Henry (1955) "Myopia and Inconsistency in Dynamic Utility Maximization," *Review of Economic Studies*, Vol. 23, No. 3, pp. 165–180.

Sydnor, Justin (2010) "(Over)insuring Modest Risks," *American Economic Journal: Applied Economics*, Vol. 2, No. 4, pp. 177–199.

Takeuchi, Kan (2011) "Non-parametric Test of Time Consistency: Present Bias and Future Bias," *Games and Economic Behavior*, Vol. 71, No. 2, pp. 456–478.

Taubinsky, Dmitry and Alex Rees-Jones (2018) "Attention Variation and Welfare: Theory and Evidence from a Tax Salience Experiment," *Review of Economic Studies*, Vol. 85, No. 4, pp. 2462–2496.

Thakral, Neil and Linh T. Tô (2021) "Daily Labor Supply and Adaptive Reference Points," *American Economic Review*, Vol. 111, No. 8, pp. 2417–2443.

Thaler, Richard H. (1981) "Some Empirical Evidence on Dynamic Inconsistency," *Economics Letters*, Vol. 8, No. 3, pp. 201–207.

——— (2016) "Behavioral Economics: Past, Present, and Future," *American Economic Review*, Vol. 106, No. 7, pp. 1577–1600.

Thaler, Richard H. and Shlomo Benartzi (2004) "Save More Tomorrow?: Using Behavioral Economics to Increase Employee Saving," *Journal of Political Economy*, Vol. 112, No.

S1, pp. S164–S187.

Toussaert, Séverine (2018) "Eliciting Temptation and Self-Control Through Menu Choices: A Lab Experiment," *Econometrica*, Vol. 86, No. 3, pp. 859–889.

Tversky, Amos and Daniel Kahneman (1981) "The Framing of Decisions and the Psychology of Choice," *Science*, Vol. 211, No. 4481, pp. 453–458.

——— (1991) "Loss Aversion in Riskless Choice: A Reference-Dependent Model," *Quarterly Journal of Economics*, Vol. 106, No. 4, pp. 1039–1061.

——— (1992) "Advances in Prospect Theory: Cumulative Representation of Uncertainty," *Journal of Risk and Uncertainty*, Vol. 5, No. 4, pp. 297–323.

Wakai, Katsutoshi (2008) "A Model of Utility Smoothing," *Econometrica*, Vol. 76, No. 1, pp. 137–153.

Wakker, Peter P. (2022) "A Criticism of Bernheim & Sprenger's (2020) Tests of Rank Dependence," *Journal of Behavioral and Experimental Economics*, Forthcoming.

Watt, Richard (2002) "Defending Expected Utility Theory," *Journal of Economic Perspectives*, Vol. 16, No. 2, pp. 227–229.

Yamane, Shoko and Ryohei Hayashi (2015) "Peer Effects among Swimmers," *Scandinavian Journal of Economics*, Vol. 117, No. 4, pp. 1230–1255.

Zimmermann, Florian (2020) "The Dynamics of Motivated Beliefs," *American Economic Review*, Vol. 110, No. 2, pp. 337–361.

依田高典 (2016) 『「ココロ」の経済学——行動経済学から読み解く人間のふしぎ』, ちくま新書.

依田高典・後藤励・西村周三 (2009) 『行動健康経済学——人はなぜ判断を誤るのか』, 日本評論社.

伊藤秀史 (2015) 「行動契約理論——『エキゾチックな選好』を持つエージェントとプリンシパルの理論」, 清水和巳・磯辺剛彦編著『社会関係資本の機能と創出——効率的な組織と社会』, 勁草書房, 3–28 頁.

大垣昌夫・田中沙織 (2018) 『行動経済学——伝統的経済学との統合による新しい経済学を目指して (新版)』, 有斐閣.

大竹文雄 (2019) 『行動経済学の使い方』, 岩波新書.

大竹文雄・平井啓編著 (2018) 『医療現場の行動経済学——すれ違う医者と患者』, 東洋経済新報社.

——— (2022) 『実践 医療現場の行動経済学——すれ違いの解消法』, 東洋経済新報社.

川越敏司 (2007) 『実験経済学』, 東京大学出版会.

——— (2020) 『行動ゲーム理論入門 (第 2 版)』, NTT 出版.

神取道宏 (2010) 「経済理論は何を明らかにし、どこへ向かってゆくのだろうか」, 日本経済学会編『日本経済学会 75 年史——回顧と展望』, 有斐閣, 241–273 頁.

——— (2014) 『ミクロ経済学の力』, 日本評論社.

神戸伸輔 (2004) 『入門 ゲーム理論と情報の経済学』, 日本評論社.

小林佳世子 (2021) 『最後通牒ゲームの謎——進化心理学からみた行動ゲーム理論入門』, 日本評論社.

セイラー, R. (2007) 『セイラー教授の行動経済学入門』, 篠原勝訳, ダイヤモンド社.

——— (2016) 『行動経済学の逆襲』, 遠藤真美訳, 早川書房.

セイラー, R., C. サンスティーン (2022) 『実践 行動経済学　完全版——ノーベル経済学賞を受賞した賢い選択をうながす「しかけ」』, 遠藤真美訳, 日経 BP.

武岡則男 (2012) 「誘惑と自制の意思決定」, 大垣昌夫・小川一夫・小西秀樹・田渕隆俊編『現代経済学の潮流 2012』, 東洋経済新報社, 117–151 頁.

林貴志 (2013) 『ミクロ経済学 (増補版)』, ミネルヴァ書房.

——— (2020) 『意思決定理論』, 知泉書館.

フリードマン, D., S. サンダー (1999) 『実験経済学の原理と方法』, 川越敏司ほか訳, 同文舘出版.

室岡健志 (2018) 「ナッジ——公共分野における適用可能性および留意点」, 『行政&情報システム』, 第 54 巻,

第 1 号，44–48 頁．

——— (2020) 「消費者保護政策の経済分析と行動経済学」，『行動経済学』，第 13 巻，105–109 頁．

森知晴 (2022) 「『行動経済学』とはどのような分野なのか？」，シンポジウム「行動経済学の死」を考える (第 2 回) での報告スライド (https://www.dropbox.com/s/m9og4vjnzx3hacp/行動経済学とはどのような分野なのか？改訂版.pdf?dl=0　2022 年 10 月 24 日アクセス)．

山岸俊男 (1998) 『信頼の構造――こころと社会の進化ゲーム』，東京大学出版会．

山田克宣 (2020) 「隣の芝生は青い！『悪魔の実験』が見える化した『嫉妬』の正体」，『日経ビジネスオンライン』，2020 年 9 月 16 日 (https://business.nikkei.com/atcl/seminar/20/00022/090900012/)．

山本裕一 (2021) 『ベイズ学習とバイアス――自信過剰な人は得をするか？』，三菱経済研究所．

ルイス，M. (2017) 『かくて行動経済学は生まれり』，渡会圭子訳，文藝春秋．

分野別文献一覧

　ここでは，日本経済学会の大会報告分類表を参考に，本書で引用した英語の文献を 9 つのカテゴリー
に分類して掲載した．一部の文献については，複数のカテゴリーに重複して含まれている．なお，本書
でとくに内容を説明した文献については，【　】内に節番号を示した．

(1) ミクロ理論

Akerlof (1991)

Andreoni (1989)【10.3】

Andreoni (1990)【10.3】

Andreoni and Bernheim (2009)【11.3】

Augenblick and Rabin (2021)

Ba and Gindin (2023)

Barseghyan et al. (2013a)【8.4】

Battaglini et al. (2005)

Battigalli and Dufwenberg (2009)

Becker (1974)

Bell (1985)

Bénabou (2008)

Bénabou (2013)

Bénabou and Tirole (2002)【9.4】

Bénabou and Tirole (2003)

Bénabou and Tirole (2004)

Bénabou and Tirole (2006a)

Bénabou and Tirole (2006b)

Bénabou and Tirole (2011)

Benjamin et al. (2016)

Benjamin et al. (2019)【14.2】

Benoît and Dubra (2011)

Bernheim and Rangel (2004)

Bernheim and Rangel (2009)【13.4】

Bolton and Ockenfels (2000)【10.3】

Bordalo et al. (2012)

Bordalo et al. (2016)

Bowman et al. (1999)

Brocas and Carrillo (2008)

Brunnermeier and Parker (2005)

Bushong et al. (2021)

Camerer et al. (2004)

Caplin and Leahy (2001)

Caplin and Leahy (2004)

Carrillo and Mariotti (2000)

Chakraborty et al. (2020)

Charness and Rabin (2002)【10.3】

Chen et al. (2023)

Daido, Morita, Murooka, and Ogawa (2013)【7.4】

de la Rosa (2011)

Dufwenberg and Kirchsteiger (2004)

Echenique et al. (2020)

Eliaz and Spiegler (2006)

Ellingsen and Johannesson (2008)

Ellsberg (1961)

Esponda (2008)【12.4】

Esponda and Pouzo (2016)

Eyster and Rabin (2005)【12.3】

Falk and Fischbacher (2006)

Fehr and Schmidt (1999)【10.3】

Freeman (2019)

Fudenberg and Levine (2006)

Gagnon-Bartsch (2016)

Gagnon-Bartsch et al. (2021)

Geanakoplos et al. (1989)

Gennaioli and Shleifer (2010)

Gilboa and Schmeidler (1989)

Gul (1991)
Gul and Pesendorfer (2001)
Haggag et al. (2019) 【4.6】
Halevy (2008)
Halevy (2015)
Heidhues and Strack (2021)
Heidhues et al. (2018) 【14.4】
Herweg and Müller (2021)
Ishida (2012)
Itoh (2004)
Jehiel (2005)
Jehiel and Koessler (2008)
Kahneman and Tversky (1979) 【6.2, 6.3】
Kandori (2003)
Koriyama and Ozkes (2021)
Kőszegi (2006a) 【9.3】
Kőszegi (2010)
Kőszegi, Loewenstein, and Murooka (2022) 【9.5】
Kőszegi and Rabin (2006) 【7.3, 7.8】
Kőszegi and Rabin (2007) 【7.3, 7.7】
Kőszegi and Rabin (2009)
Kőszegi and Szeidl (2013)
Landry (2019)
Levine (1998) 【10.3】
Loewenstein (1987) 【9.2】
Loewenstein et al. (2003) 【4.3】
Loomes and Sugden (1986)
Loomes and Sugden (1987)
Madarász (2012) 【4.6】
Manzini and Mariotti (2014)
Masatlioglu and Nakajima (2015)
Masatlioglu et al. (2012) 【13.4】
Masatlioglu et al. (2020)
Masatlioglu and Raymond (2016) 【8.4】
McKelvey and Palfrey (1995) 【12.4】
McKelvey and Palfrey (1998)
Murooka and Yamamoto (2023a, b)
Murooka and Yamashita (2022) 【12.3】
Murooka and Yamashita (2023)
Nagel (1995) 【12.4】

Noor and Takeoka (2022)
O'Donoghue and Rabin (1999) 【3.3, 3.5】
O'Donoghue and Rabin (2001) 【3.3, 3.8】
Palacios-Huerta and Serrano (2006)
Payzan-LeNestour and Woodford (2020)
Prelec (1998)
Quiggin (1982)
Rabin (1993)
Rabin (2000b) 【5.5】
Rabin (2002b)
Rabin and Schrag (1999)
Rabin and Weizsäcker (2009)
Saito (2013) 【10.4】
Shalev (2000)
Simon (1955)
Sliwka (2007)
Spiegler (2016)
Tversky and Kahneman (1991)
Tversky and Kahneman (1992) 【8.2】
Wakai (2008)

(2) マクロ・金融・ファイナンス

Barberis (2012)
Barberis and Huang (2008) 【8.3】
Benartzi and Thaler (1995)
Corgnet et al. (2020)
DeLong et al. (1990)
Eyster et al. (2019)
Kondor and Kőszegi (2017)
Laibson (1994)
Laibson (1997) 【2.6】
Phelps and Pollak (1968)
Shleifer and Vishny (1997)
Strotz (1955)

(3) 産業組織

Abito and Salant (2019)
Alan et al. (2018)
Armstrong (2015)
Bénabou and Tirole (2010)
Bénabou and Tirole (2016a)

Buchheim and Kolaska (2017)【4.5】
Busse et al. (2012)
Busse et al. (2015)
Conlin et al. (2007)【4.4】
DellaVigna and Gentzkow (2019)
DellaVigna and Malmendier (2004)【3.7】
DellaVigna and Malmendier (2006)
Gabaix and Laibson (2006)
Gervais et al. (2011)
Grubb (2009)【4.4】
Heidhues and Kőszegi (2008)
Heidhues and Kőszegi (2010)【3.7】
Heidhues and Kőszegi (2014)
Heidhues and Kőszegi (2017)【3.7】
Heidhues, Kőszegi, and Murooka (2012)
Heidhues, Kőszegi, and Murooka (2016)【13.3】
Heidhues, Kőszegi, and Murooka (2017)【3.7, 13.3】
Heidhues, Kőszegi, and Murooka (2021)【3.6】
Herweg and Mierendorff (2013)【7.5】
Ispano and Schwardmann (2023)
Karle and Schumacher (2017)
Kawaguchi et al. (2019)
Kawaguchi et al. (2021)【13.4】
Kyle and Wang (1997)
Murooka (2015)
Murooka and Schwarz (2018)【1.1, 3.6, 13.2】
Murooka and Schwarz (2019)
Rosato (2016)

(4) 労働・教育・家計

Alan et al. (2018)
Ariely and Wertenbroch (2002)【3.4】
Ashraf et al. (2006)【2.6】
Barseghyan et al. (2013b)【8.3】
Bennedsen et al. (2022)【10.5】
Bottan and Perez-Truglia (2022)
Breza et al. (2018)【10.5】

Brune et al. (2021)
Camerer et al. (1997)【7.6】
Card et al. (2012)【10.5】
Casaburi and Macchiavello (2019)
Crawford and Meng (2011)
Cullen and Perez-Truglia (2022)【10.5】
DellaVigna and Paserman (2005)【2.7】
DellaVigna et al. (2017a)
Dube et al. (2019)
Duflo et al. (2011)
Farber (2005)
Farber (2008)
Farber (2015)
Fehr and Goette (2007)
Genesove and Mayer (2001)
Gneezy and List (2006)【11.5】
Hoffman and Burks (2020)
Huffman et al. (2022)
Kaufmann (2022)【4.4】
Kaur et al. (2015)【2.7】
Kube et al. (2012)【11.5】
Madrian and Shea (2001)
Mas (2017)
Mas and Moretti (2009)【11.5】
Ru and Schoar (2016)
Simonsohn (2010)【4.5】
Stango and Zinman (2014)
Sydnor (2010)【5.5】
Thakral and Tô (2021)【7.6】
Thaler and Benartzi (2004)
Yamane and Hayashi (2015)

(5) 公共

Allcott et al. (2019a)
Andreoni (1989)【10.3】
Andreoni (1990)【10.3】
Barseghyan et al. (2013b)【8.3】
Bernheim et al. (2015)【2.9】
Carroll et al. (2009)【2.9】
Chetty et al. (2009)【13.2】
Cruces et al. (2013)

DellaVigna et al. (2012)【11.5】
DellaVigna et al. (2017b)【11.5】
Diamond and Kőszegi (2003)
Gruber and Kőszegi (2001)
Gruber and Kőszegi (2004)
Ito (2014)
Kurokawa et al. (2020)
Mastrobuoni and Weinberg (2009)
O'Donoghue and Rabin (2006)【2.8】
Perez-Truglia (2020)
Rees-Jones (2018)
Rees-Jones and Taubinsky (2020)
Sadoff et al. (2020)【2.3】
Shapiro (2005)
Sydnor (2010)【5.5】
Taubinsky and Rees-Jones (2018)【13.2】
Thaler and Benartzi (2004)

(6) 健康・医療

Acland and Levy (2015)【4.5】
Charness and Gneezy (2009)
DellaVigna and Malmendier (2006)
Ganguly and Tasoff (2017)
Gine et al. (2010)
Karing (2021)【11.5】
Kőszegi (2006b)
Madarász (2012)【4.6】
März (2019)
Mastrobuoni and Weinberg (2009)
Oster et al. (2013)
Oster et al. (2016)
Read and Van Leeuwen (1998)【2.3, 4.2】
Royer et al. (2015)
Sadoff et al. (2020)【2.3】
Schilbach (2019)
Shapiro (2005)

(7) 開発

Ashraf et al. (2006)【2.6】
Breza et al.(2018)【10.5】
Brune et al. (2021)

Casaburi and Macchiavello (2019)
Duflo et al. (2011)
Schilbach (2019)

(8) 実験

Acland and Levy (2015)【4.5】
Andreoni and Bernheim (2009)【11.3】
Andreoni and Miller (2002)【10.4】
Andreoni et al. (2020)【10.4】
Ariely and Wertenbroch (2002)【3.4】
Augenblick and Rabin (2019)
Bardsley (2008)
Benoît et al. (2015)
Bernheim and Sprenger (2020)【8.4】
Blount (1995)
Bottan and Perez-Truglia (2022)
Broberg et al. (2007)
Brune et al. (2021)
Bursztyn et al. (2014)
Bushong et al. (2021)
Butera et al. (2022)
Camerer and Lovallo (1999)
Card et al. (2012)【10.5】
Casaburi and Macchiavello (2019)
Charness and Gneezy (2009)
Charness and Rabin (2002)【10.3】
Chetty et al. (2009)【13.2】
Corgnet et al. (2020)
Cruces et al. (2013)
Cullen and Perez-Truglia (2022)【10.5】
Dana et al. (2006)
Dana et al. (2007)
DellaVigna et al. (2012)【11.5】
DellaVigna et al. (2017b)【11.5】
DellaVigna et al. (2022)
Di Tella et al. (2015)【11.3】
Duflo et al. (2011)
Eil and Rao (2011)
Ellingsen et al. (2010)
Exley (2016)【11.3】
Falk and Zimmermann (2022)

Falk et al. (2003) 【11.4】
Fisman et al. (2007)
Ganguly and Tasoff (2017)
Gine et al. (2010)
Ging-Jehli et al. (2020) 【11.3】
Gneezy and List (2006) 【11.5】
Grossman (2014) 【11.3】
Grossman (2015)
Grossman and Van der Weele (2017)
Haggag et al. (2019) 【4.6】
Halevy (2015)
Hanaki et al. (2019)
Jin et al. (2021) 【12.2】
Karing (2021) 【11.5】
Kaur et al. (2015) 【2.7】
Kawagoe and Takizawa (2009)
Kawagoe and Takizawa (2012)
Kawagoe et al. (2018)
Kawaguchi et al. (2019)
Kawaguchi et al. (2021) 【13.4】
Kinari et al. (2009)
Krupka and Weber (2013) 【11.3】
Kube et al. (2012) 【11.5】
Kurokawa et al. (2020)
Lazear et al. (2012) 【11.2】
Le Yaouanq and Schwardmann (2022)
List (2007)
Loewenstein (1987) 【9.2】
März (2019)
McKelvey and Palfrey (1995) 【12.4】
McKelvey and Palfrey (1998)
Miller and Sanjurjo (2018)
Nagel (1995) 【12.4】
Payzan-LeNestour and Woodford (2020)
Rabin and Weizsäcker (2009)
Read and Van Leeuwen (1998) 【2.3, 4.2】
Rees-Jones and Taubinsky (2020)
Rosato and Tymula (2019)
Roth et al. (1991)
Royer et al. (2015)
Sadoff et al. (2020) 【2.3】

Schilbach (2019)
Schumacher et al. (2017) 【10.4】
Schwardmann and Van der Weele (2019)
Schwardmann et al. (2022)
Shapiro (2005)
Snowberg and Yariv (2021)
Stango and Zinman (2014)
Takeuchi (2011)
Taubinsky and Rees-Jones (2018) 【13.2】
Thaler (1981) 【2.3】
Toussaert (2018)
Tversky and Kahneman (1981) 【14.3】
Tversky and Kahneman (1992) 【8.2】
Wakker (2022)
Zimmermann (2020)

(9) 解説論文・書籍

Allcott et al. (2019b)
Barberis (2013)
Barberis (2018)
Battigalli and Dufwenberg (2022)
Bénabou (2015)
Bénabou and Tirole (2016b)
Benjamin (2019)
Bernheim and Taubinsky (2018)
Binmore and Shaked (2010)
Brown et al. (2022)
Bryan et al. (2010)
Camerer (2003)
Chabris et al. (2008)
Chang et al. (2011)
Chetty (2009)
Chetty (2015)
Cohen et al. (2020)
Crawford (2013)
Daniel and Hirshleifer (2015)
DellaVigna (2009)
Engel (2011) 【10.2】
Ericson and Laibson (2019)
Eyster (2019)
Fehr and Schmidt (2003)

Fehr and Schmidt (2010)【10.3】

Frederick et al. (2002)

Gabaix (2019)

Golman et al. (2017)

Grubb (2015)

Heidhues and Kőszegi (2018)

Jehiel (2020)

Katona (1968)

Kőszegi (2014)

Laibson (2015)

Laibson (2018)

Linnemer and Visser (2016)

Maćkowiak et al. (2023)

Malmendier and Tate (2015)

Moore and Schatz (2017)

O'Donoghue and Rabin (2003)【2.8】

O'Donoghue and Sprenger (2018)

Rabin (1998)

Rabin (2000a)

Rabin (2002a)

Rabin (2013a)

Rabin (2013b)

Rabin and Thaler (2001)

Rabin and Thaler (2002)

Schelling (1987)

Thaler (2016)

Watt (2002)

索　引

■ 著者紹介

室岡 健志 （むろおか・たけし）

大阪大学大学院国際公共政策研究科准教授

2007 年，筑波大学第一学群社会学類卒業（経済学主専攻）．2009 年，東京大学大学院経済学研究科修士課程修了．2014 年，カリフォルニア大学バークレー校経済学部博士課程修了（Ph.D. in Economics）．ミュンヘン大学経済学部 Assistant Professor などを経て，2017 年より現職．

第 2 回行動経済学会ヤフー株式会社コマースカンパニー金融統括本部優秀論文賞受賞（受賞論文：Heidhues, Kőszegi, and Murooka "Inferior Products and Profitable Deception," *Review of Economic Studies*, 2017）．第 18 回日本学術振興会賞受賞（受賞理由：行動経済学を組み入れた市場分析およびその競争政策・消費者保護政策への応用）．専門は行動経済学，産業組織論，情報の経済学．本書で紹介した論文をはじめ，査読付き国際学術誌に多数の論文を発表している．

ホームページ：https://sites.google.com/site/takeshimurookaweb/

こう どう けい ざい がく
行動経済学

2023年 3 月25日　第1版第1刷発行
2023年10月30日　第1版第2刷発行

著　者――――――室岡健志
発行所――――――株式会社日本評論社
　　　　　　　　　〒170-8474 東京都豊島区南大塚3-12-4
電　話――――――(03)3987-8621[販売]
　　　　　　　　　(03)3987-8595[編集]
印　刷――――――藤原印刷
製　本――――――難波製本
装　幀――――――図工ファイブ